易数钩隐图
大易象数钩深图

（宋）刘牧 撰
（元）张理 撰
郑同 整理

九州出版社
JIUZHOUPRESS
全国百佳图书出版单位

图书在版编目(CIP)数据

易数钩隐图 /（宋）刘牧撰 ；郑同整理. 大易象数钩深图 /（元）张理撰 ；郑同整理. —北京：九州出版社，2020.10

ISBN 978-7-5108-8841-0

Ⅰ. ①易… ②大… Ⅱ. ①刘… ②张… ③郑… Ⅲ. ①《周易》—研究 ②先秦哲学—研究 Ⅳ. ①B221.5

中国版本图书馆 CIP 数据核字(2020)第 208922 号

易数钩隐图·大易象数钩深图

作　　者　(宋)刘牧 撰　(元)张理 撰　郑同 整理

出版发行　九州出版社

地　　址　北京市西城区阜外大街甲 35 号(100037)

发行电话　(010)68992190/3/5/6

网　　址　www.jiuzhoupress.com

电子信箱　jiuzhou@jiuzhoupress.com

印　　刷　三河市九洲财鑫印刷有限公司

开　　本　720 毫米×1000 毫米　16 开

印　　张　18.5

字　　数　327 千字

版　　次　2020 年 12 月第 1 版

印　　次　2020 年 12 月第 1 次印刷

书　　号　ISBN 978-7-5108-8841-0

定　　价　58.00 元

出版前言

在传统易学中，以图像来阐明易理，是为易图之学。其兴起和繁盛于宋代，遥接汉代的象数之学，是其重要分支和新发展。在宋代众多的易图之中，向来公认以黑白点河（图）洛（书）、先天图及周氏太极图最为重要，影响也最大。而黑白点河图洛书的创造者，正是这里《易数钩隐图》一书的作者刘牧。

北宋有两位刘牧，因而《易数钩隐图》的作者刘牧，自南宋开始，其籍贯、字、官职就有争议。有谓彭城（今江苏徐州）人，字长民，官太常博士。当代易学家郭彧先生即采此说，据他考证，《易数钩隐图》当为彭城刘牧所作，原为一卷本，“七日来复第四十六”以下皆后人所增。也有谓刘牧为三衢（今浙江衢州）人，字先之，官屯田郎中。后世多未细辨，《宋元学案》谓刘牧“字先之，号长民”，四库馆臣虽采前者，但又谓长民、先之二字“未详孰是，或有两字”。

《易数钩隐图》的卷数，《中兴书目》作一卷，《直斋书录解题》作二卷，《郡斋读书志》作三卷。今见为三卷本，原题“三衢刘牧撰”。卷上为“太极第一”至“人禀五行第三十三”；卷中为“乾坤生六子第三十四”至“遯卦第四十八”；卷下为“河图第四十九”至“十日生五行并相生第五十五”。另附《遗论九事》。

《易数钩隐图》以数和图推演易理，提出了太极、“象由数设”、“图九书十”等说，建立了崭新的象数学理论体系。四库馆臣称：“至宋，而象数之中复歧出图书一派。牧在邵子之前，其首倡者也。”可见其重要地位。其易图之学对后来的邵雍、周敦颐、朱熹等人亦多有影响。朱熹曾受《易数钩隐图》启发，并对其中的河图、洛书易置改造。

本书最早录自《正统道藏》洞真部灵图类，并以文渊阁四库全书本经部易类（简称四库本）为参校版本。

《大易象数钩深图》也是一部重要的易图学著作，元人张理所撰。张理生卒年不详，元代清江（今属江西）人，字仲纯。早年从杜本学易于武夷山中，传图书之学。其易学著述除《大易象数钩深图》三卷外，尚有《易象图说》六卷。

《大易象数钩深图》将刘牧的河洛之图、邵雍的先天图及周敦颐的周氏太极图三家融会贯通，以成己说。如其上卷中的“易有太极图”，即周敦颐之图；而“乾知太始”“坤作成物”“参天两地”“天地之数”“仰观天文”“俯察地理”等图，则溯源于刘牧河洛之学；卷中及卷下之“运会历数”“乾坤大父母”“八卦生六十四卦”诸图以及六十四卦之图、《序卦》《杂卦》之图，皆依据陈抟、邵雍的先天图学。卷末附《古今易学传授图》，则标明了汉宋两代《易》学源流。

著名易学家潘雨廷先生的《读易提要》评价是书云：“全书凡图百有四十，自抒心得者屡见不鲜。以明六十四卦者，更为前人所未发。他如取诸前贤者能得其要，可见张氏于象数之学用功亦勤矣。”

本次整理点校所依底本，系康熙十二年通志堂刊印藏版，为《通志堂经解》中之一，由纳兰成德（纳兰性德）校订并为之作序，其刻本亦系从《道藏》录出。

九州出版社

目　录

易数钩隐图

易数钩隐图卷中

大易象数钩深图

易数钩隐图

[宋]刘牧 撰

三衢刘氏《易数钩隐图》序

三衢刘氏《易解》，晁氏《读书志》“一十五卷”，《崇文书目》载“新注十一卷”。今之存者，《易数钩隐图》三卷及《遗论九事》一卷而已。刘氏之《易》，传于范谔昌。谔昌自谓其学出于李处约、许坚二子，实本于种放者也。其为图，采摭天地奇偶之数成之，释其义于下，凡五十有五。李觏删之，止存其三，以为彼五十二皆疣赘，穿凿破碎，鲜可信用。

然当庆历初，吴秘献之于朝，有诏优奖。当其时，田况序其书，秘之通神。黄黎献之《略例》《隐诀》，徐庸之《易缊》，皆本刘氏。逮鲜于侁稍辨其非，其后论《易》者交攻之，而以九为河图，十为洛书；宋之群儒，恒主其说。自蔡元定之论出，朱子取之于是，人不敢异议。然朱子之言曰安在？图之不可为书，书之不可为图，朱子盖未尝胶执己见也。然则刘氏之书，固宜并存焉而不可废者已。

康熙丁巳纳兰成德容若序

易数钩隐图序

夫《易》者，阴阳气交之谓也。若夫阴阳未交，则四象未立，八卦未分，则万物安从而生哉？是故两仪变易而生四象，四象变易而生八卦，重卦六十四卦，于是乎天下之能事毕矣。

夫卦者，圣人设之，观于象也。象者形上之应，原其本，则形由象生，象由数设；舍其数，则无以见四象所由之宗矣。是故仲尼之赞《易》也，必举天地之极数，以明成变化而行鬼神之道。则知《易》之为书，必极数以知其本也。

详夫注疏之家，至于分经析义，妙尽精研；及乎解释天地错综之数，则语惟简略，与《系辞》不偶，所以学者难晓其义也。今采摭天地奇偶之数，自太极生两仪而下，至于复卦，凡五十五位，点之成图；于逐图下，各释其义，庶览之者易晓耳。

夫《易》道渊邈，虽往哲难窥于至赜；牧也蕞生祖述，诚媿其狂简。然则象有定位，变有定数，不能妄为之穿凿耳。博雅君子，试为详焉。

易数钩隐图卷上

太极第一

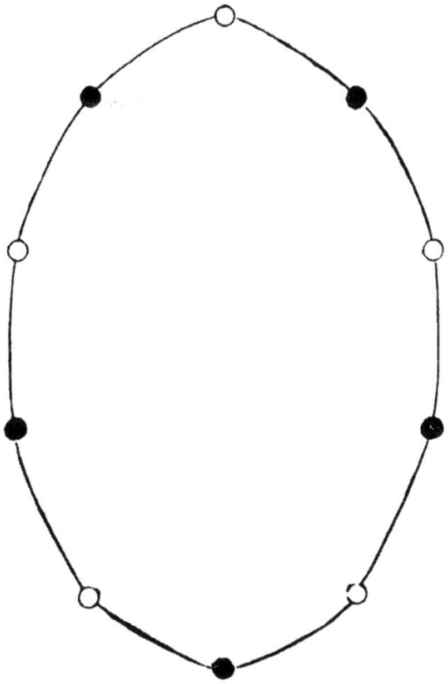

太极无数与象。今以二仪之气，混而为一以画之，盖欲明二仪所从而生也。

太极生两仪第二

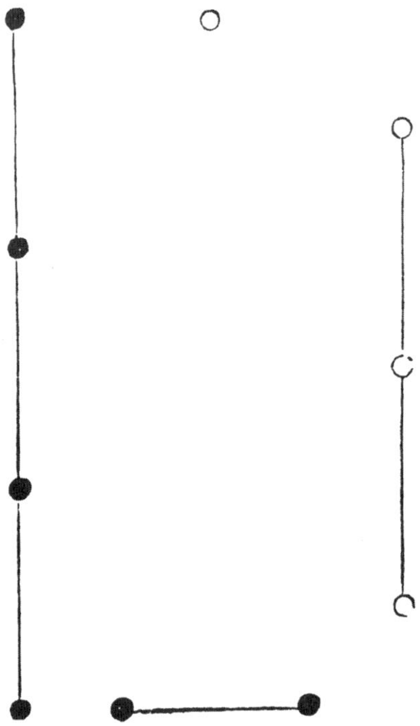

《经》曰："《易》有太极，是生两仪。"太极者，一气也。天地未分之前，元气混而为一，一气所判，是曰两仪。《易》不云乎"天地"，而云"两仪"者，何也？盖以两仪则二气始分，天地则形象斯著；以其始分两体之仪，故谓之两仪也。

何以明其然？略试论之：夫气之上者轻清，气之下者重浊。轻清而圆者，天之象也。重浊而方者，地之象也。兹乃上下未交之时，但分其仪象耳。若二气交，则天一下而生水，地二上而生火，此则形之始也。五行既备，而生动植焉，所谓"在天成象，在地成形"也。则知两仪乃天地之象，天地乃两仪之体尔。今画天左旋者，取天一、天三之位也。画地右动者，取地二、地四之位也。分而各其处者，盖明上下未交之象也。

天五第三

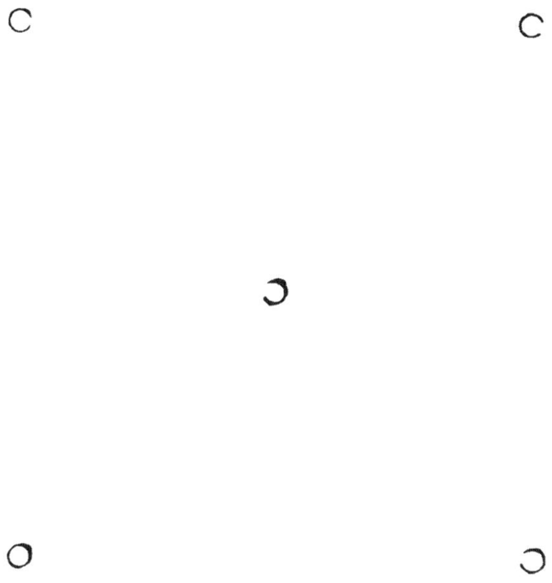

天一、地二、天三、地四，此四象生数也。至于天五，则居中而主乎变化，不知何物也。强名曰“中和之气”，不知所以然而然也。交接乎天地之气，成就乎五行之质，弥纶错综，无所不周。三才之道既备，退藏于密，寂然无事，兹所谓“阴阳不测之谓神”者也。《经》虽云“四象生八卦”，然须三、五之变易，备七、八、九、六之成数，而后能生八卦，而定位矣。

天地数十有五第四

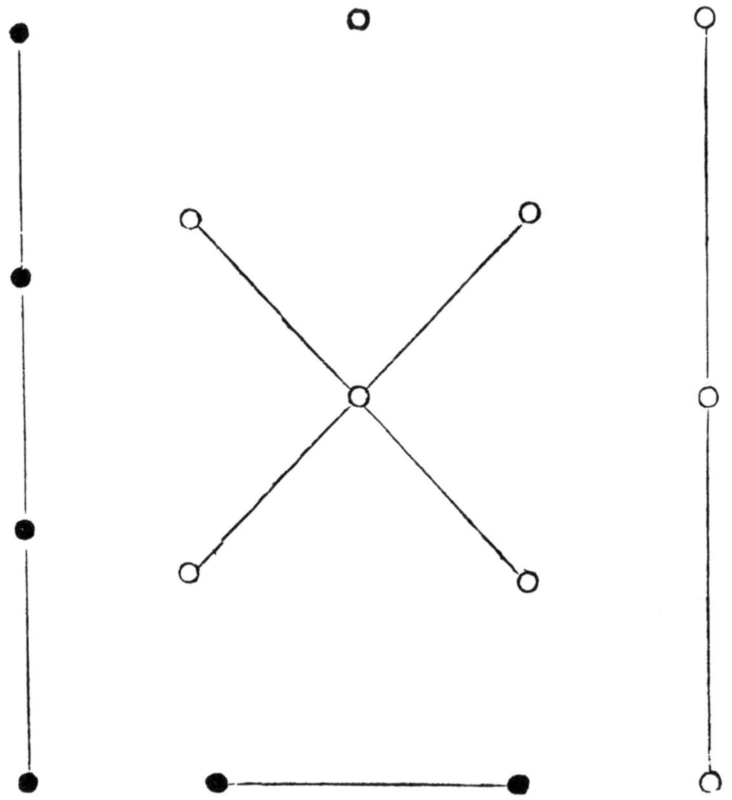

或问曰：天地之数，何以由天五而生变化？答曰：天地之生数足，所以生变化也。天地之数十有五，自天一至天五，凡十五数也。天一、天三、天五成九，此阳之数也，故乾元用九。地二、地四成六，此阴之数也，故坤元用六。兼五行之成数四十，合而为五十有五，备天地之极数也，所以能成变化而行鬼神。

天一下生地六第五

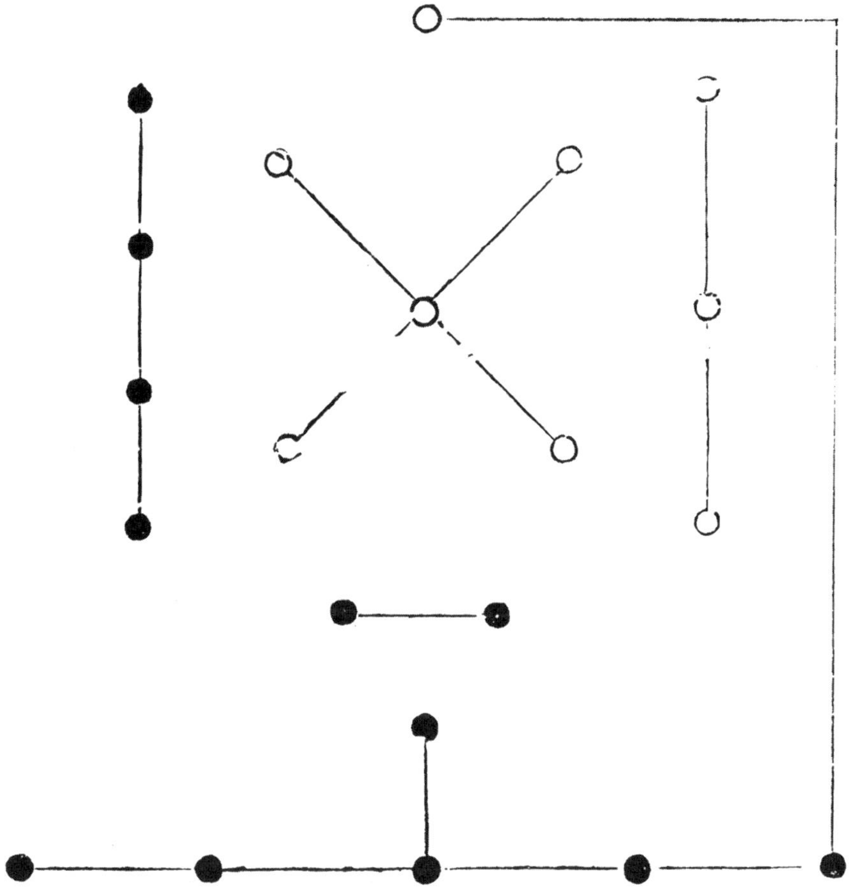

地二上生天七第六

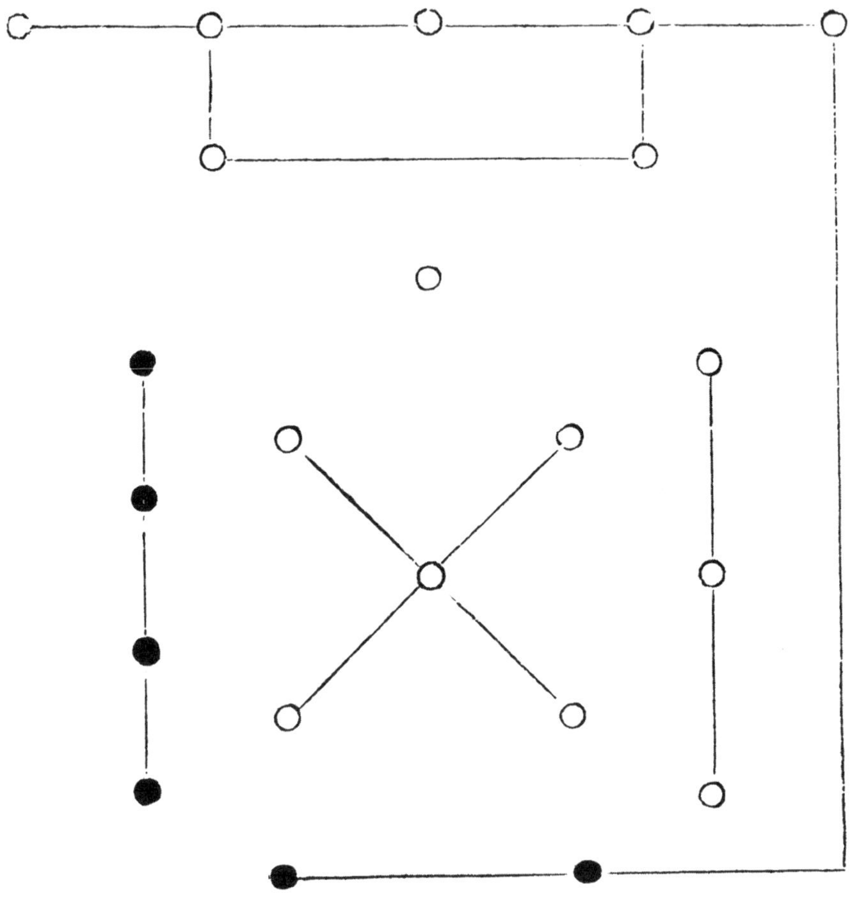

天三左生地八第七

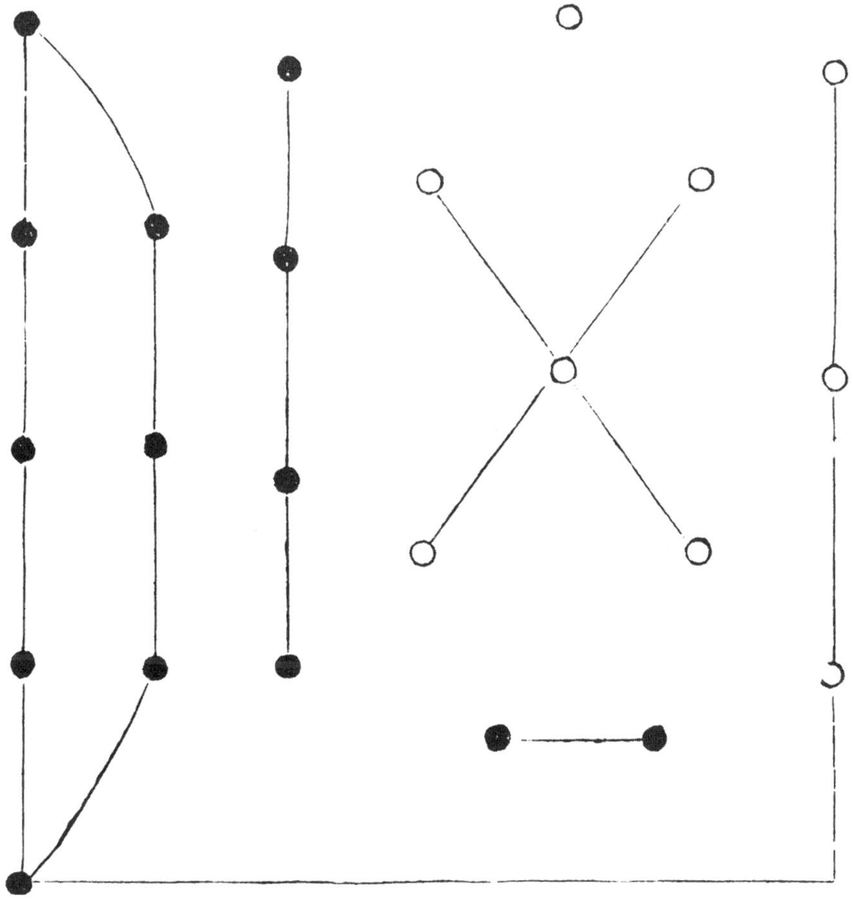

地四右生天九第八

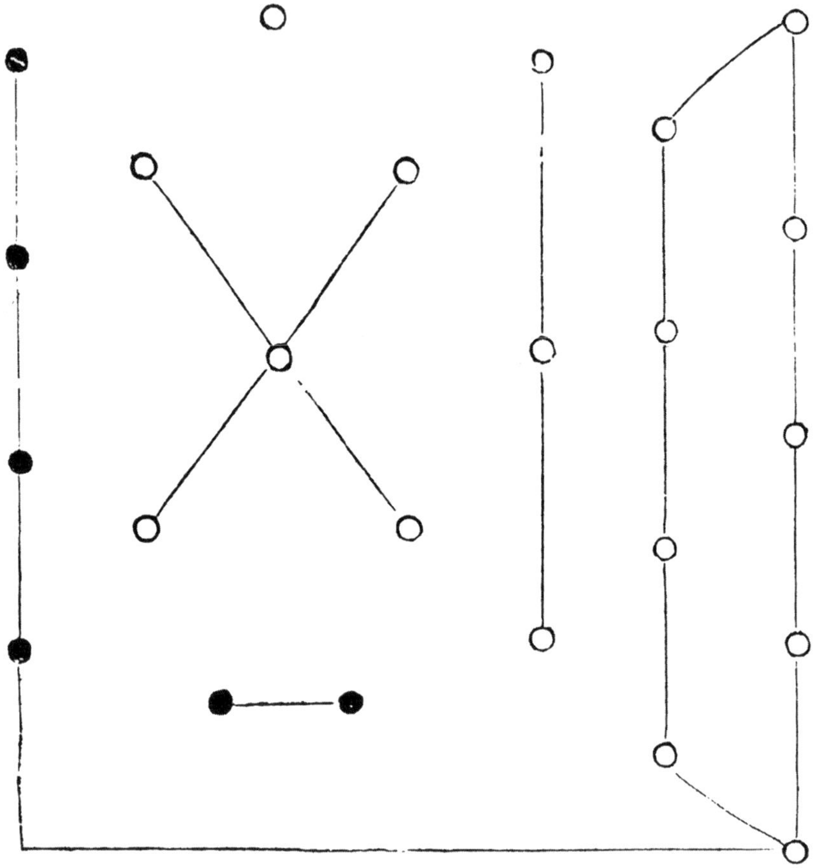

《经》曰：参伍以变，错综其数。通其变，遂成天地之文；极其数，遂定天下之象。义曰：参，合也；伍，为偶配也，为天五合配天一，下生地六之类是也。以通其变化，交错而成四象、八卦之数也。成天地之文者，为阴阳交而著其文理也。极其数者，为极天地之数也。天地之极数，五十有五之谓也。遂定天地之象者，天地之数既设，则象从而定也。

两仪生四象第九

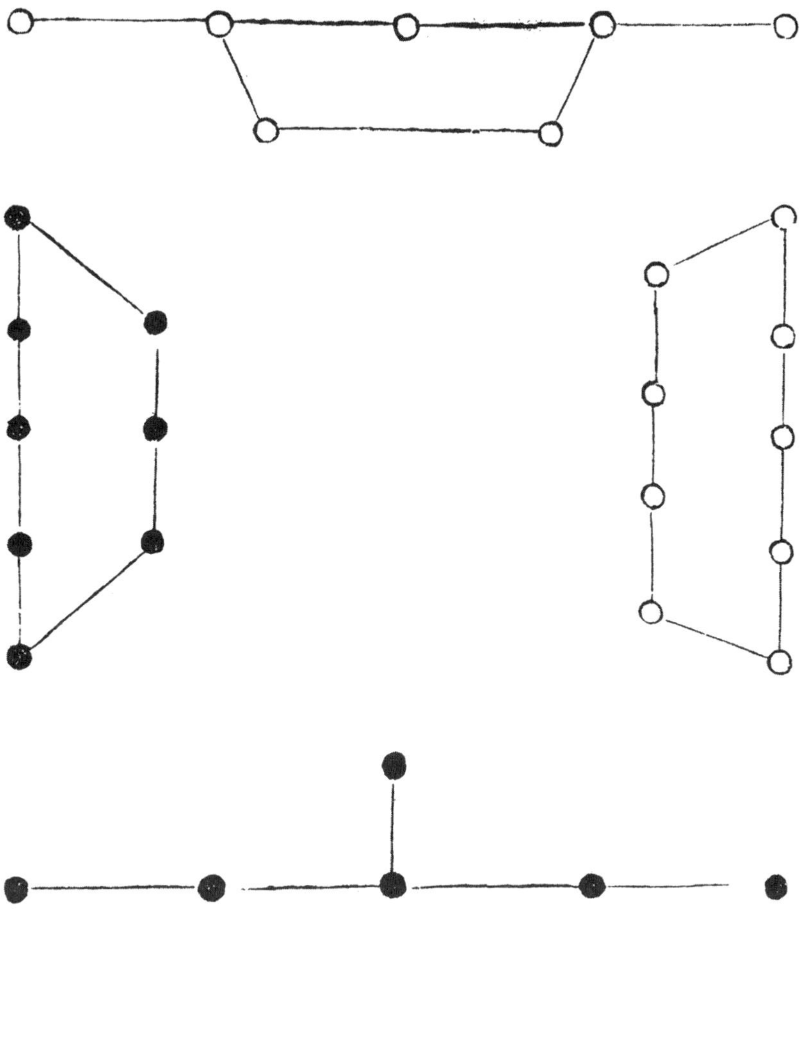

《经》曰："两仪生四象。"孔氏《疏》谓："金、木、水、火，禀天地而有，故云'两仪生四象'。土则分王四季，又地中之别，惟云'四象'也。"且金、木、水、火有形之物，安得为象哉？孔氏失之远矣。

又云："《易》有四象，所以示者。"庄氏云："四象谓六十四卦之中有实象，有假象，有义象，有用象也。今于释卦之处已破之矣。"何氏谓："天生神物，圣人则之，一也；天地变化，圣人效之，二也；天垂象，见吉凶，三也；河出图，洛出书，圣人则之，四也。今谓此四事，圣人《易》外别有其功，非专《易》内之物，称《易》有四象。"且又云："《易》有四象，所以示也；系辞焉，所以告也。"然则象与辞，相对之物。辞既爻卦之下辞，象谓爻卦之象也。

上两仪生四象，七、八、九、六之谓也。诸儒有谓七、八、九、六，今则从以为义也。且疏家以七、八、九、六之四象，为所以示之四象，则驳杂之甚也。何哉？夫七、八、九、六，乃少阴、少阳、老阴、老阳之位，生八卦之四象，非《易》之所以示四象也。

略试论之。且夫四象者，其义有二：一者谓两仪所生之四象，二者谓《易》有四象，所以示之四象。若天一、地二、天三、地四，所以兼天五之变化，上下交易，四象备其成数，而后能生八卦矣，于是乎坎、离、震、兑居四象之正位。不云"五象"者，以五无定位，举其四则五可知矣。夫五，上驾天一，而下生地六；下驾地二，而上生天七；右驾天三，而左生地八；左驾地四，而右生天九。此河图四十有五之数耳。斯则二仪所生之四象。

所谓"《易》有四象，所以示"者，若《系辞》云"吉凶者，失得之象"，一也；"悔吝者，忧虞之象"，二也；"变化者，进退之象"，三也；"刚柔者，昼夜之象"，四也。且孔氏《疏》云："象之与辞，相对之物。辞既爻卦之下辞，象谓爻卦之象也。"又上句云"《易》有四象，所以示也"，下句云"系辞焉，所以告也"，详其吉凶、悔吝、变化、刚柔四者之象，既《系辞》所陈，则与爻卦正协其义也。而又孔氏复引二仪所生之四象，举七、八、九、六之数，则其义非也，不亦失之甚乎？

四象生八卦第十

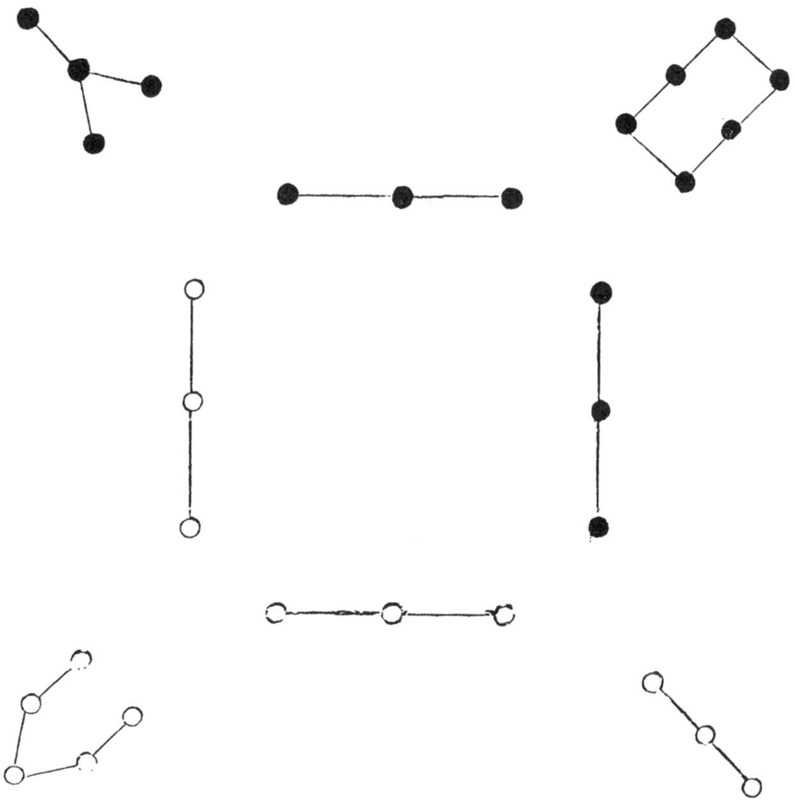

五行成数者，水数六，金数九，火数七，木数八也。水居坎而生乾，金居兑而生坤，火居离而生巽，木居震而生艮。已居四正而生乾、坤、艮、巽，共成八卦也。

二仪得十成变化第十一

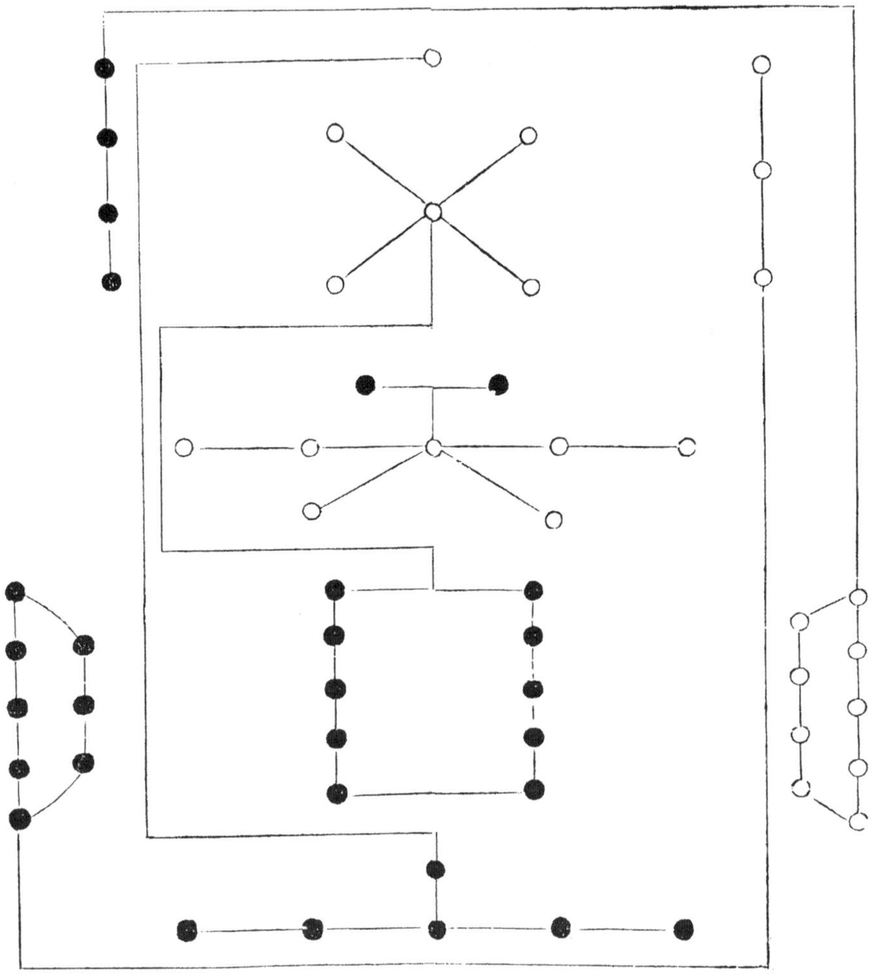

此乃五行生成数，本属洛书。此画之者，欲备天地五十五数也。

天数第十二

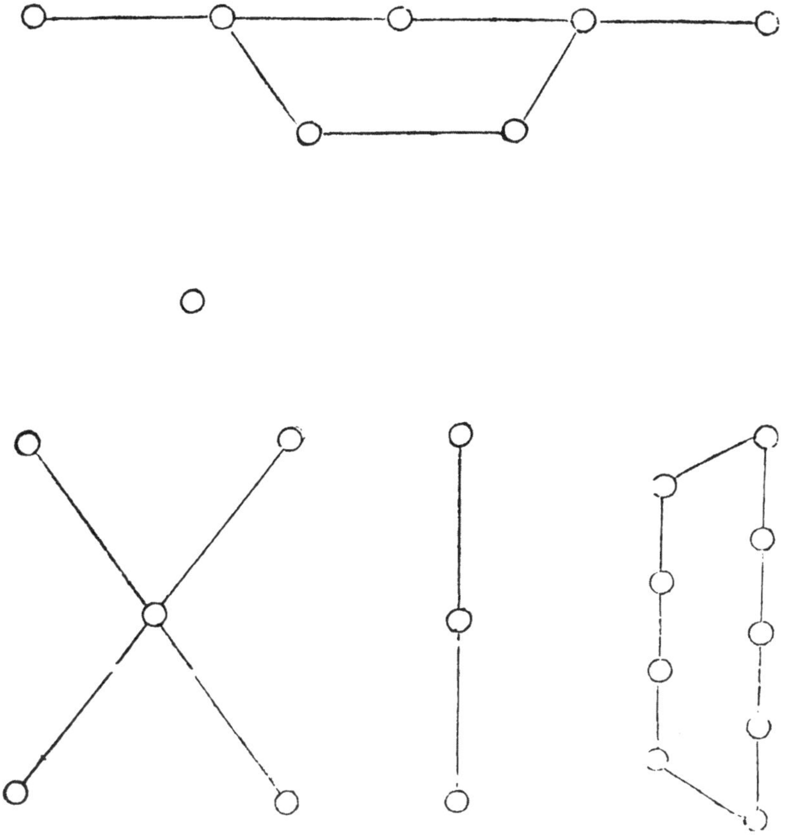

地数第十三

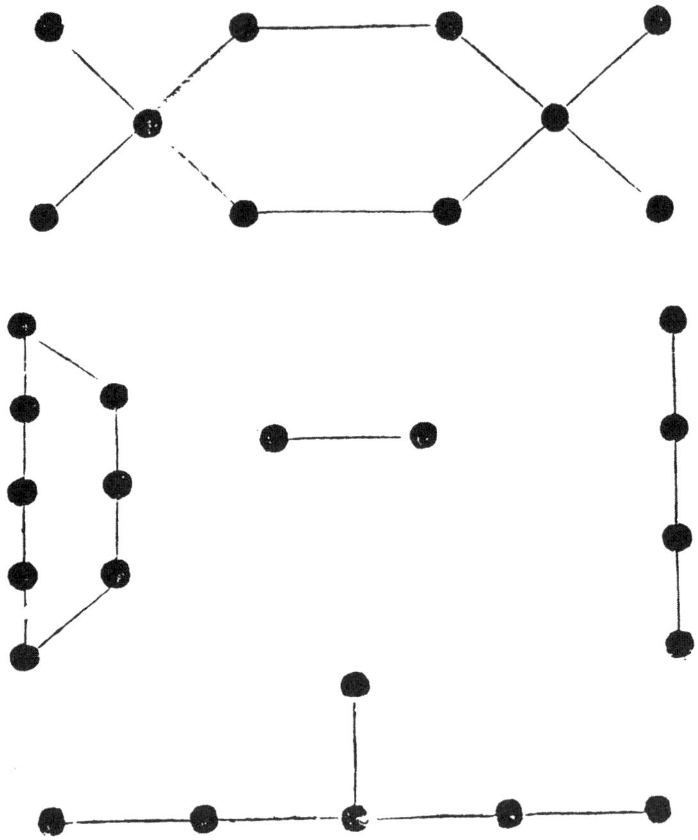

天地之数第十四

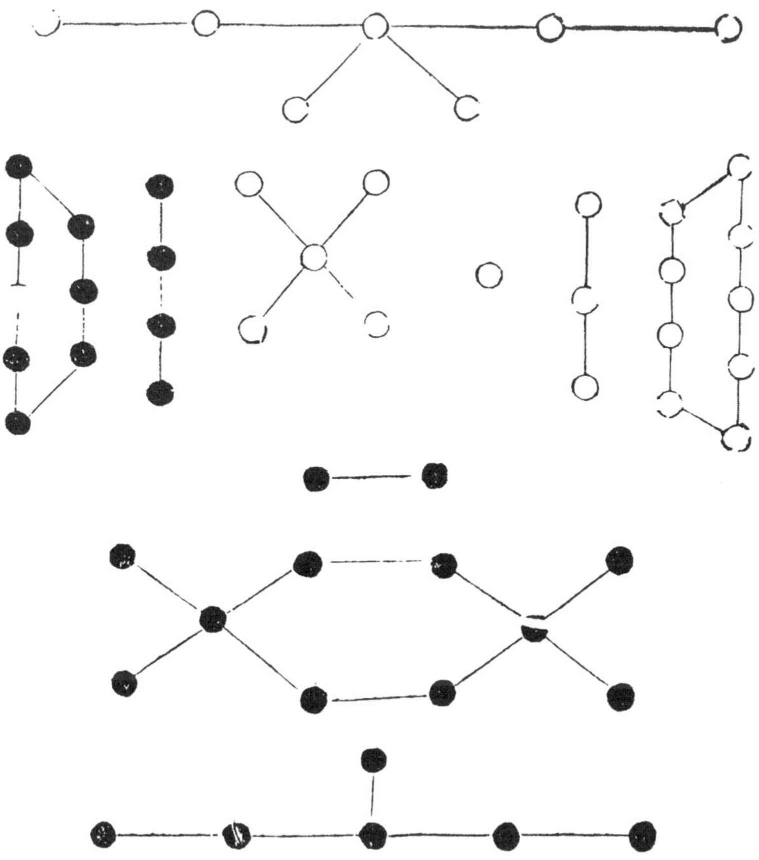

内十五，天地之用，九六之数也。兼五行之数四十，合而为五十有五，备天地之数也。

大衍之数第十五

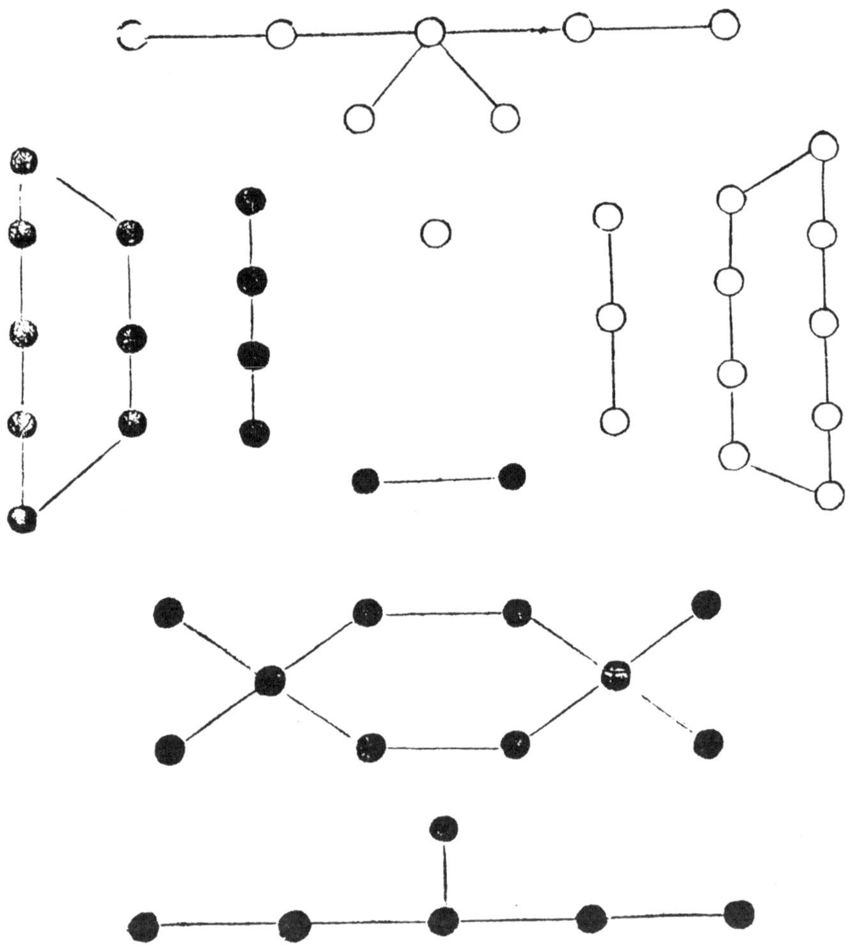

《经》曰："凡天地之数，五十有五，此所以成变化而行鬼神也。"又曰："大衍之数五十。"则减天地之数五也。韩氏曰：演天地之数，所赖者五十也，则不言减五之数。所以孔氏《疏》以为五十有五，乃天地阴阳奇偶之数，非是，是文演天地之策也。且诸儒分大衍之数，分而为二之义中，则述天地之数五十有五之用，末则陈四营成易、十有八变而成卦之理，此岂可同乎本末，而异其中之数也？况乎揲蓍之数以象天地，岂可舍其数而求其象乎？斯亦疏家之失，不求天五退藏于密之义也。且夫五十有五，天地之极数也。大衍之数，天地之用数也。盖由天五不用，所以大衍之数少天地之数五也。或曰："天五不用，何以明其不用之由？"答曰：天五不用，非不用也，是用四象者也。且天一、地二、天三、地四，此四象生数也。天五所以斡四象生数而成七、九、六、八之四象，是四象之中皆有五也。则知五能包四象，四象皆五之用也。举其四，则五在其中矣。故《易》但言四象，以示不言五象也。今揲蓍之义，以筮而尚占者也。以象天地之用数，所以大衍之数减天地之数五也。

其用四十有九第十六

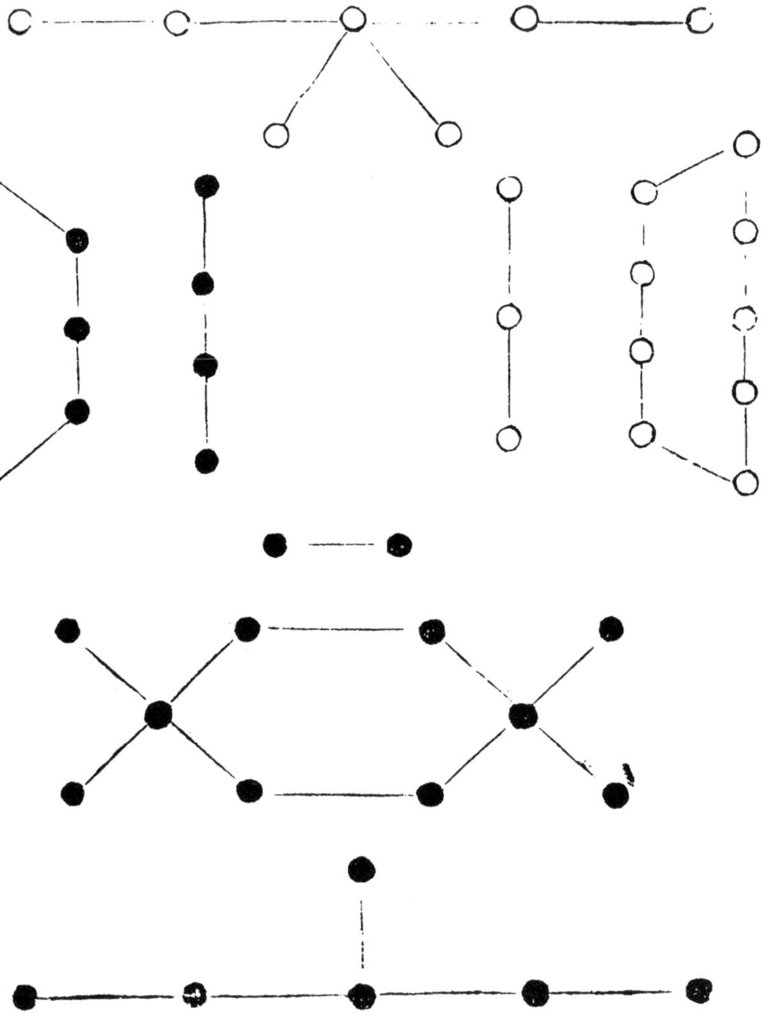

论上

大衍之数五十，其用四十有九。韩氏注曰：衍天地之数，所赖者五十。其用四十有九，则其一不用也。不用而用以之通，非数而数以之成，斯《易》之太极也。四十有九，数之极也。夫无不可以无明，必因于有；固尝于有物之极，而必明其所由之宗也。

孔氏《疏》：京房云："五十者，谓十日、十二辰、二十八宿也。凡五十其一不用者，天之生炁，将欲以虚求实，故用四十九焉。"马季长云："《易》有太极，谓北辰。北辰生两仪，两仪生日月，日月生四时，四时生五行，五行生十二月，十二月生二十四炁。北辰居位不动，其余四十九运而用之也。"荀爽云："卦各有六爻，六八四十八，加乾、坤二用，凡五十。初九潜龙勿用，故用四十九也。"郑康成云："天地之数，五十有五者，以五行炁通于万物，故减五；大衍又减一，故用四十九。"姚信、董遇云："天地之数，五十有五者，其六以象六画之数，故减而用四十九也。"顾懽云："立此五十数以数神，神虽非数，因数而显，故虚其一数，以明不可言之义也。"今详诸家所释，义有多端，虽各执其说，而理则未允。

敢试论之：韩氏注以虚一为太极，则未详其所出之宗也。何者？夫太极生两仪，两仪既分，天始生一，肇其有数也。而后生四象五行之数，合而为五十有五，此乃天地之极数也。今若以太极为虚一之数，则是大衍当用五十有四也。不然，则余五之数，无所设耳。况乎大衍衍天地之数也，则明乎后天地之数矣。大衍既后天地之数，则太极不可配，虚其一之位也明矣。又无不可以无明，必因于有，是则以太极为无之称。且太极者，元炁混而为一之时也。其炁已兆，非元之谓，则韩氏之《注》，义亦迂矣。

或曰："韩氏之《注》，承辅嗣之旨。且辅嗣之《注》，独冠古今，斐然议之，无乃不可乎？"答曰："此必韩氏之寓言，非辅嗣之意也。且若愚以胸臆论之，是谓狂简。今质以圣人辞，且'《易》有太极，是生两仪'，《易》既言有，则非无之谓也。不其然乎？至于京、荀、马、郑众贤之论，皆采摭天地名数，强配其义。□□□且若以天地之名数，强加配偶，则靡所不可□。然而天地之数，生成相因，理如贯珠，不可骈赘而设也。虽能强立其义，推而究之，则于所由之宗不会矣。试论于末篇。"

论下

天地之数十有五，居其内而外斡；五行之数四十也，今止用其四十九者，何也？盖由天五为变化之始，散在五行之位，故中无定象；又天一居尊而不动，以用天德也。天德，九也。天一者，象之始也，有生之宗也，为造化之主，故居尊而不动也。惟天三、地二、地四之数，合而成九阳之数也。天三则乾之三画，地二、地四则坤之六画也。地道无成而代有终，阳得兼阴之义也。故乾之三兼坤之六，成阳之九，斡运五行成数，而通变化也。所以揲蓍之义，以象其数也。

或问曰："《易》云'坤元用六'，今则乾三兼之，是坤之六无用乎？"答曰："非也，在其中矣。此盖《易》举其多数而言之也。数六是少数，举其多则少可知矣。是知阳进而乾元用九，阳退则坤元用六也。亦犹当期之日，惟合老阴、老阳之数；其少阴、少阳之数，则在其中。举多兼少，《易》义皆然矣。"

少阳第十七

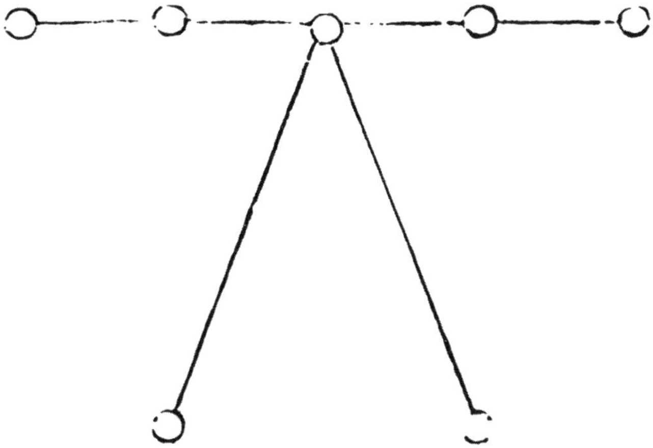

少阴第十八

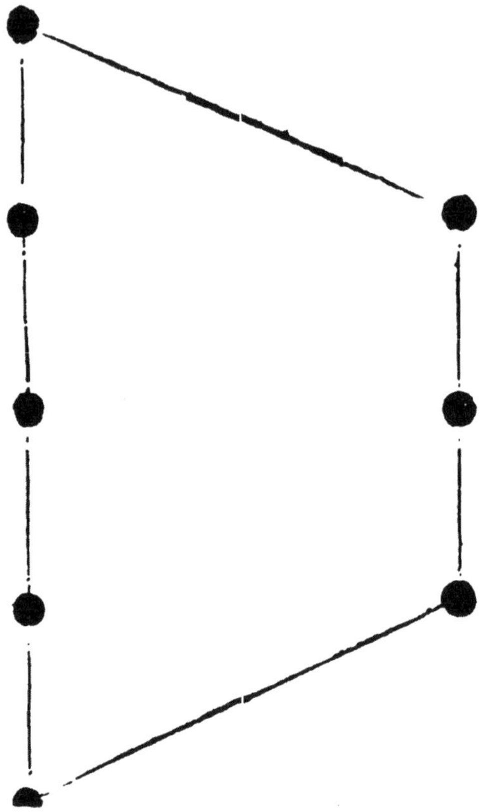

老阳第十九

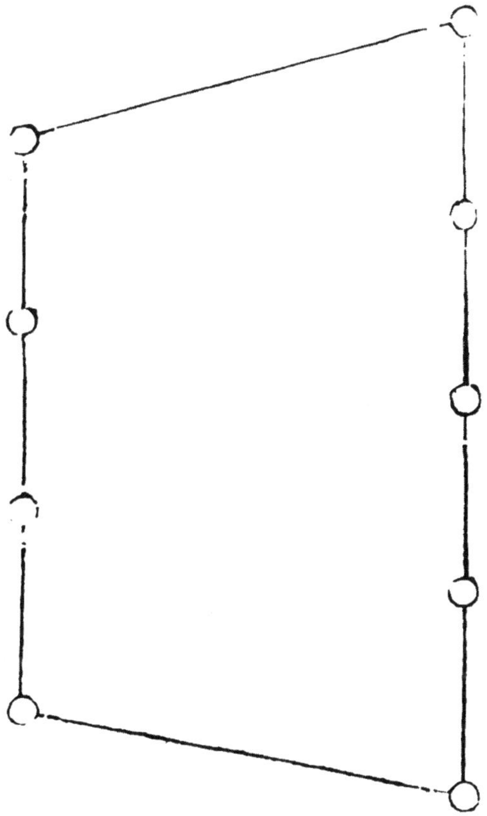

老阴第二十

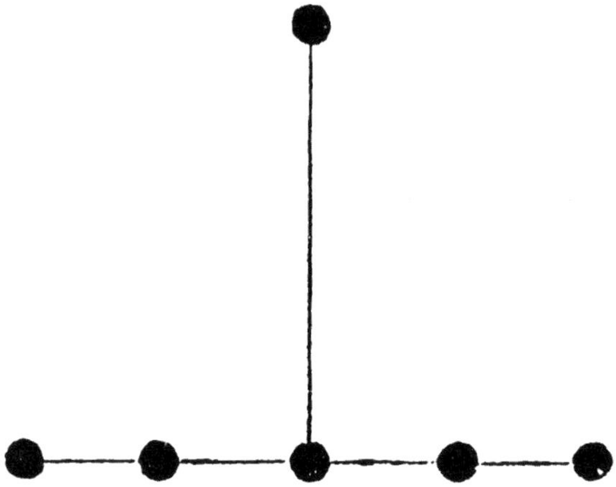

七八九六合数第二十一

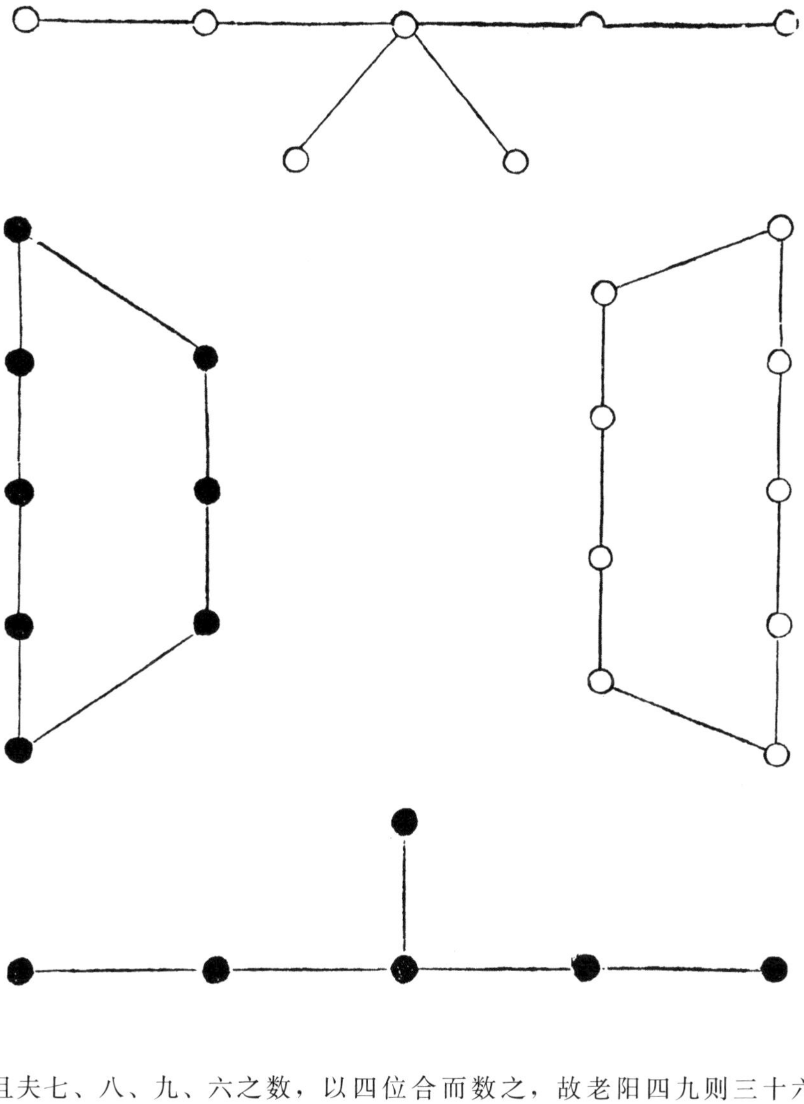

且夫七、八、九、六之数，以四位合而数之，故老阳四九则三十六也，少阳四七则二十八也；老阴四六则二十四也，少阴四八则三十二也。

乾画三位第二十二

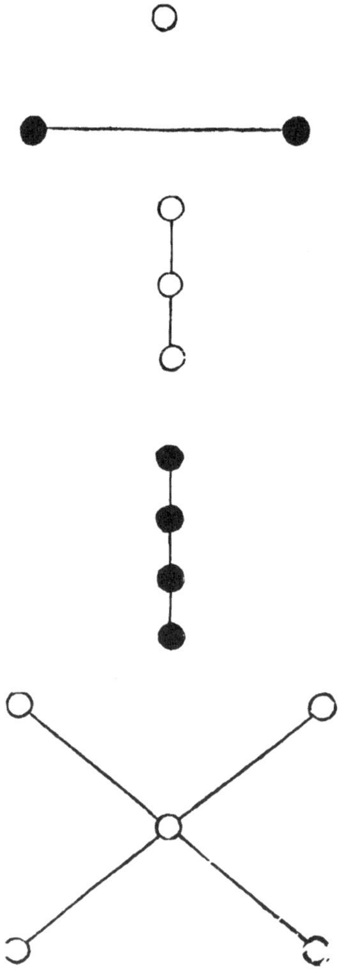

坤画三位第二十三

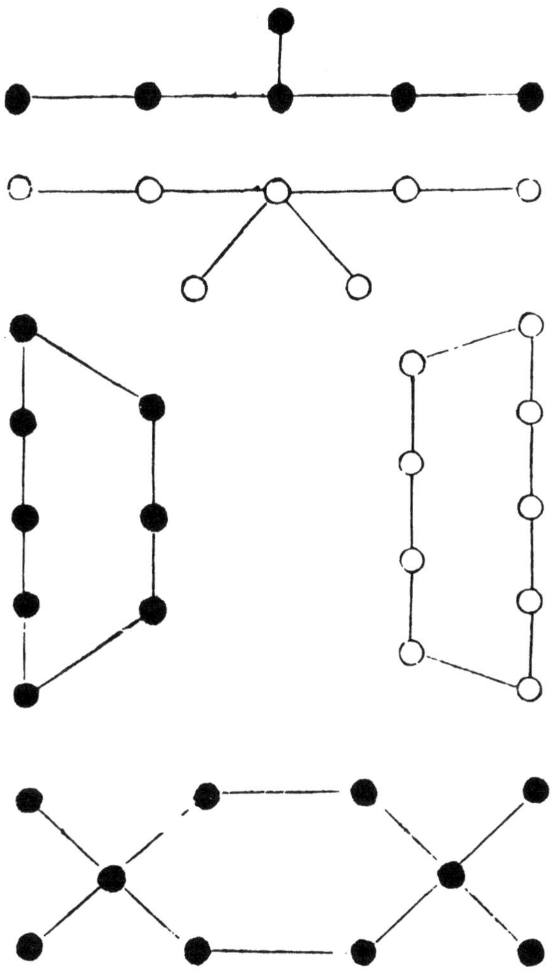

乾画，奇也。坤画，偶也。且乾、坤之位分，则奇偶之位列，则阴阳之位序矣。

阳中阴第二十四

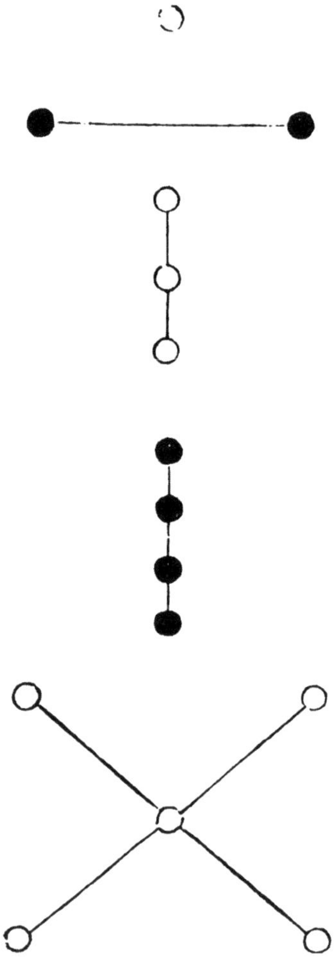

阴中阳第二十五

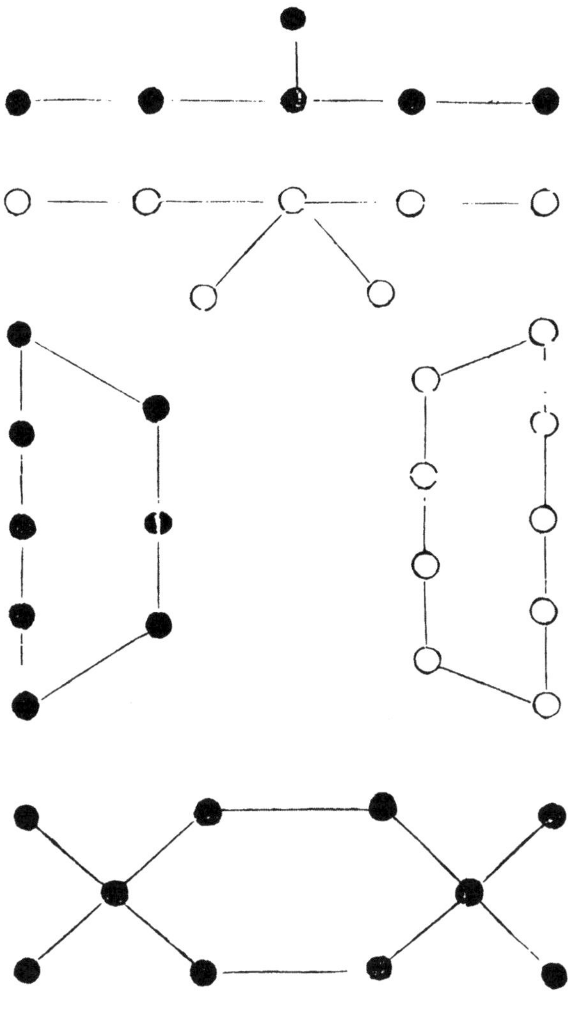

乾独阳第二十六

坤独阴第二十七

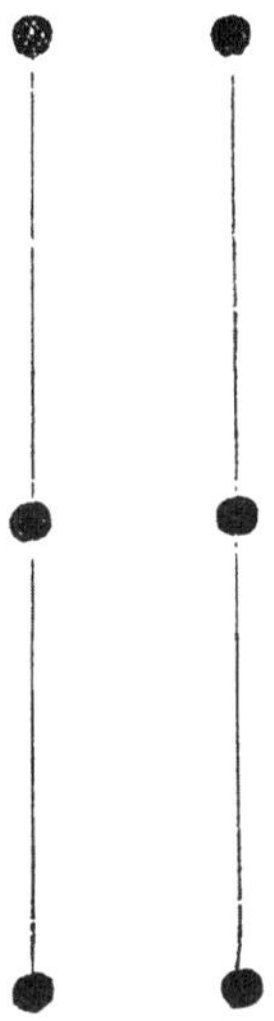

《经》曰："一阴一阳之谓道。"韩氏《注》云："道者，无之称，无不通也，无不由也。况之曰道，寂然无体，不可为象。必有之用极，而无之功显。故至于神无方而易无体，而道可见矣。故穷变以尽神，因神而明道。阴阳虽殊，无一以待之。在阴为无阴，阴以之生；在阳为无阳，阳以之成。故曰'一阴一阳'也。"又孔氏云："一谓无阴无阳，乃谓之道也。"观其注疏之家，祖述无以为义，不释其道之妙用也。且道无形，亦必陈乎宗旨。《易》称"一阴一阳之谓道"，必垂一阴一阳之义耳。

略试论之：且夫一阴一阳者，独阴独阳之谓也。独阴、独阳且不能生物，必俟一阴一阳合，然后运其妙用，而成变化。四象因之而有，万物由之而生，故曰"无不由之谓道"也。若夫独阴、独阳者，天地所禀。天独阳，地独阴。至于五行之物，则各含一阴一阳之炁而生也。所以天一与地六合而生水，地二与天七合而生火，天三与地八合而生木，地四与天九合而生金，天五与地十合而生土，此则五行之质，各禀一阴一阳之炁耳。至于动物、植物，又合五行之炁而生也。今欲明其义，故先布天地独阴、独阳之体，次列五行含二炁之象，末陈人禀五行之质也。

离为火二十八

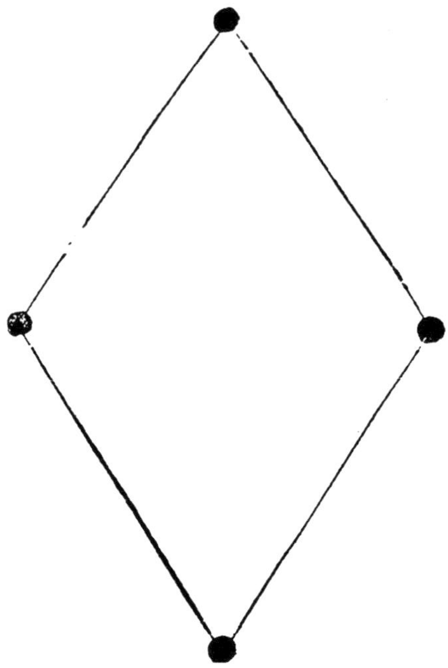

坎为水第二十九

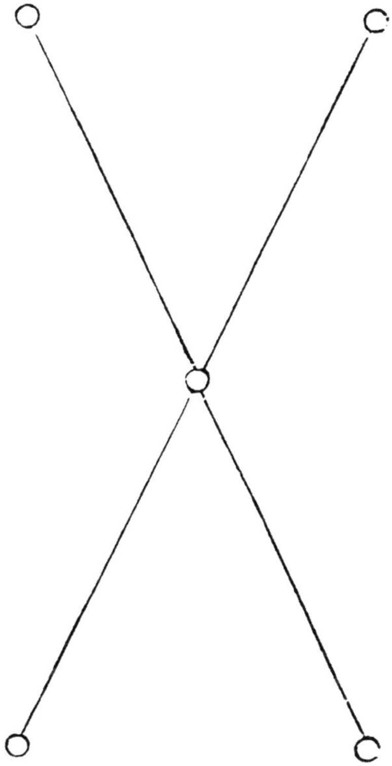

震为木第三十

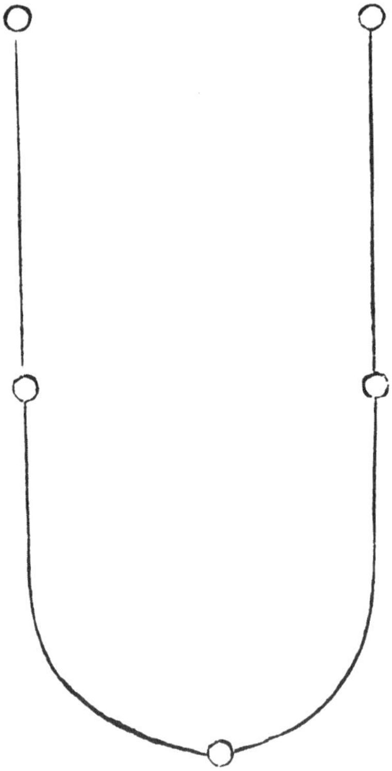

兑为金第三十一

天五合地十为土第三十二

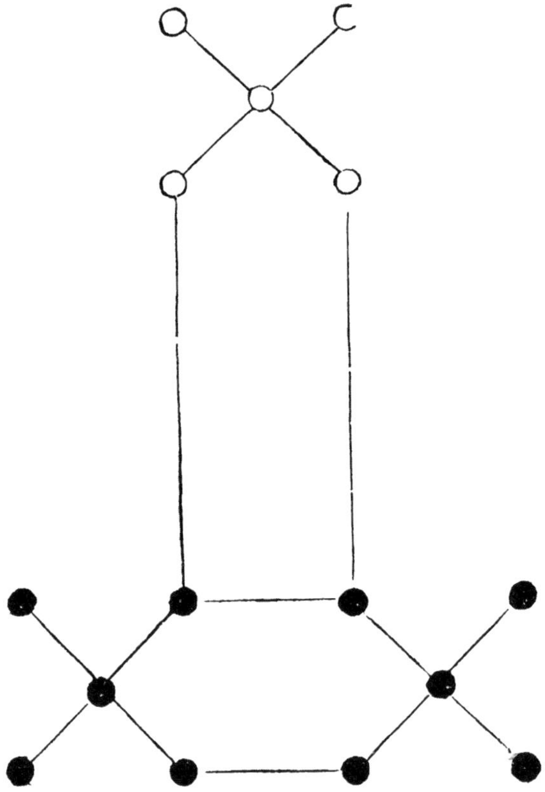

土，无象也，分王四季。地，则积阴之炁；炁禀独阴，不能生物也。暨天五与地十合而生土，成其形质，附地而载，是为五行之一也。故《疏》云："土者，是地中之别耳。"所以地则称乎"独阴"，土则禀乎"二炁"也。

人稟五行第三十三

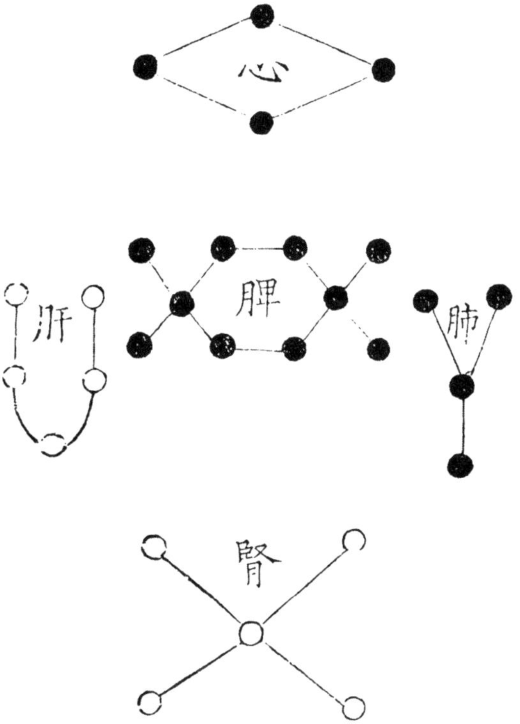

人稟五行圖

離象也在人爲心五常爲禮者坎象也在人爲腎五常爲智震象也在人爲肝五常爲仁兑象也在人爲肺五常爲義分處南北東西則中央之土宜作

《易》之为书也，广大悉备，有天道焉，有人道焉，有地道焉，兼三才而两之。故六六者非他也，三才之道也。然则三才之道，上、中、下之位；三才之用舍五行，则斯须无以济矣。至于人之生也，外济五行之利，内具五行之性。五行者，木、火、土、金、水也。木性仁，火性礼，土性信，金性义，水性智。是故圆首方足，最灵于天地之间者，蕴是性也。人虽至愚，其于外也；日知由五行之用，其于内也。或蒙其性而不循五常之教者，可不哀哉！

易数钩隐图卷中

乾坤生六子第三十四

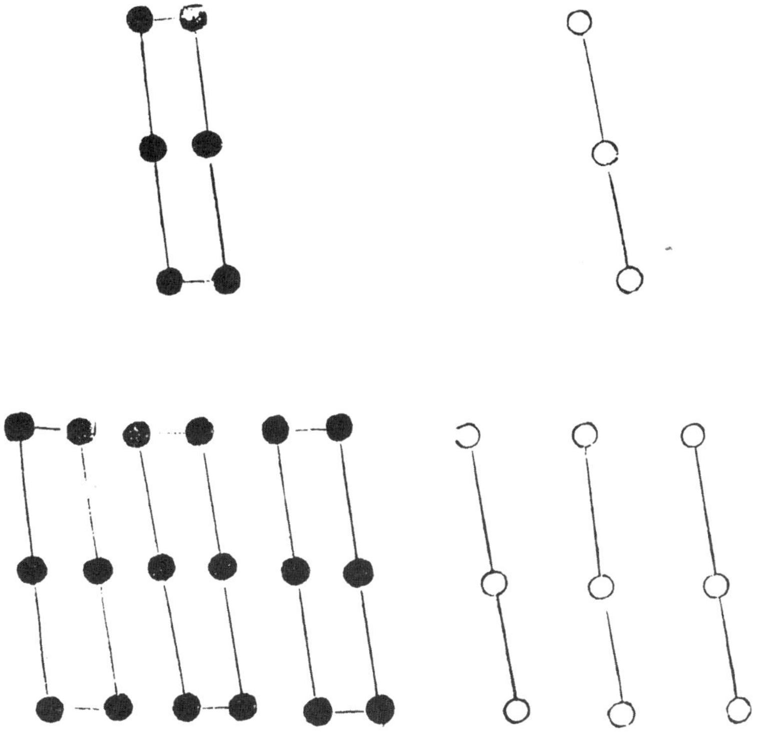

乾下交坤第三十五

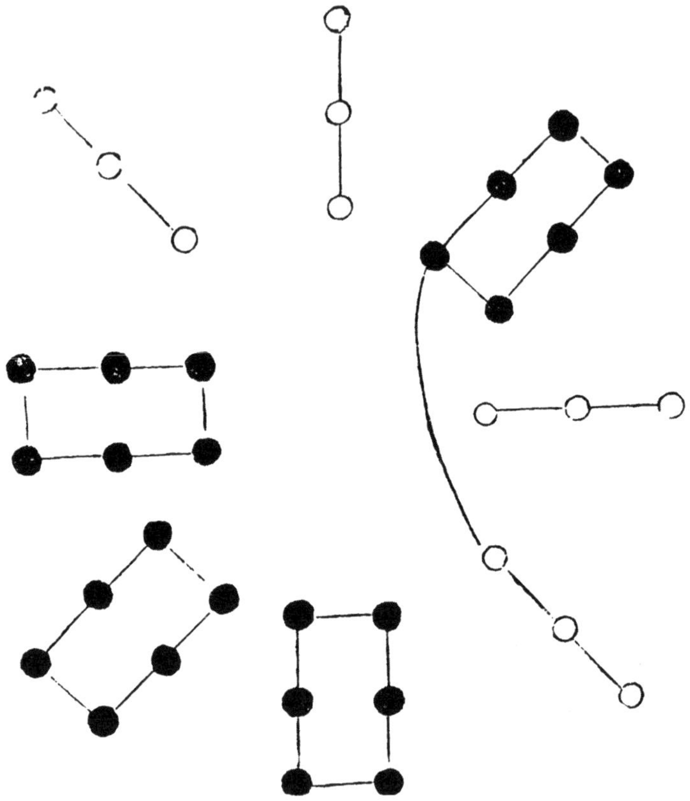

乾，天也，故称乎父，下济而光明焉。

坤上交乾第三十六

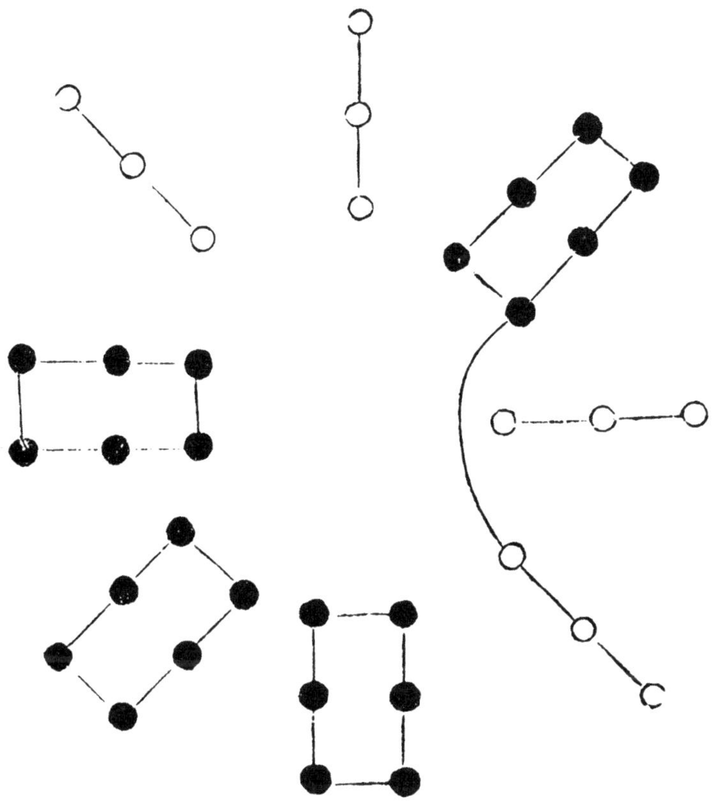

坤，地也，故称乎母，卑而上行焉。

震为长男第三十七

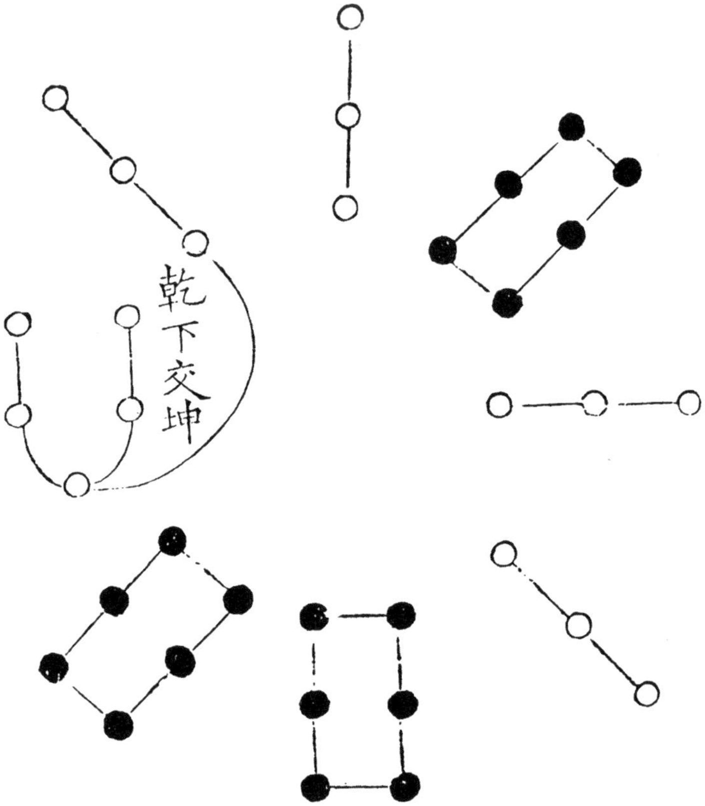

震一索而得男，故谓之长男。

巽为长女第三十八

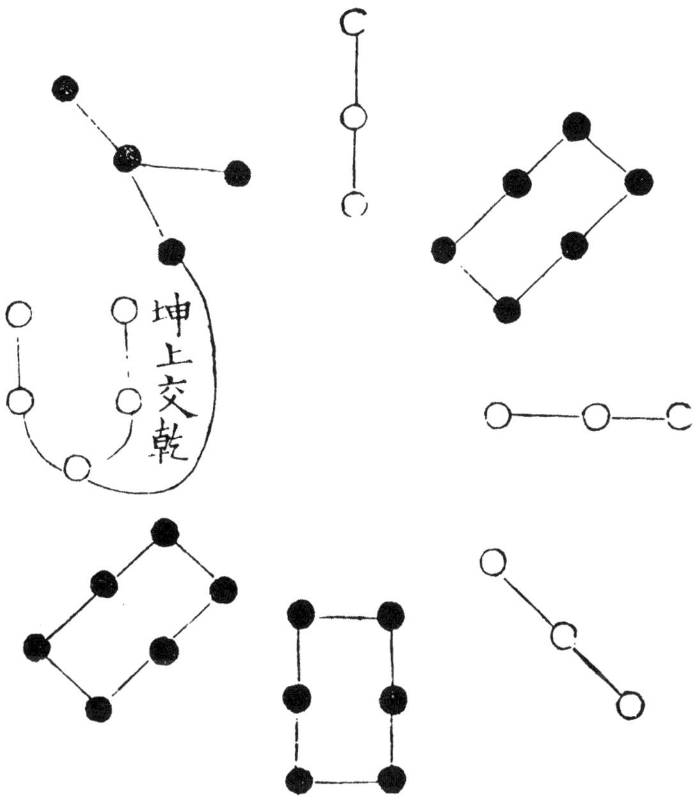

巽一索而得女，故谓之长女。

坎为中男第三十九

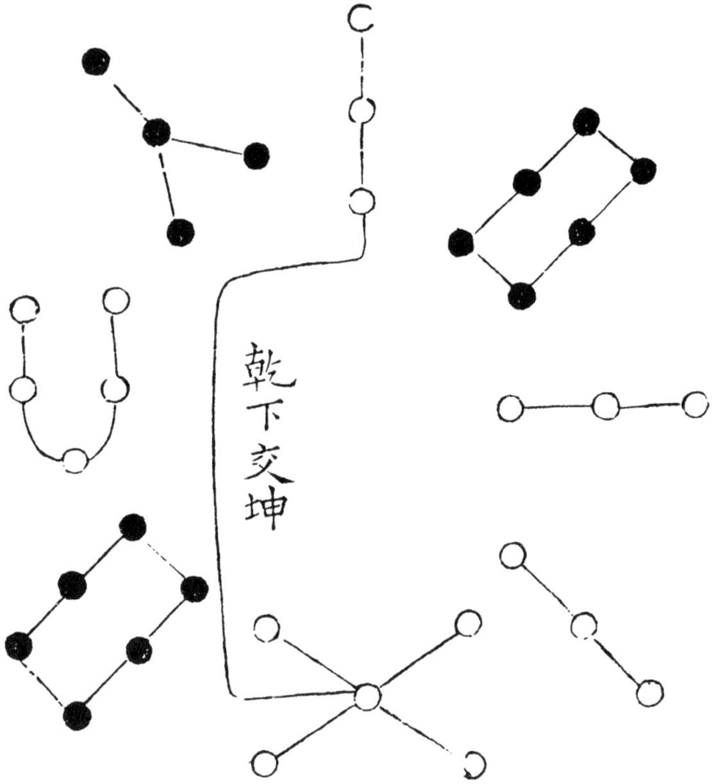

坎再索而得男，故谓之中男。

离为中女第四十

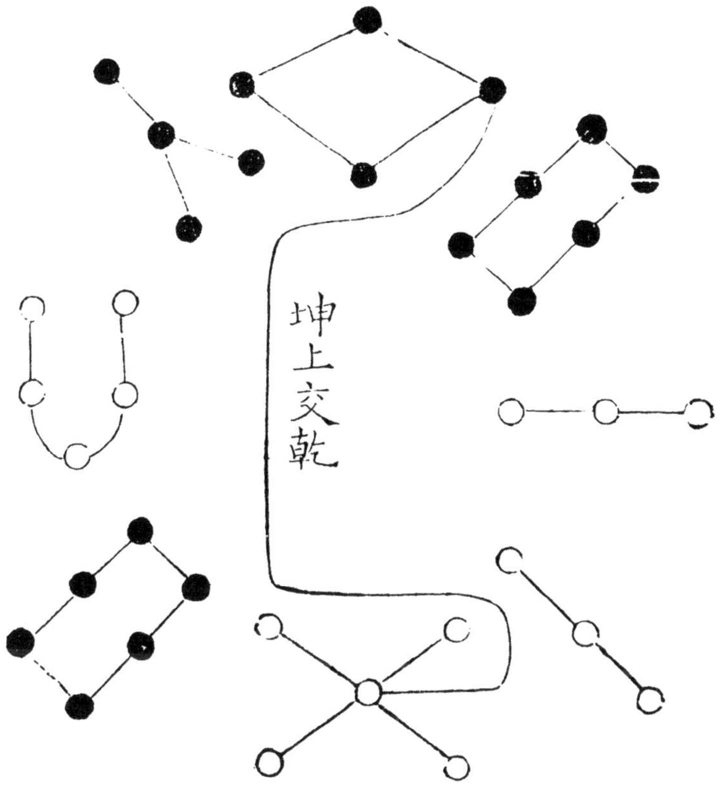

离再索而得女，故谓之中女。

艮为少男第四十一

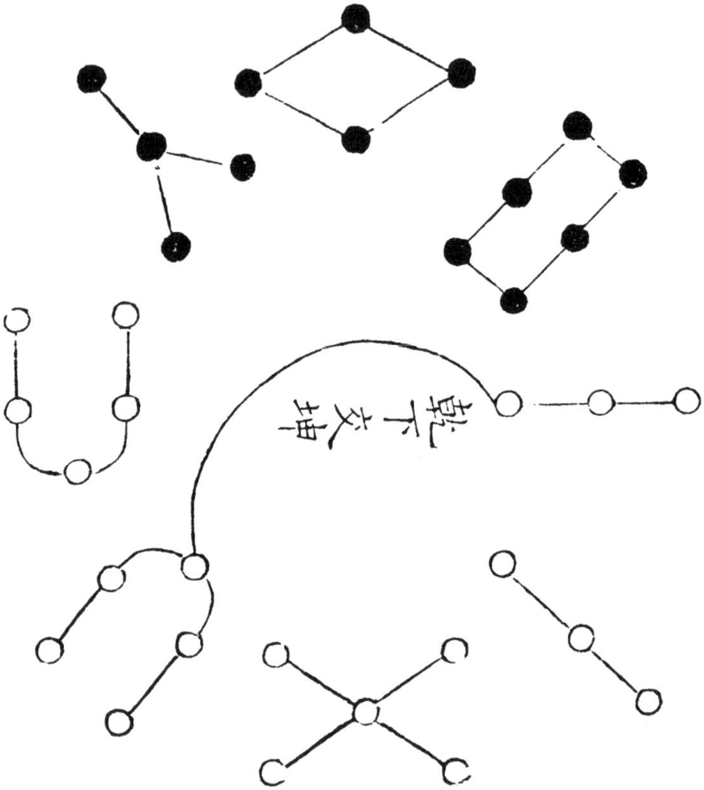

艮三索而得男，故谓之少男。

兑为少女第四十二

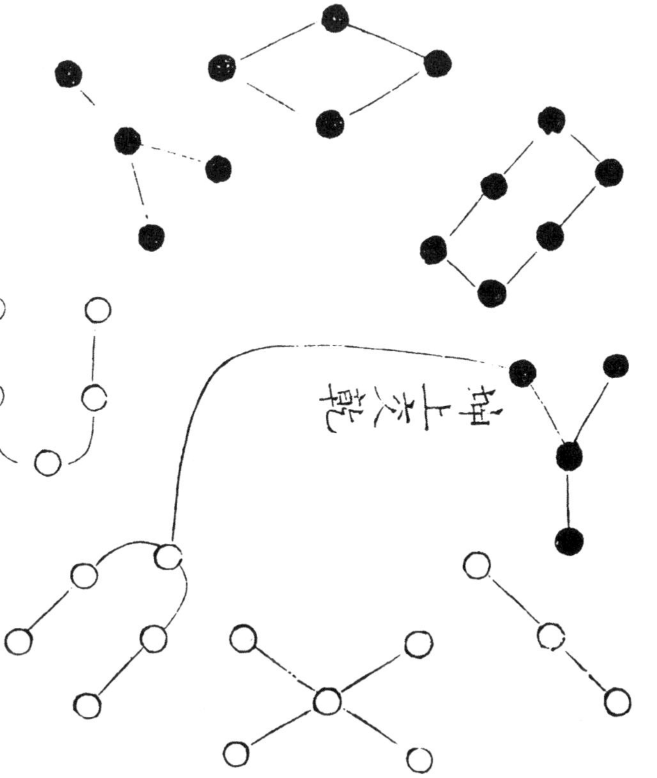

兑三索而得女，故谓之少女。

已上更布自然之象者，盖欲明上下自然交易相生之理，成八卦变化之义也。

坎生复卦第四十三

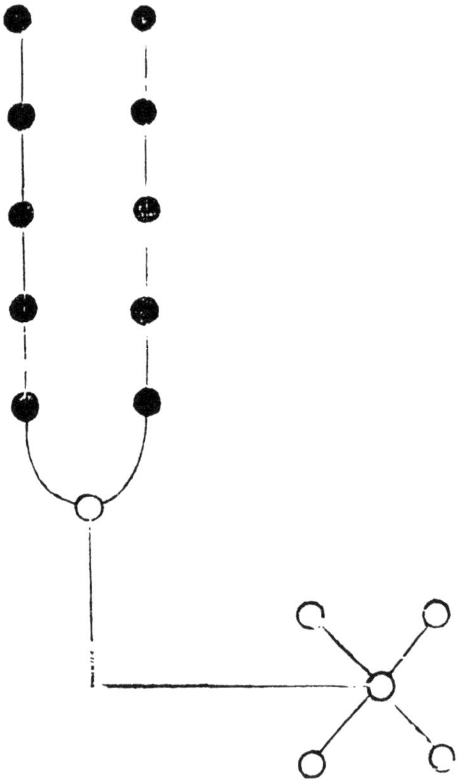

离生姤卦第四十四

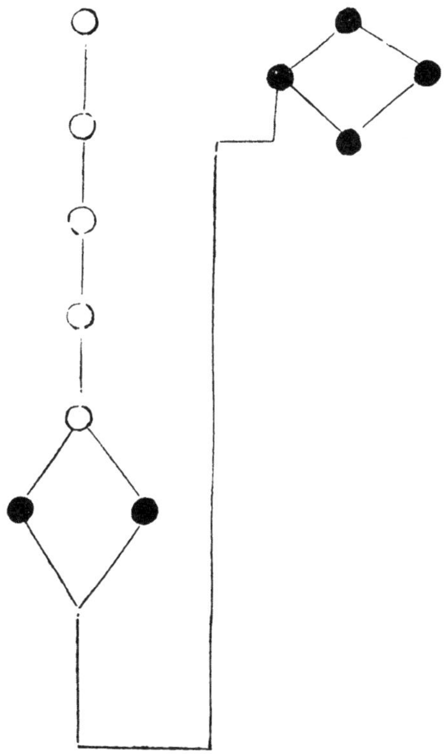

夫《易》有太极，是生两仪，两仪生四象，四象生八卦。八卦成列，象在其中矣；因而重之，爻在其中矣。则知太极乃两仪之始，八卦则重卦之始也。重卦之首以复卦，何谓也？阳炁之始也。

略试论之：且夫四正之卦，所以分四时十二月之位。兼乾、坤、艮、震者，所以通其变化；因而重之，所以效其变化之用也。观其变化之道，义有所宗，故其复卦生于坎中，动于震上，交于坤，变二震、二兑、二乾而终。自复至乾之六月，斯则阳爻上生之义也。姤卦生于离中，消于巽下，交于乾，变二巽、二艮、二坤而终。自姤至于坤之六月，斯则阴爻下生之义也。自复至坤，凡十二卦，主十二月。卦主十二月，中分二十四炁，爻分七十二候，以周其日月之数。是故离、坎分天地，子午以东为阳，子午以西为阴。若夫更错以他卦之象，则总三百八十四爻，所以极三才之道。

或问曰：合数图以正之，卦之与爻，分四时十二月之位，又兼乾、坤、艮、巽之卦通其变。且复卦生坎中，动于震，交于坤。《易》曰“地中有雷，复”，正协其义也。若姤卦则生于离之中，消于巽，交于乾。《易》曰：“天下有风，姤。”且巽非四正之卦也，则与复卦不同其义。今卦体则是巽承于乾，而变易其位从兑者，何谓也？

答曰：斯则取归妹之象。《易》曰：“归妹，天地之大义也。天地不交，则万物不兴。归妹者，人之终始也。”所以资长男交少女之义。交少女而长女主其卦者，明其妹系于姊嫁，而妹非正也，所谓“娃娣”之义也。若以长男交长女，虽曰“夫妇常久之道”，然未尽广延之理也。则知能终其始者，必归妹也。故《易》称“天地之大义”。是以卦之变易，必从归妹；妹非正室，必以姊主其卦也。是以其体则取兑合震，其名则以巽承乾也。变易之义，其在兹乎？

三才第四十五

原缺。前贤释三才之义，皆以设刚柔两画，以布二炁，布以三位，而象三才，谓圣人率意以画之矣。斯亦不详《系辞》之义也。夫卦者，天垂自然之象也。圣人始得之于河图、洛书，遂观天地奇偶之数，从而画之，是成八卦，则非率意以画其数也。

略试论之：夫三画所以成卦者，取天地自然奇偶之数也。乾之三画而分三位者，为天之奇数三，故画三位也。地之偶数三，亦画三位也。余六卦者，皆乾、坤之子，其体则一，故亦三位之设耳。且夫天独阳也，地独阴也。在独阳、独阴，则不能生物。暨天地之炁、五行之数定，始能生乎动植。故《经》曰：“有天地，然后万物生焉。”岂一炁之中，有蕴三才之道邪？所谓兼三才而两之，盖圣人重卦之义也，非八纯卦之谓也。三才，则天、地、人之谓也；两之，则重之谓也。上二画为天，中二画为人，下二画为地；以人合天地之炁生，故分天地之炁而居中也。所以九二称“在田”，明地道也；九五称“飞龙在天”，明天道也。斯则其理坦然而明白矣。如曰不然，敢质之于《系辞》，曰：“六爻之动，三极之道也。”又曰：“有天道焉，有人道焉，有地道焉，兼三才而两之，故六。六者，非他也，三才之道也。”又曰：“昔者圣人之作《易》，将以顺性命之理，是以立天之道曰阴与阳，立地之道曰柔与刚，立人之道曰仁与义。兼三才而两之，故《易》六画而成卦。”斯则皆云六画包三才之义，则无三画韫三才之说，不其然乎？若夫六爻皆有人事者，为人伦则天法地之象，故初上皆包人事之义耳。

七日来复第四十六论凡三篇

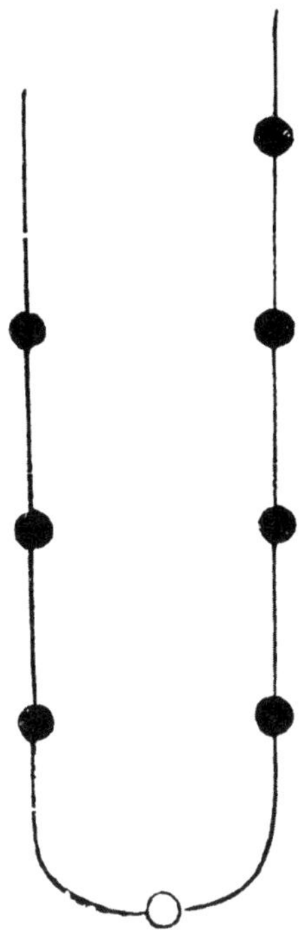

论上

《正义》曰："阳炁始剥尽，谓阳炁始于剥尽之后，至阳炁来复时，凡七日也。"其释注分明。如褚氏、庄氏并云："五月一阴生，至十一月一阳生，凡七月。而云七日不云月者，欲见阳长须速，故变月而言日也。"今辅嗣云"剥尽"至"来复"，是从"剥尽"至"来复"时经七日也。若从"五月"言之，何得云"始尽"也？又临卦亦是阳长，言"八月"；今复卦亦是阳长，何独变"月"而称"日"？观《注》之意，必谓不然。亦用《易纬》"六日七分"之义，同郑康成之说，但于文省略，不复具言。按《易纬稽览图》云："卦炁起中孚。"艮、巽、离、坎、震、兑，各主一方；其六十卦，卦有三百六十爻，日凡主三百六十日；余有五日四分日之一，每日分为八十分，五日分为四百分；四分日之一，又为二十分，是四百二十分。六十卦分之，六七四十二，各得七分，是每卦得六日七分也。剥卦阳炁之尽，在九月之末，十月当纯坤用事，坤卦在六日七分之前，从剥尽至阳炁来复，隔坤之一卦六日七分。举成数言之，故辅嗣言"凡七日"也。

且今"七日来复"之义，详夫孔氏之《疏》，虽得之于前，而又失之于后也。何哉？且《易》云"七日来复"，辅嗣之《注》又言"七日"，虽则引《经》、《注》破褚氏、庄氏之误，于义为得；末又引《易纬》郑氏"六日七分"，则其理又背《经》、《注》之义。且《易纬》、郑氏言每卦得六日七分，则未详六日七分能终一卦之义。略试论之：且坎、离、震、兑，四正之卦也，存四位；生乾、坤、艮、巽之卦，每位统一时，每爻主一月，此则四纯之卦也。又若重卦，自复至乾六爻，而经六月也；自姤至坤亦六爻，而经六月也，则一爻而主一月也昭昭矣。而云"六日七分"为义，则作《疏》者不思之甚也。且夫"七日来复"者，十月之末，坤卦既终，阴已退，阳炁复生也。为天有十日，阳上生也。至七为少阳，阴阳交易而生，当阳复来之时，为老阴。□□□□□□待经阴之数尽，至七日少阳□□□□□□□□□七日来复，□则合《经》、《注》之义也。

论中

《系辞》曰“天一、地二，天三、地四，天五、地六，天七、地八，天九、地十”，此乃五行生成之数也。天一生水，地二生火，天三生木，地四生金，天五生土，此其生数也。如此，则阳无匹，阴无偶。故地六成水，天七成火，地八成木，天九成金，地十成土。于是阴阳各有匹偶，而物得成矣。故谓之成数也。又曰“天数五，地数五，五位相得，而各有合，此所以成变化而行鬼神”，谓此也。

又数之所起，起于阴阳；阴阳往来，在于日道。十一月冬至，以及夏至，当为阳来。正月为春，木位也，曰“南极”，阳来而阴往。冬，水位也，当以一阳生为水数。五月夏至，曰“北极”，阴进而阳退。夏，火位也，当以一阴生为火数。但阴不名奇数，必六月二阴生为火数也。是故《易》称“乾贞”于十一月，“坤贞”于六月，来而皆左行。由此冬至以及夏至，当为阳来也。正月为春，木位也，三阳已生，故三为木数。夏至以及于冬至，为阴进。八月为秋，金位也；四阴以生，故四为金数。三月春之季，土位，五阳以生，故五为土数。此其□□□□也。

又万物之本，有生于无，著生于微。万物成形，必以微、著为渐；五行先后，亦以微、著为次。五行之体，水最微，为一；火渐著，为二；木形实，为三；金体固，为四；土质大，为五，亦是次序之宜矣。刘氏与顾氏皆以为水、火、木、金得土数而成，故水数成六，火数成七，木数成八，金数成九，土数成十，义亦然也。今详众贤之论，以天一至天五为五行之生数，则不释所以能生之之义也；以地六至地十为五行之成数，则不释所以能成之之义也，故学者莫洞其旨。盖由象与形，不析有无之义也；道与器，未分上下之理也。

略试论之：《易》曰：“形而上者谓之道，形而下者谓之器。”则地六而上谓之道，地六而下谓之器也。谓天一、地二、天三、地四，止有四象，未著乎形体，故曰“形而上者谓之道”也。天五运乎变化，上驾天一，下生地六，水之数也；下驾地二，上生天七，火之数也；右驾天三，左生地八，木之数也；左驾地四，右生天九，金之数也；地十应五而居中，土之数也。此则已著乎形数，故曰“形而下者之谓器”。所谓“象”之与“形”者，《易》云：“见乃谓之象”，河图所以示其象也；“形乃谓之器”，洛书所以陈其形也。“本乎天者亲上，本乎地者亲下”，故曰：河以通乾出天，洛以流坤吐地。《易》者，韫道与器，所以圣人兼之而作《易》。《经》云“河出图，洛出书，圣人则之”，斯之谓矣。

且夫河图之数，惟四十有五，盖不显土数也。不显土数者，以河图陈八卦之象，若其土数，则入乎形数矣。是兼其用而不显其成数也。洛书则五十五数，所以成变化而著形器者也。故河图陈四象而不言五行，洛书演五行而不述四象。然则四象，亦金、木、水、火之成数也。在河图，则老阳、老阴、少阳、少阴之数是也；在洛书，则金、木、水、火之数也。所以异者，由四象附土数而成质，故四象异于五行矣。然而皆从天五而变化也。至于“天数五，地数五，五位相得而各有合”焉者，此备陈五行相生之数耳。且五行虽有成数，未各相合，则亦未有所从而生矣。故天一与地六合而生水，地二与天七合而生火，天三与地八合而生木，地四与天九合而生金，天五与地十合而生土。

伏牺而下，但乘其数，至黄帝始名，原缺乙丙丁也。今众贤以一阳生为水数，二阴生为火数，三阳生为木数，四阴生为金数，五阳生为土数，原缺□说强配之也，则非天地自然之数也。至于以微、著为渐者，亦非通论，何哉？且以坚固言之，则土不当后于金也；以广大言之，则火不当后于水也。盖五行之质，各禀自然，偶合而生，相因于数；微、著之论，实非《经》旨矣。又若十一月一阳生为奇数者，谓天一动乎坎之中也；五月一阴生为偶数者，谓地二动乎离之中也。以六月二阴生为偶数，则未知所出之宗也。

论下

详夫《易纬稽览图》及郑氏六日七分之说，盖取乾、坤老阳、老阴之策配之也。《经》曰：“乾之策二百一十有六，坤之策百四十有四，凡三百六十，当期之日。”《疏》云：“举其大略，则不数五日四分之一也。”又《疏》云：“二篇之爻，总三百八十四，阴阳各半焉。阳爻一百九十二位，爻别三十六，总有六千九百一十二也；阴爻一百九十二位，爻别二十四，总有四千六百八也；阴阳总合，万有一千五百二十，当万物之数也。”

且《经》为乾、坤二卦，老阳、老阴三百六十之数，当期之日，则不更别起数矣。卦之与爻，则未详《易纬》、郑氏六日七分之义也。夫阴阳之爻，总有三百八十四焉。且《易纬》及郑氏虽以坎、离、震、兑四正之卦之爻，减乎二十四之数，与当期之日相契，则又与圣人之辞不同矣。何以知之？且夫起子止亥，十二月之数，所以主十二卦之爻也。十二卦之爻者，自复至坤之位也。岂可取杂书、贤人之说，而破圣人之经义哉？或曰不然，其如《系辞》何？

临卦八月第四十七

遯卦第四十八

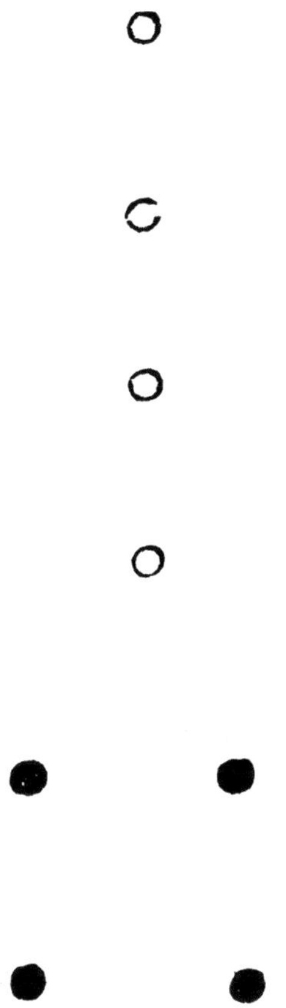

"临至于八月，有凶。"象曰："临，刚浸而长，说而顺，刚中而应，大亨，以正天之道也。至于八月有凶，消不久也。"原缺。诸家之注解，各有异焉。且何氏云："从建子阳生，至建未为八月。"褚氏云："自建寅至建酉为八月。"孔氏《疏》又曰："今按此《注》云：小人道长，君子道消。宜据否卦之时，以临卦建丑；而至否卦，则建申为八月也。"理有未安。

略试论之：粤若诸家之说，皆与临卦之义不相偶契。何以知之？且卦、彖之辞，所以各论一卦之体也。夫临卦者，主建丑之月也。何氏从建子阳生而数，则卦辞当在复卦之下，不当属临卦也。褚氏从寅而数，则卦辞当在泰卦之下，亦不当属临卦也。孔氏宜据建申否卦为八月，则否之六三当消泰之九三，又与临卦九三之不应也。今若以建未为八月，取遯卦之六二，消临卦之九二，则于义为允矣。何者？且临卦之《象》曰：浸而长。《注》云：阳道转进，阴道日消也。遯卦之《象》亦曰：浸而长。《注》云：阴道欲进而长，正道亦未全灭也。今以二卦之爻，既相偶合，又《象》辞皆有阴阳浸长之说，则其义不得不然也。所以称建未为八月耳。

或问：当文王演卦之时，乃商之末世也，岂□□□□□□□□正月为义哉？答曰：周公作爻辞，父基子构，所以爻辞多文王后事。则知文王之旨，周公述而成之，故以周正为定。况乎《易》有二名，夏曰《连山》，商曰《归藏》，周曰《周易》。连山，则神农氏之号也。归藏，则轩辕氏之号也。既连山、归藏，并是代号，所以题“周”以别余代，亦由《周礼》之谓也。且《易》既题“周”以正名，则公不得不以周之正朔定其月也。孰谓不然？

若何氏以建子至建未为八月，则是究其末而不原其本矣。至于孔氏引辅嗣之《注》，以君子道消，小人道长，必以否卦之义也。但阴则小人之道长，阳则君子之道长，不必专在否卦之义也明矣。又王氏《卦略》云：遯，小人浸长，难在于内，亨在于外，与临卦相对者也。临刚长则柔危，遯柔长则刚危矣。临，二阳居内，君子之道日长；遯，二阴在内，小人之道日进。且八月凶者，天之道，火□□寒，暑退阳长，至二得位居中，故于此时垂消退之戒。阳息于十一月，为复；至十二月，为临；消于五月，为姤；至六月，为遯。自子至未，凡八月也。

易数钩隐图卷下

河图第四十九

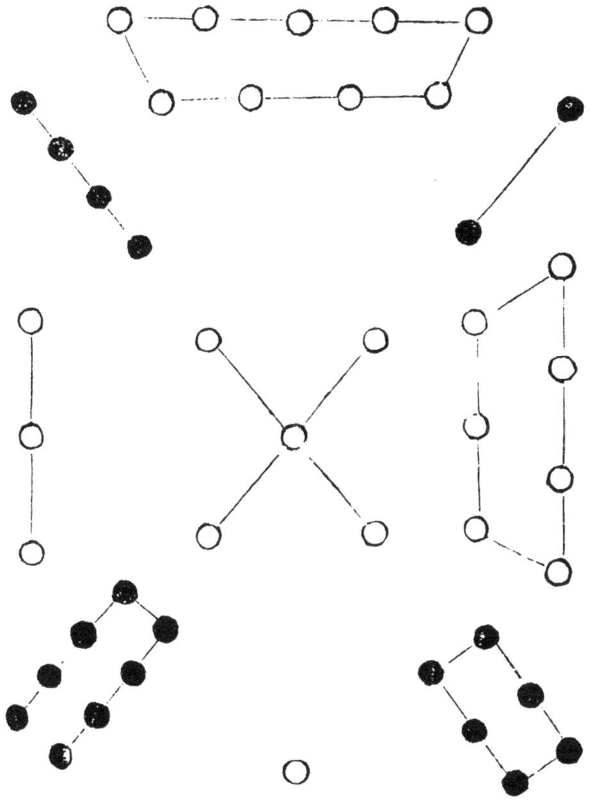

以五为主，六八为膝，二四为肩，左三右七，戴九履一。

河图天地数第五十

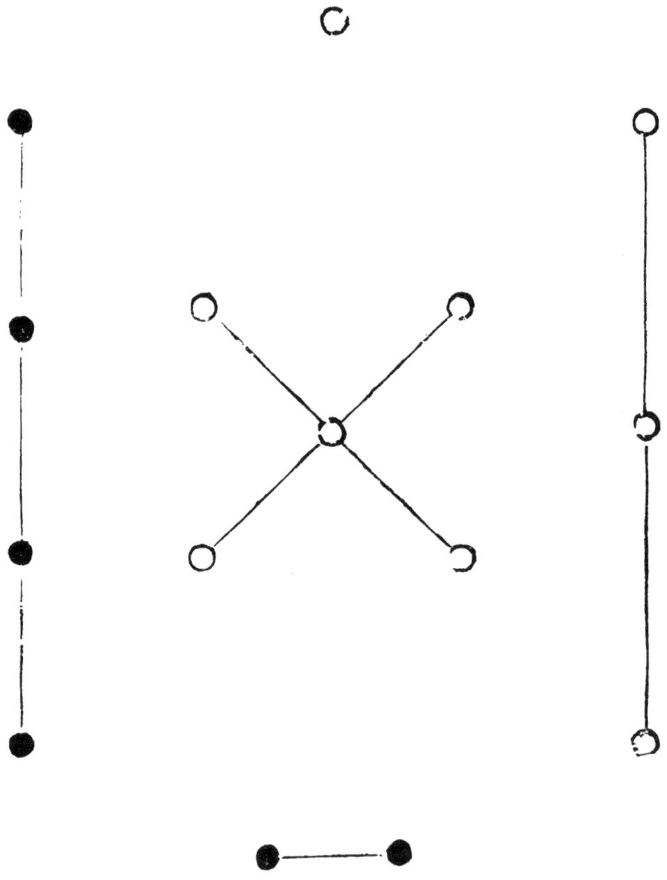

河图四象数第五十一

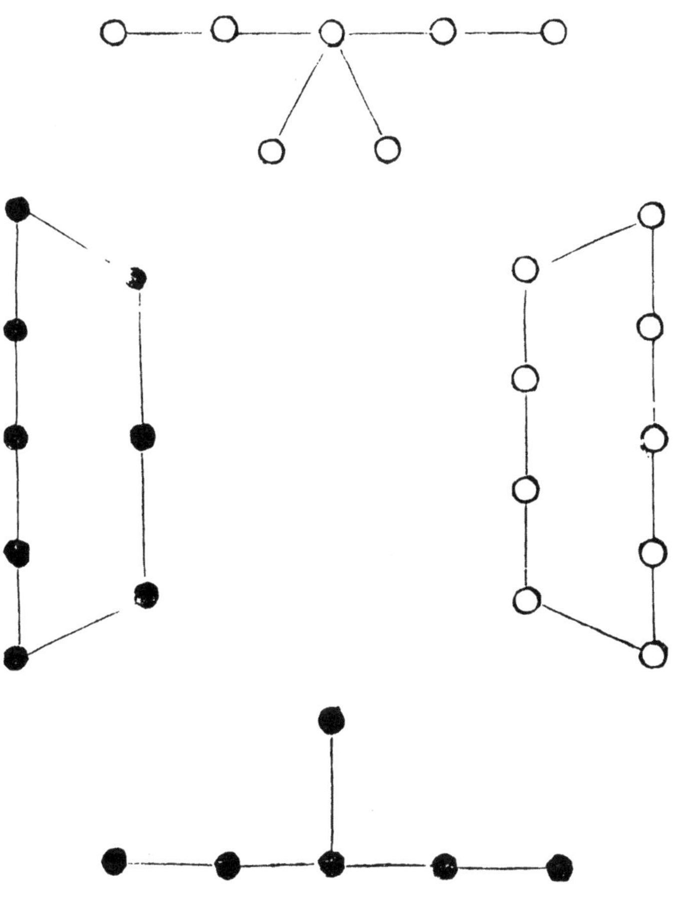

河图八卦第五十二

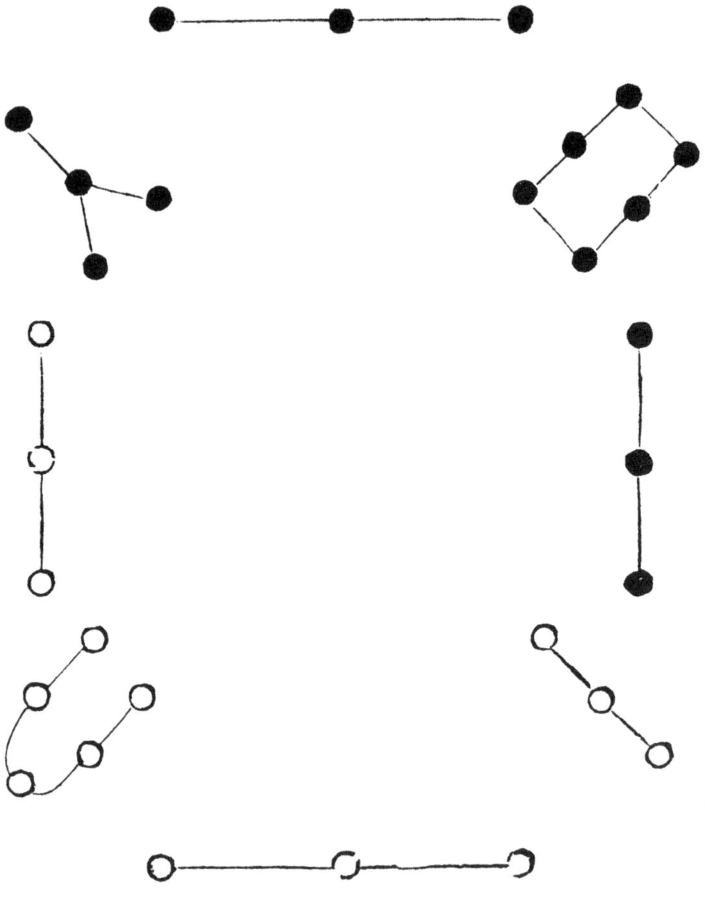

洛书五行生数第五十三

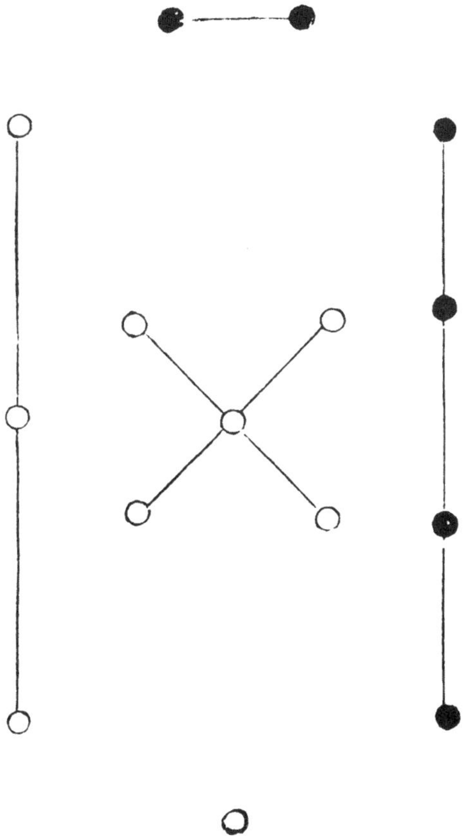

洛书五行成数第五十四

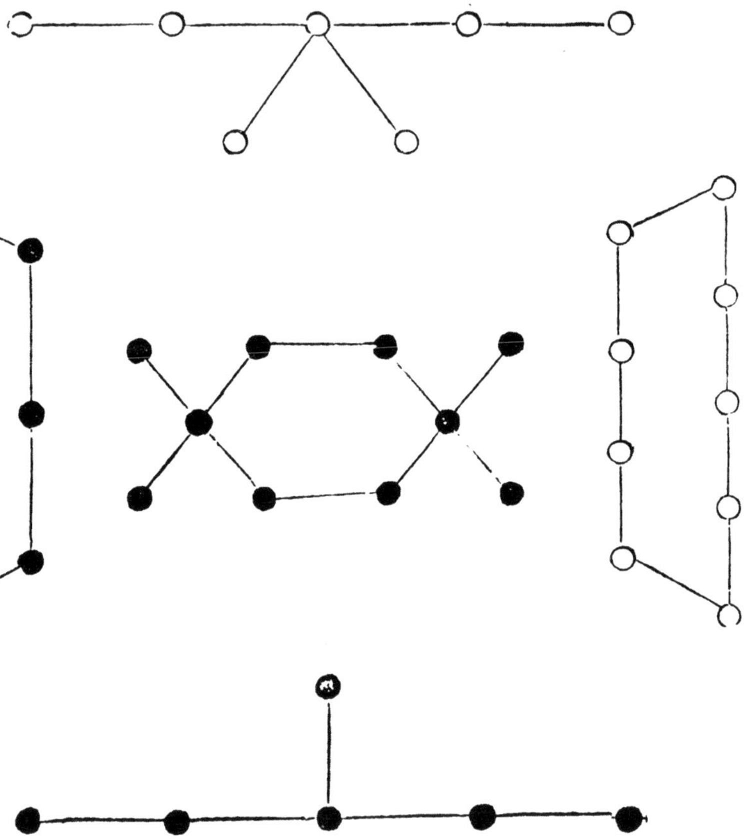

或问曰：洛书云“一曰水，二曰火，三曰木，四曰金，五曰土”，则与龙图五行之数之位不偶者，何也？答曰：此谓陈其生数也。且虽则陈其生数，乃是已交之数也。下篇分土王四季，则备其成数矣。且夫洛书、九畴，惟出于五行之数，故先陈其已交之生数，然后以土数足之，乃可见其成数也。

十日生五行并相生第五十五

天一，地六；地二，天七；天三，地八；地四，天九；天五，地十。合而生水、火、木、金、土。十日者，刚日也。相生者，金生水，水生木，木生火，火生土，土生金也。相克者，金克木，木克土，土克水，水克火，火克金也。

龙图龟书

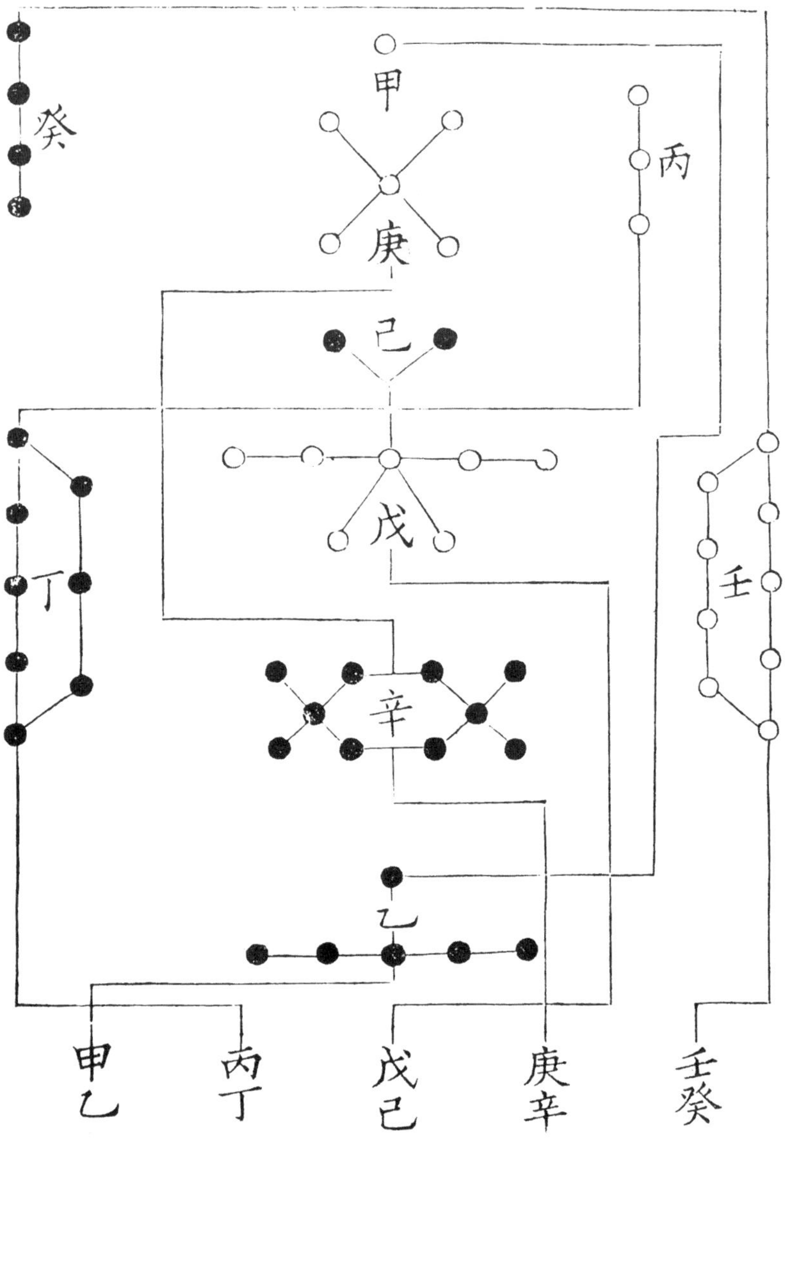

论上

《易》曰：河出图，洛出书，圣人则之。《春秋纬》云：河以通乾出天苞，洛以流坤吐地符。河龙图发，洛龟书感。《河图》有九篇，《洛书》有六篇。《书正义》曰：洛书九类，各有文字，即是书也。而云：天乃锡禹。如此天与禹者，即是洛书也。汉《五行志》，刘歆以为，伏牺继天而王，河出图，则而画八卦是也；禹治洪水，锡洛书，法而陈洪范是也。颖达共为此说，龟负洛书，《经》无其事。中候及诸纬多说黄帝、尧、舜、禹、汤、文、武受图书之事，皆云龙负图，龟负书。纬、候之书，不知谁著，通人讨窍，以为伪起哀、平者也。前汉之末，始有此书，不知起谁氏也。以前学者必相传此说，故孔氏以《九类》是神龟负文而出，列于背，有数从一而至于九，见其文，遂因而第之以《九类》也。陈而行之，所以常道得其次叙也。言禹第之者，以天神言语必当简要，不应曲有次第，丁宁若此，故以禹次而第之也。

然大禹既得《九类》，常道始有次叙；未有洛书之前，常道所以不乱者，世有浇淳，教有疏密，三皇以前无文亦治，何止无洛书也。但既得《九类》以后，□□法而行之则治，违之则乱也。且不知洛书本文，计天言简要，必无次第之数。上传云："禹因而次之。"则孔氏以第是禹之所为，初一日等二十八字，必是禹加之也。其敬用、农用等一十八字，大刘及顾氏以为龟负也。小刘以为敬用等亦禹所第叙，其龟文惟有二十字，并无明据，未知孰是，故两存焉耳。

详夫众贤之论，多背经书之旨。观其大法，凡《九类》，盖是禹叙洛书，因而第之，遂著成法则，非是神龟负书出于大禹之时也。何以明其然？略试论之。箕子曰：在昔鲧陻洪水，汨陈其五行，帝乃震怒，不畀洪范、九畴，彝伦攸斁，鲧则殛死，禹乃嗣兴，天乃锡禹洪范、九畴，彝伦攸叙，则不载神龟负图之事。惟孔氏《注》称天与禹洛书，神龟负文而出，列于背有数至九也。诸儒更演载天书言语字数之说，后乃还相祖述，遂以禹亲受洛书，而陈《九类》。且《经》无载图书之事，惟《易·系辞》云："河出图，洛出书，圣人则之。"此盖仲尼以作《易》而云也，则知河图、洛书出于牺皇之世矣。

乃是古者河出龙图，洛出龟书，牺皇□□画八卦，因而重之，为六十四卦。□□□□□□□□□□□□□□□□□□□□□□□□□□□。文王作卦辞，周公作爻辞，仲尼辅之"十翼"，《易》道始明。观今龙图，其位有九，四象八卦，皆所包韫。且其图纵横皆合天地自然之数，则非后人能假伪而设之也。夫龙图呈卦，非圣人不能画之；卦含万象，非圣人不能明之。以此而观，则洛出书，非出大禹之时也。《书》云“天锡禹九畴”者，盖是天生圣德于禹，诚明洛书之义，因第而次之，垂范后世也。今河图相传于前代，其数自一至九，包四象八卦之义，而兼五行之数；洛书则惟五行生成之数也。然牺皇但画卦以垂教，则五行之数未显，故禹更陈五行而显九类也。

今诸儒以禹受洛书，书载天神言语，陈列字数，实非通论。天何言哉！圣人则之，必不然也。或曰未可，敢质于《经》。且尧任九子，各主其一。九畴之数，九子之职也。至农用八政，司空、司徒之官，唐虞世设之矣。协用五纪，羲氏、和氏已正之矣。斯则非俟禹受洛书之后设其官也。且夫天垂象，见吉凶，圣人象之；河出图，洛出书，圣人则之。天象则□□□虽韫其义，非至圣不能明之。□□河图、洛书，非羲皇不能画之。卦合其象，非文王不能伸之。爻象之兴，非周公不能著之。故仲尼曰：“文王既没，文不在兹乎。”又曰：“天生德于予。”则知天生睿哲于圣人，默究乎幽赜，是谓锡之也。故《仲虺之诰》曰：“天乃锡王勇智，表正万邦之谓也。”且孔氏以箕子称“天乃锡禹九畴”，便谓之“洛出龟书”，则不思圣人云“河出图，洛出书”，在作《易》之前也。又“唐法九畴”，唐虞之前已行之矣。而云“禹受洛书”之后，始有常道次叙，不曰诬之者乎？

论下

《春秋纬》曰："《洛书》六篇。"孔氏云："洛书，神龟负文而出，列于背，有数一至九。"今代之所传龟书，惟总五行生成之数，未知孰是。

略试论之：《春秋纬》言"《洛书》六篇"，则与五行、九畴之数不偶，亦未明其义。孔氏云"洛书有数一至九"，谓《书》之九畴自一五行至五福、六极之数也。且《书》之九畴，惟五行是包天地自然之数，余八法皆是禹参酌天时、人事类之耳，则非龟所负之文也。今详《洪范五行传》，凡言灾异，必推五行为之宗。又若鲧无圣德，汨陈五行，是以彝伦攸斁。则知五行是天垂自然之数，其文负于神龟；余八法皆大禹引而伸之，犹龙图止负四象八纯之卦；余重卦六十四，皆伏牺仰观俯察，象其物宜，伸之以爻象也。况乎五行包自然之性，八卦韫自然之象，圣人更为之变易，各以类分，而观吉凶矣。若今世之所传者，龟书不为妄也。

尚或疑焉者，试精之于问答。或问曰："且云图、书皆出于牺皇之世，则九畴亦陈于牺皇之代，不当言禹第而次之也？"答曰："河图八卦，垂其象也，故可以尽陈其位；洛书五行，含其性也，必以文字分其类。伏牺之世，世质民淳，文字未作，故九畴莫得而传也，但申其数耳。至大禹圣人，遂演成《九类》，垂为世范。九畴自禹而始也。"

或问曰："既云龙图兼五行，则五行已具于龙图矣，不应更用龟书也。"答曰："虽兼五行，有中位而无土数，唯四十有五，是有其象，而未著其形也，唯四象、八卦之义耳。龟书乃具五行生成之数，五十有五矣。《易》者，包象与器，故圣人资图、书而作之也。"

或问曰："《书》云天乃锡禹洪范、九畴，必洛书，今臆说破之，无乃□□□。"答曰："仲尼称河出图，洛出书，于宓牺画《易》之前，不当云出夏禹之世也。如曰不然，是洛书复出于夏禹之时矣。诚如是，禹之前无九畴也，又何以《尧典》之九法坦然明白乎哉？"

问曰："今《书》世之传者龙图、龟书，《经》所不载，纬候之书，蔑闻其义，诚诞说也？"曰："龙图、龟书，虽不载之于《经》，亦前贤迭相传授也。然而数与象合位，将卦偶不盈不缩，符于自然，非人智所能设之也。况乎古今阴阳之书，靡不宗之。至于通神明之德，与天地之理，应如影响，岂曰妄乎？"

易数钩隐图遗论九事

太皞氏授龙马负图第一

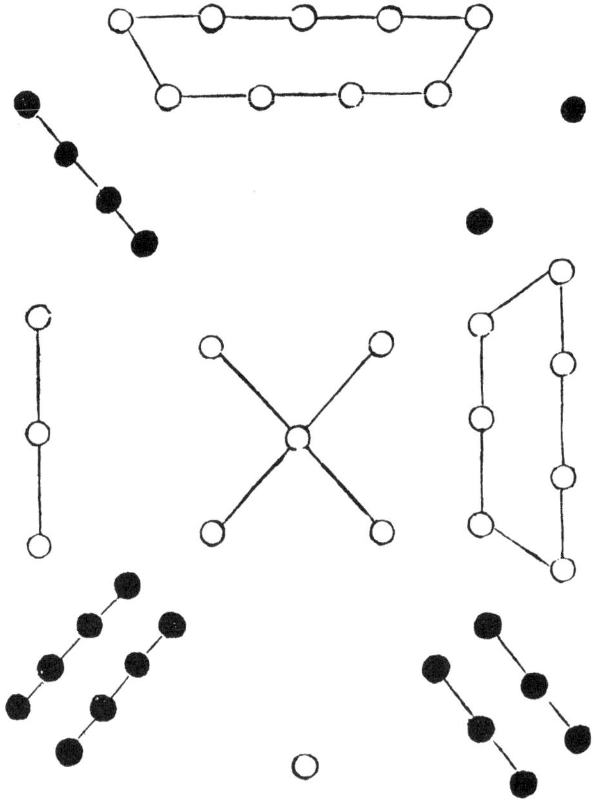

论曰

昔宓牺氏之有天下，感龙马之瑞，负天地之数出于河，是谓龙图者也。戴九履一，左三右七，二与四为肩，六与八为足，五为腹心，纵横数之皆十五。盖《易·系》所谓“参伍以变，错综其数”者也。太皞乃则而象之，遂因四正定五行之数，以阳炁肇于建子为发生之源，阴炁萌于建午为肃杀之基，二炁交通，然后变化，所以生万物焉，杀万物焉。

且天一起坎，地二生离，天三处震，地四居兑，天五由中，此五行之生数也。且孤阴不生，独阳不发，故子配地六，午配天七，卯配地八，酉配天九，中配地十。既极五行之成数，遂定八卦之象，因而重之，以成六十四卦、三百八十四爻，此圣人设卦观象之奥旨也。且宓牺相去文王，逾几万祀，当乎即位，乃纣之九年也。作《易》者，其有忧患文王乎？

文王既没，五百余岁，方生孔子，孔子生而赞《易》道，且曰：“河出图，洛出书，圣人则之。”是知龙马之瑞，非宓牺不能昭格；河图之数，非夫子不能衍畅。原夫错综之数，上极二仪，中括万物，天人之变，鬼神之奥，于是乎尽在。敢有非其图者，如圣人之辞何？

重六十四卦推荡诀第二

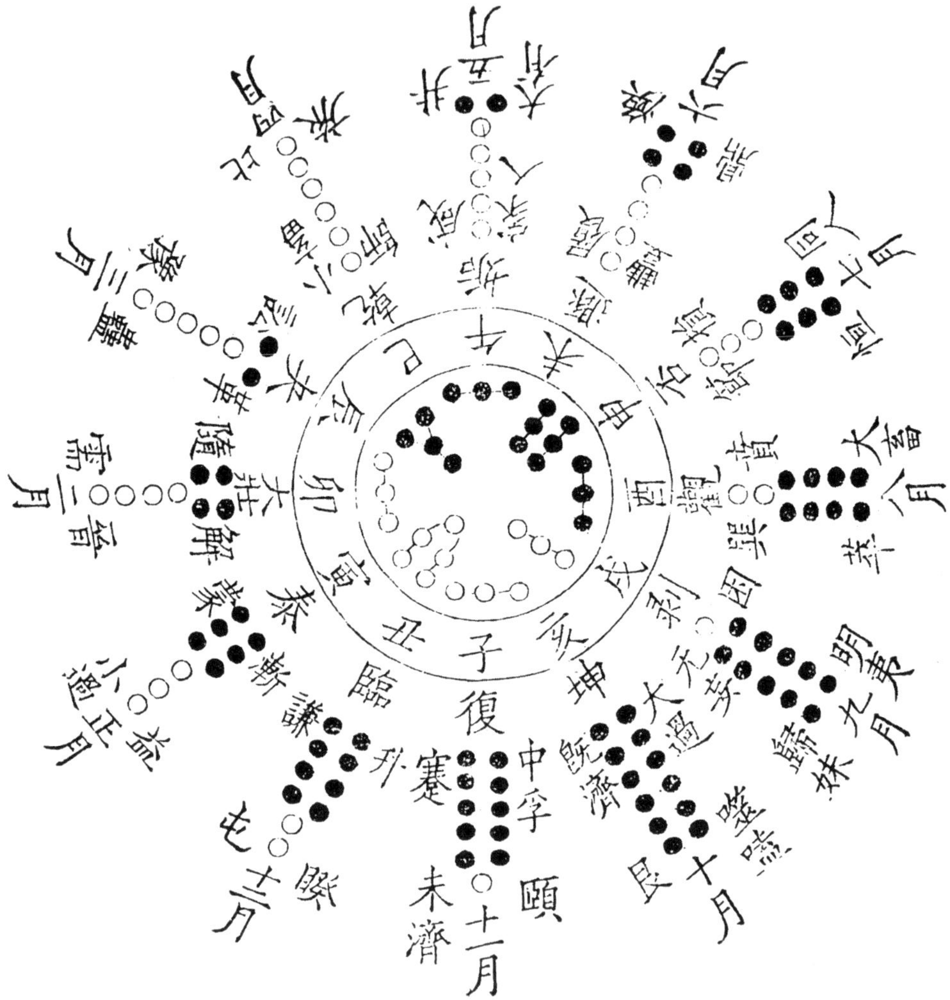
子
丑
寅
卯
辰
巳
午
未
申
酉
戌
亥
復
臨
泰
大壯
夬
乾
姤
遯
否
觀
剝
坤
中孚
頤
未濟
十一月
十二月
屯
小過
正月
需
二月
隨
解
豫
漸
謙
升
蹇
既濟
大過
艮
十月
歸妹
明夷
九月
大畜
八月

圣人观象画卦，盖按龙图错综之数也。仰观天而俯察地，近取身而远类物；六画之象既立，三才之道斯备；所以极四营之变，成万物之数者也。原夫八卦之宗，起于四象。四象者，五行之成数也。水数六，除三画为坎，余三画布于亥上成乾；金数九，除三画为兑，余六画布于未上成坤；火数七，除三画为离，余四画布于巳上成巽；木数八，除三画为震，余五画布于寅上成艮。此所谓四象生八卦也。

且五行特举金、木、水、火而不言土者，各王四时也。然圣人无中得象，象外生意，于是乎布画而成卦，营策以重爻。乾之数二百一十有六，坤之数百四十有四，凡三百有六十，当期之日。二篇之策，万有一千五百二十，当万物之数也。大矣哉！阳之七、九，阴之六、八，皆天地自然之数，非人智所能造也。宓牺氏虽生蕴神智，亦代天行工而已。

大衍之数五十第三

天七地二合生火

天三地八合生木

天五地十合生土

地四天九合生金

天一地六合生水

大衍之数五十，其用四十有九。五十者，蓍之神用也。显阴阳之数，定乾坤之策，成六十四卦、三百八十四爻也。四十九者，虚天一而不用，象乎太极，而神功不测也。五十五者，天地之极数，所以成变化而行鬼神也。

然则大衍之数，先哲之论多矣。马季长、郑康成之徒，各存一说，义亦昭然。谨按《系辞》曰："天数五"，五奇也；"地数五"，五耦也；"五位相得而各有合"，以成金、木、水、火、土也。天数一、三、五、七、九也；地数二、四、六、八、十也，此乃五十五之数也。夫言五位者，奇耦之位也；有合者，阴阳相合也。既阴阳相合而生五行，则必于五位之中，□□所主矣。至如天一与地六合而生水，合之者□□，生之者子也。言于父母，数中虚一为水，以□□□之用，亦犹大衍之虚也。夫如是，则地二天七，天三地八，地四天九，天五地十，合生之际，须各□□□□□□金土，而备五行之数者也。

然每位虚一，非□□也。盖五位父母密藏五子之用，而欲成就变化，宣行鬼神者也。五行既能佐佑天地，生成万物，是阴阳不可得而测也，况于人乎？故曰"密藏五子之用"也。如云不然，则五行之数，自何而生哉？生万物者，木、火之数也；成万物者，金、水之数也。土无正位，寄王四季可知矣。圣人云"精炁为物，游魂为变"，此之谓也。况天地奇耦配合，而生五行，虽睹合之之道，而不究生之之理，则五子何得从而著之哉？是以五位虚五，以成五行藏用之道，则大衍五十断可明矣。

八卦变六十四卦第四

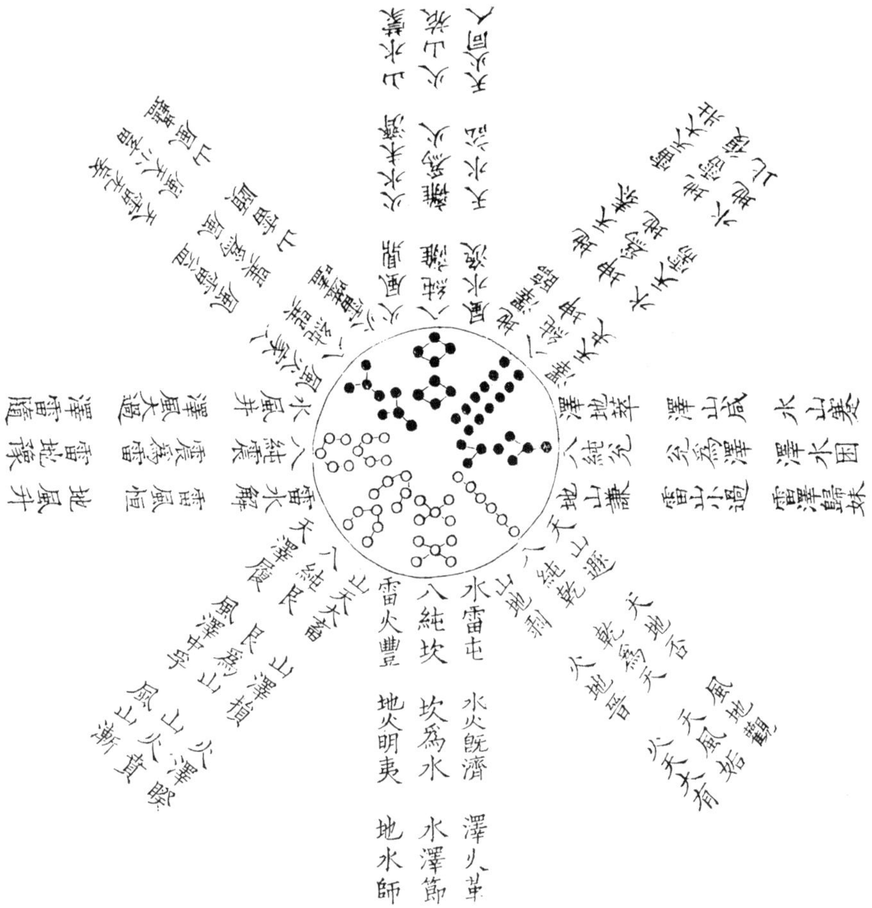

四营成易，十有八变而成卦，八卦而□小成。引而伸之，以成六十四卦。三才之道，万物之源，阴阳之数，鬼神之奥，不能逃其情状矣。然八八之变，概举则文繁，是故标乾为首，以例余卦。☰乾为天，☰天风姤，☰天山遯，☰天地否，☴风地观，☶山地剥，☲火地晋，☲火天大有，兹七卦，由乾而出也。《易》曰："游魂为变。"凡变之第七，游魂也；第八，归魂也。言归魂者，归始生卦之体也。余皆仿此。

辨阴阳卦第五

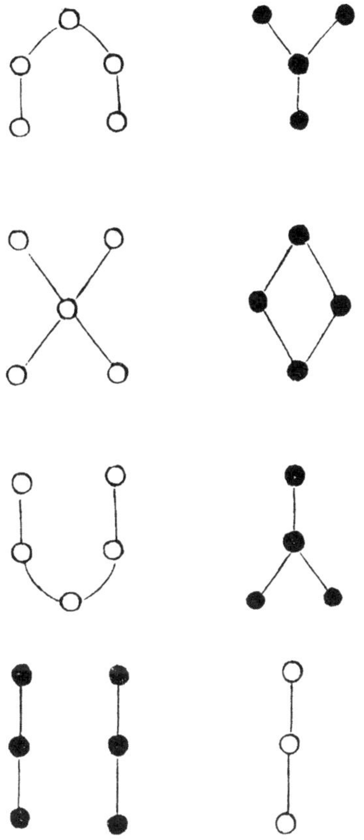

乾天也，故称乎父。巽、离、兑三女，由乾而索也。坤地也，故称乎母。震、坎、艮三男，自坤而生也。阳卦多阴，阳一君而二民，震、坎、艮，阳卦也。阴卦多阳，阴二君而一民，巽、离、兑，阴卦也。阳一画为君，二画为民，其理顺，故曰“君子之道”也。阴二画为君，一画为民，其理逆，故曰“小人之道”也。

复见天地之心第六

论上

案：宓牺龙图，亥上见六，乃十月老阴之位也，阴炁至此方极。六者，阴数也。且乾、坤为阴阳造化之主，七日来复，不离乾、坤二卦之体。乾之阳，九也；坤之阴，六也。自建子一阳生至巳，统属于乾也。自建午一阴生至亥，统属于坤也。子午相去，隔亥上之六，则六日也。六乃老阴之数，至于少阳来复，则七日之象明矣。然则一阴一阳之谓道，十月阴炁虽极，阳炁亦居其下，故荔挺出。四月纯阳用事，阴炁亦伏其下，故靡草死。

颖达云“十月亥位三十日，圣人不欲言一月来复，但举一卦配定六日七分”者，非也。何以明之？且既济六二云：“妇丧其茀，勿逐，七日得。”解微云：七日变五成复，所以寄言七日也。又陆子云：凡阴阳往复，常在七日。以此质之，义可见矣。若夫建子之月，天轮左动，地轴右转，一炁交感，生于万物；明年冬至，各反其本。本者，心也。以二炁言之，则是阳进而阴退也。夏至阳炁复于巳，冬至阴炁复于亥，故谓之“反本”。

论下

《易》曰：雷在地中，动息也；复见天地心，反本也。天地养万物，以静为心，不为而物自为，不生而物自生，寂然不动，此乾、坤之心也。然则易者，易也，刚柔相易，运行而不始也，阳为之主焉。阴进则阳减，阳复则阴剥；昼复则夜往，夜至则昼复，无时而不易也。圣人以是观其变化也，生杀也。往而复之，复之无差焉。故或谓阳复为天地之心者也。

然天地之心与物而见也，将求之而不可得也。子曰：“天下何思何虑？天下殊途而同归，一致而百虑。”圣人之无心，与天地一者也，以物为之心也。何已心之往哉？故有以求之不至矣，无以求之亦不至矣。是以大圣人无而有之，行乎其中矣。

卦终未济第七

《易》分上下二篇。按《乾凿度》，孔子曰：“阳三阴四，位之正也。”故八八之卦，析为上下，象阴阳也。阳纯而奇，故上篇三十。阴不纯而杂，故下篇三十四。上经首之以乾、坤，造化之本，万彙之宗也。系之以坎、离，日月之象，丽天出地，而能终始万物也。下经先之以咸、恒，男女之始，夫妇之道，能奉承宗庙，为天地主也。终之以既济、未济，显盛衰之戒，正君臣之义，明乎辨慎，而全王道也。是以既济九三、九五失上下之节，戒小人之勿用也；未济九四、六五得君臣之道，有君子之光者也。大哉！圣人之教也。既济则思未济之患，在未济则明慎居安，以俟乎时。所以未济之始，承既济之终。既济之终，已濡其首；未济之始，尾必濡矣。首尾相需，终始迭变，循环不息，与二仪并。噫！既济而盈，可无惧乎？

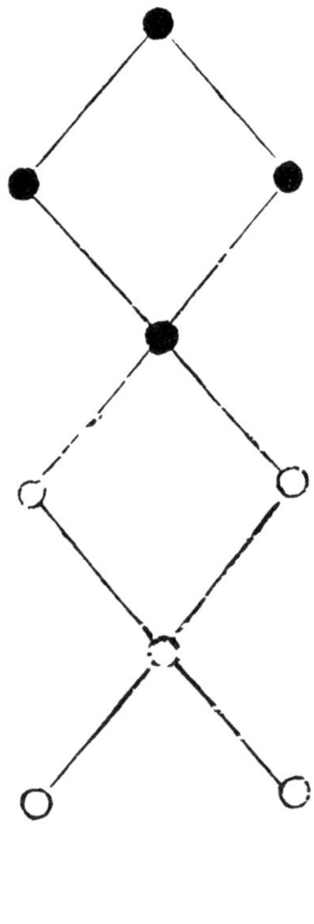

九四："震用伐鬼方，三年有赏于大国。"陆子曰："三年者，阳开之数也。"夫易之道，以年统月，以岁统日，以月统旬，以日统时。故凡言日者，以一册当一时；言年者，以一册当一月。故三日、三年，皆九之一册也；七日者，一、九、二、六之册；旬与十年者，九、六、七、八之册也。月有朔虚，岁有闰盈，故言月者合七、八之册而半之，以象一朔之旬；言岁举九、六之爻而全之，以象一闰之日。三旬为一朔，八月之旬，当极阴之册，二十有四。三岁为一闰，一闰之日，当二篇之爻，三百八十有四。故三百六十册，当期之日，虚分包矣。三百八十四爻，当闰之日，盈分萃矣。此乃圣人之微，非迂而辨之、曲而畅之也。不然，何阴阳奇耦自然与天地潜契哉！

蓍数揲法第八

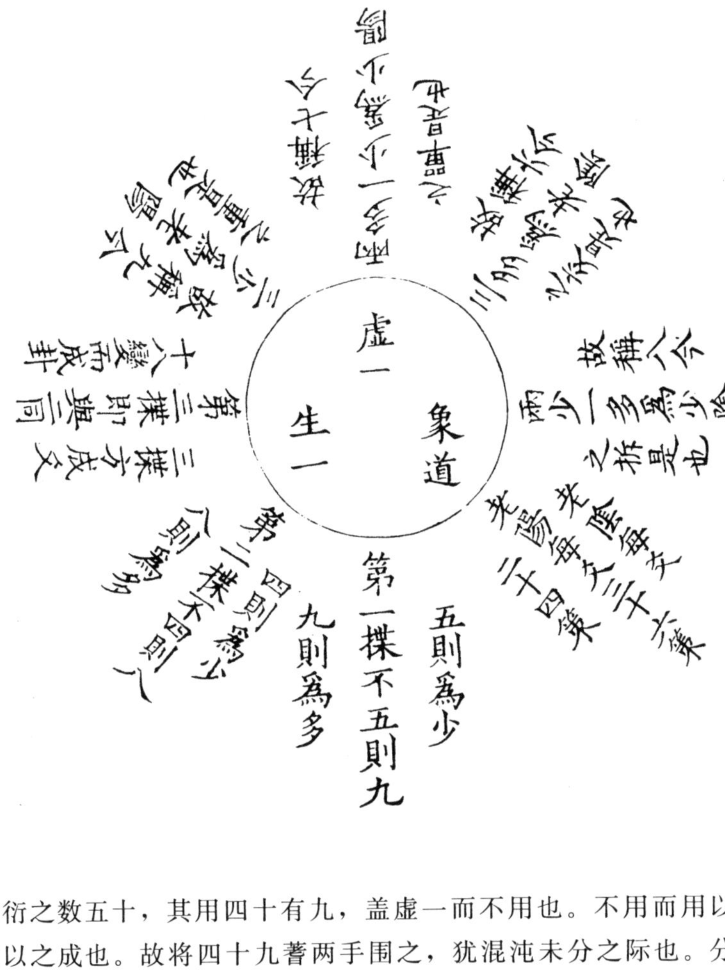

大衍之数五十，其用四十有九，盖虚一而不用也。不用而用以之通，非数而数以之成也。故将四十九蓍两手围之，犹混沌未分之际也。分而为二以象两，为将蓍分于左右手中，以象天地也。挂一以象三，为于左手取一存于小指中，象三才也。揲之以四，以象四时，为先将左手中蓍，四四数之也。归奇于扐以象闰，为四四之余者合于挂一处也。五岁再闰，故再扐而后挂者，为将右手蓍复四四数之，余者亦合于挂一处，故曰“后挂”也。如此一揲之，不五则九；二三揲之，不四则八。尽其三揲，一爻成矣。十有八变，一卦成矣。

阴阳律吕图第九

仲呂	蕤賓	林鍾	夷則
姑洗			南呂
夾鍾			无射
太簇	大呂	黃鍾	應鍾

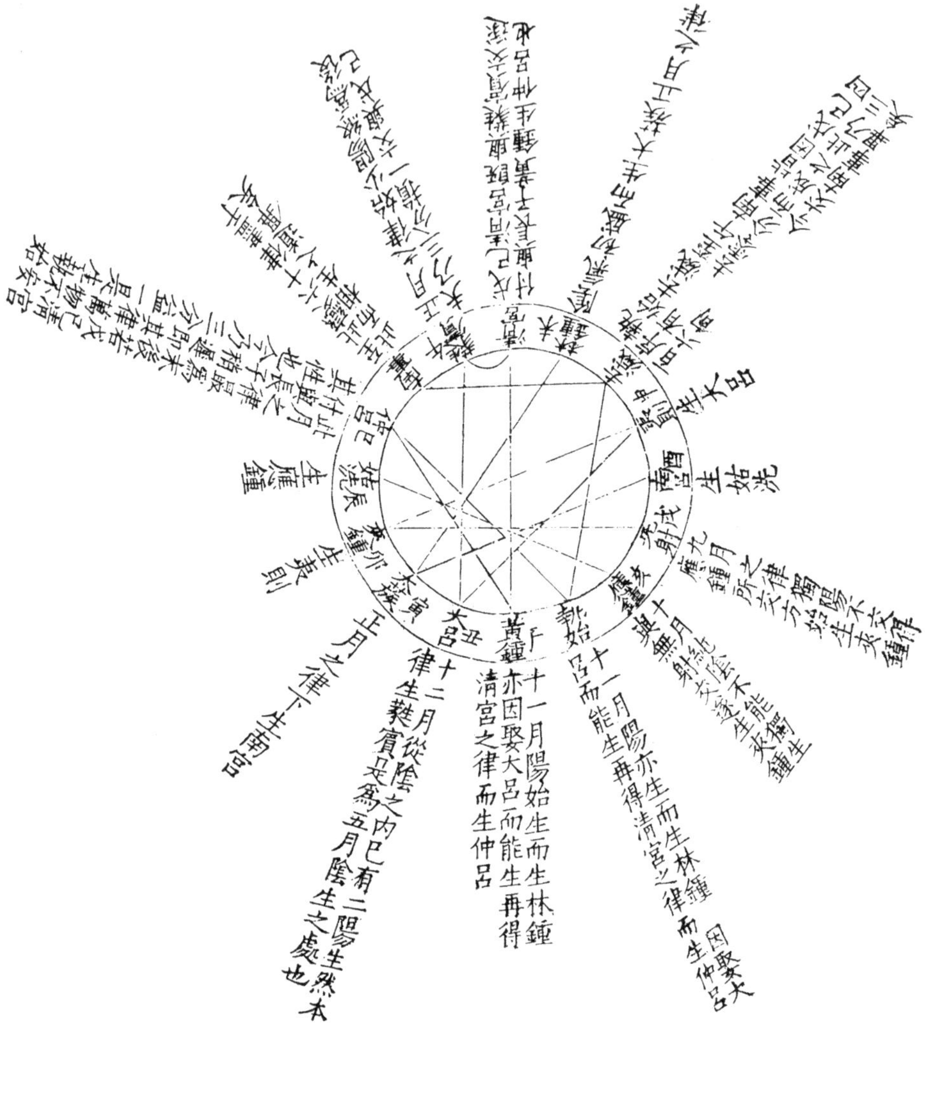

十一月陽始生而生林鍾亦因娶大呂而能生再得清宮之律而生仲呂
十二月從陰之內已有二陽生然本律生蕤賓又為五月陰生之處也

昔黄帝使伶伦自大夏之西、昆仑之东取嶰谷之竹，以其窍厚而均者，断两节之间而吹之，为黄钟清宫之管。管最长者，制十二篇，以听凤凰之鸣。其雄鸣六，雌鸣六，自清宫皆可以生之，是黄钟为律本。故乾☰之初九，律之首，阳之变也。因而六之，以九为法，得林钟、以六乘黄钟之九，得五十四也。大吕。故坤☷之初六，吕之首，阴之变也。皆参天两地之法也。九六阴阳、夫妇子母之道也。异类为子母，谓黄钟生林钟，须得大吕而生。同类为夫妇，谓大吕须嫁于黄钟，是为夫妇，而能生六月。盖天地之情也。且夫阳气始归戊己清宫，是其黄钟之母也。才得五月蕤宾之交，其律已付长子，候冬至而用也。黄钟自十一月阳气始生而用事，是为律本也。然五月一阴生，后得清宫还付而收之，方生仲吕耳。案《晋书》云："汉京房知六律五音之数、六十律相生之法，以上生下，皆三生二；以下生上，皆三生四。阳下生阴，阴上生阳，终于仲吕，而十二管毕矣。仲吕上生执始，执始下生去灭，上下相生，终于南事，六十律毕矣。夫十二律之变，至于六十，犹八卦之为六十四也。"

阳下生阴阴上生阳法

黄钟娶大吕，生林钟。

太簇娶仲吕，生南吕。

林钟妃蕤宾，生太簇。

南吕妃夷则，生姑洗。

无射交应钟，生夹钟。

夹钟妃太簇，生夷则。

夷则娶南吕，生大吕。

大吕生蕤宾，蕤宾交与戊己清宫，清宫却付长子也。

黄钟九寸，律之本也。三分损一，下生林钟。

互相生至五月，蕤宾交戊己，却付黄钟，遂生清宫。

最长之管，一尺二寸三分，损九寸，余三寸三分，生仲吕。

大吕三寸七分，乃三分益一，上生蕤宾。

太簇八寸，遂三分损一，下生南吕。

夹钟四寸二分，乃三分益一，上生夷则。

姑洗七寸一分，乃三分损一，下生应钟。

仲吕交得夫太簇，管长三寸三分，乃三分益一，生执始。

蕤宾四寸九分，始作少阳，终为后夫，乃三分损一，交与戊己清宫。

林钟六寸，乃三分益一，下生太簇。

夷则五寸六分，乃三分损一，上生大吕。

南吕五寸三分，乃三分益一，下生姑洗。

无射交得妻应钟，管长六寸三分，三分损一，生夹钟。

应钟四寸七分，乃三分益一，交与夫无射，为首唱。

执始在黄钟部下、仲吕之上生也。今却下生去灭，在林钟之下，不敢不交与南事。至此而周毕矣。

南事生蕤宾之傍。

大易象数钩深图

［元］张理　撰

大易象数钩深图卷上

太极贯一之图

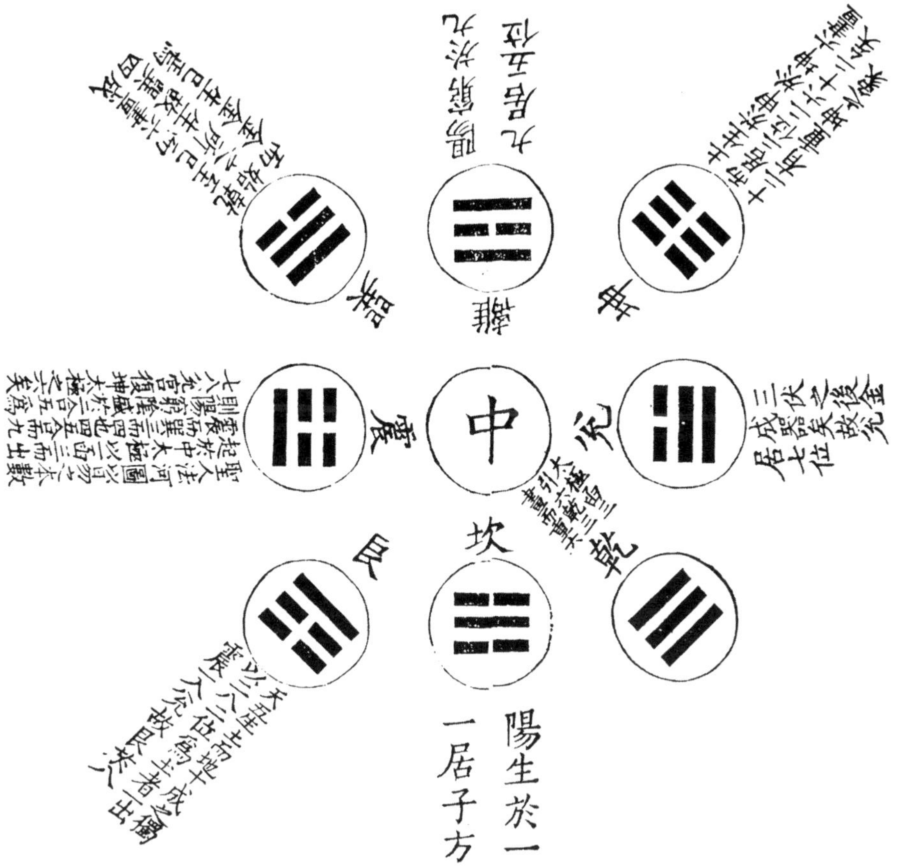

易有太极图

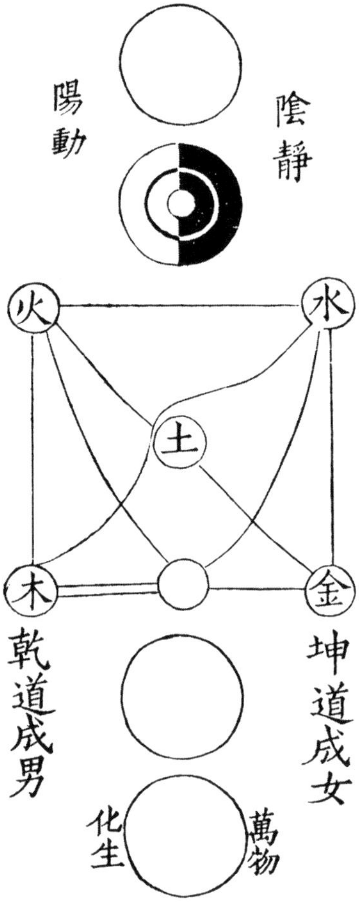

右《太极图》，周敦实茂叔传二程先生。茂叔曰："无极而太极。太极动而生阳，动极而静，静极复动，一动一静，互为其根，分阴分阳，两仪立焉。阳变阴合而生水、火、木、金、土，五气顺布，四时行焉。五行一阴阳也，阴阳一太极也，太极本无极也。五行之生也，各一其性。无极之真，二五之精，妙合而凝。乾道成男，坤道成女，二气交感，化生万物。万物生生，而变化无穷焉。"

旧有此图

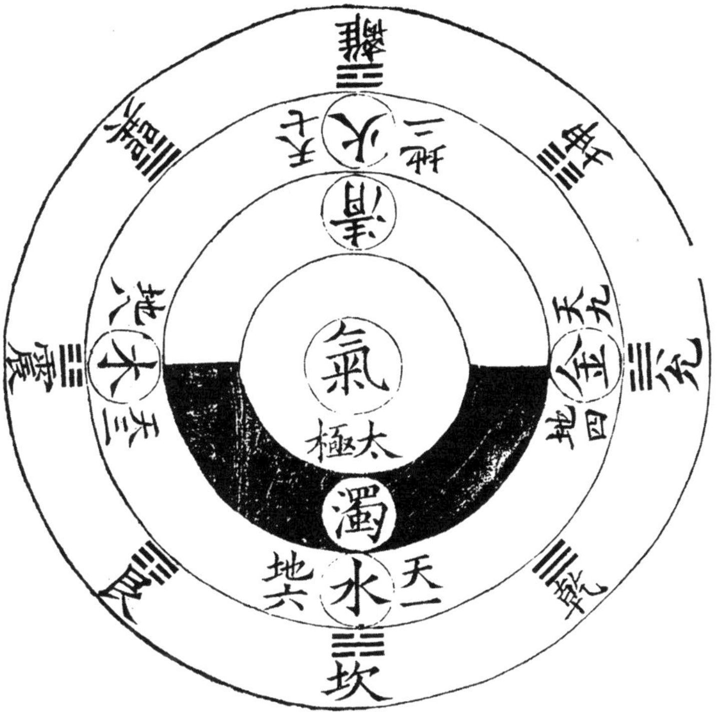

太极未有象数，惟一气耳。一气既分，轻清者上为天，重浊者下为地，太极生两仪也。两仪既分，则金、木、水、火四方之位列，两仪生四象也。水数六，居坎而生乾；金数九，居兑而生坤；火数七，居离而生巽；木数八，居震而生艮。四象生八卦也。

太极函三自然奇耦之图

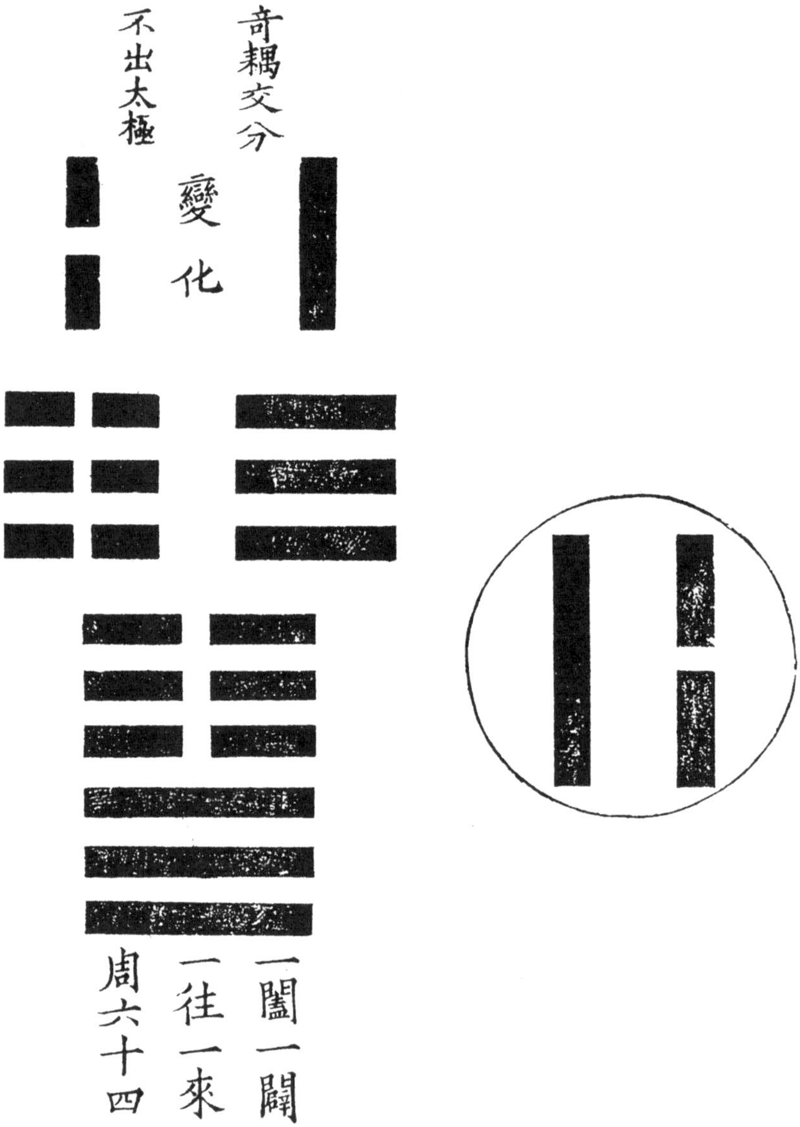
奇耦交分
不出太極
變化
一闔一闢
一往一來
周六十四

德事相因皆本奇耦之图

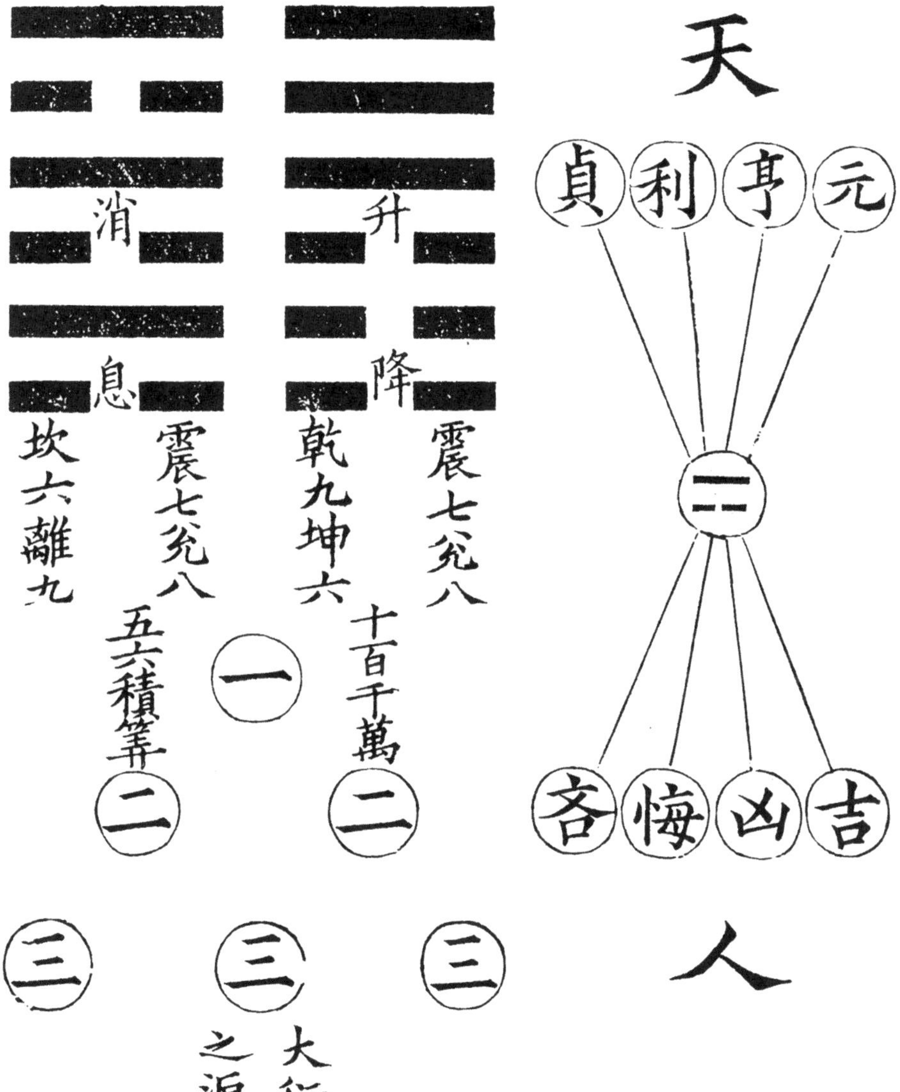

说卦八方之图

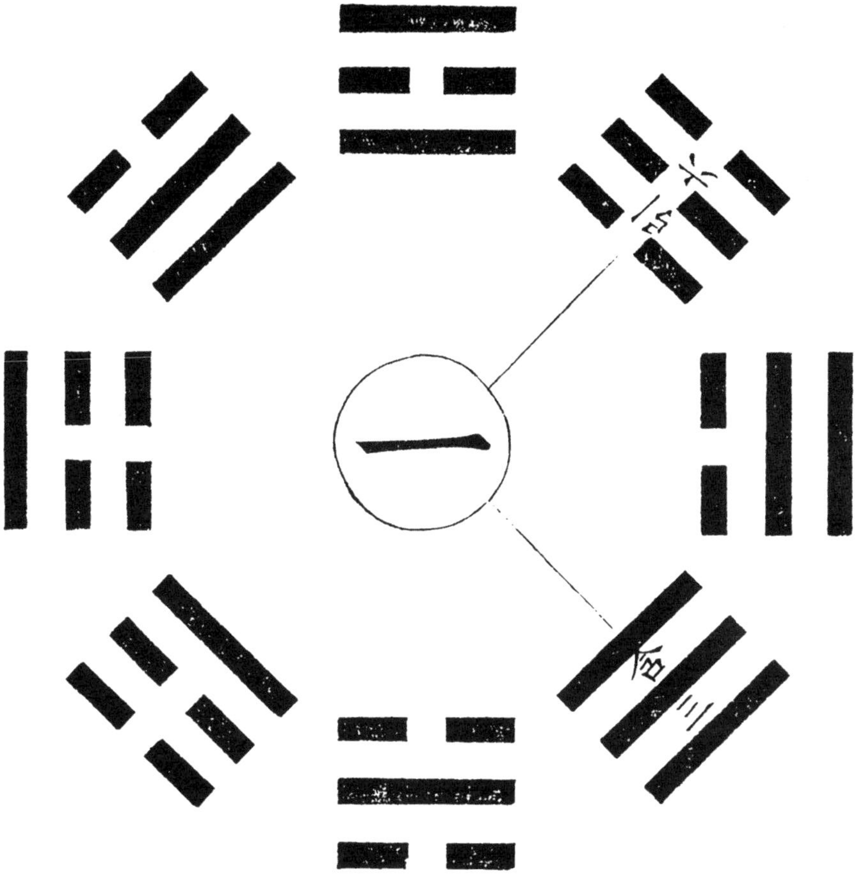

乾三画而为天者，以一含三也。坤六画而为地者，耦三而为六也。天一地二之本数，天奇地耦之本画，不待较而可知，然妙理在乎一含三、二含六耳。乾一含三，故索为三男而皆奇；坤二含六，故索为三女而皆耦。此天地生成之理，岂不妙哉？

震为雷，雷出于地下，故一阳在下。坎为水，水畜于地中，故一阳在中。艮为山，山形于地上，故一阳在上。然阳动阴静，以动为基者，故动震是也。以静为基者，故止艮是也。

动者在中，非内非外，故或流或止，或动或静焉，此坎所以为水。巽为木，木发生于地下，故一阴亦在下。离为火，火出于木中，故一阴在中。兑为泽，泽钟于地上，故一阴在上。然阴柔而阳刚，故木也始弱而终强，阳在末也。阳明而阴晦，故火也外明而内晦，阳在外也。阳燥而阴润，故泽也外润而内燥，阳在内也。

或问："泽内燥，何也？"愚曰："内燥则能生金，外润则能钟水，金所以能生水，土所以能生金者，即泽而知之也。圣人岂苟之哉！"

乾知太始

一阳生于子，二阳在丑，三阳在寅，四阳在卯，五阳在辰，六阳在巳，而乾位在西北，居子之前，故曰“乾知太始”，言乾以父道始天地也。

坤作成物

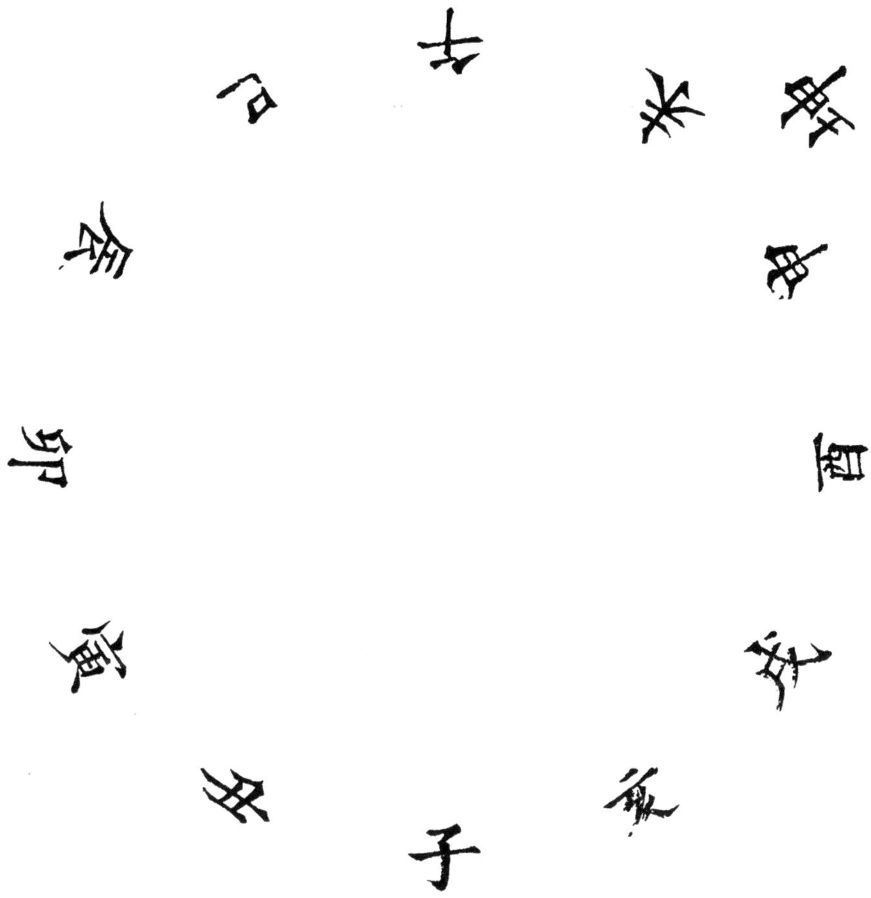

一阴生于午，二阴在未，三阴在申，四阴在酉，五阴在戌，六阴在亥，而坤位在西南，盖西南方申也，物成于正秋酉也；坤作于申，成于酉，故曰“坤作成物”。

天尊地卑

自一至十，天尊于上，地卑于下。尊者乾之位，故乾为君，为父，为夫；卑者坤之位，故坤为臣，为母，为妇。皆出于天尊地卑之义也。故曰：“天尊地卑，乾坤定矣。”

参天两地图

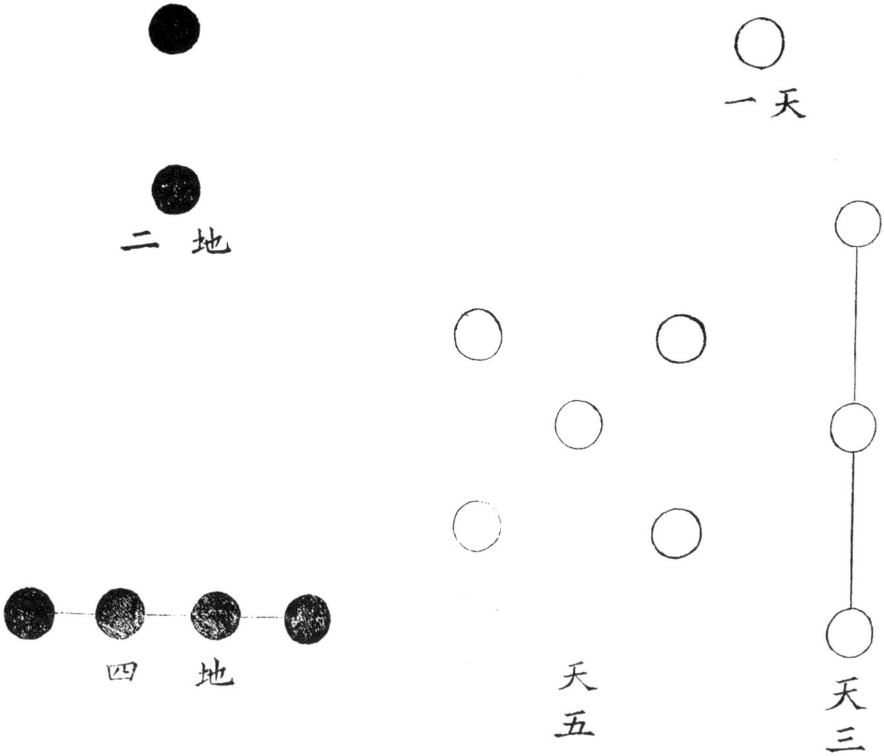

乾元用九，参天也；坤元用六，两地也；故曰“参天两地而倚数”。九、六者，止用生数也。

日月为易

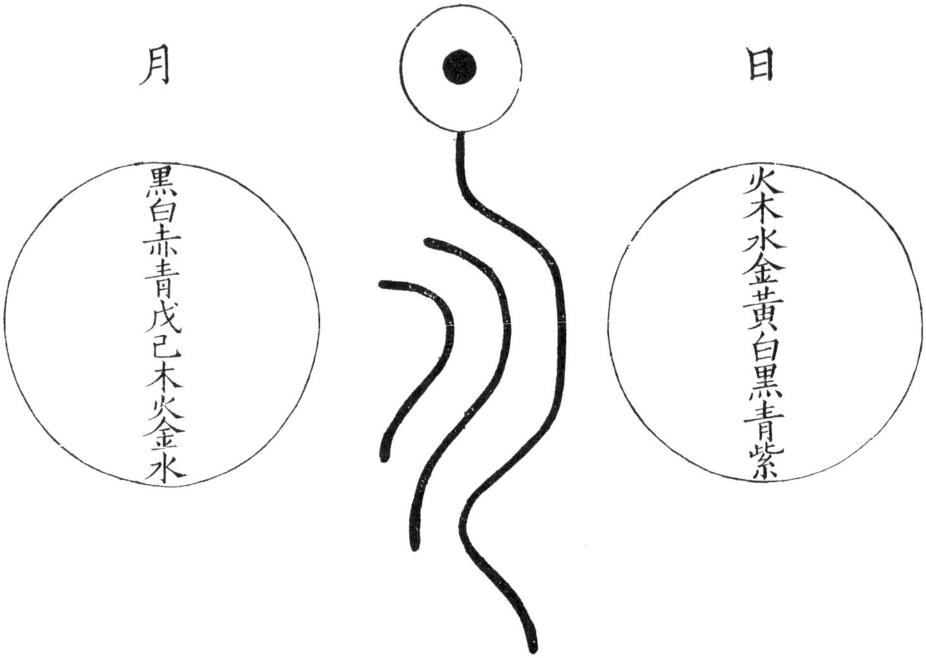

取日月二字交配而成，如篆文日下从月，是日往月来之义，故曰“阴阳之义配日月”。

河图数图

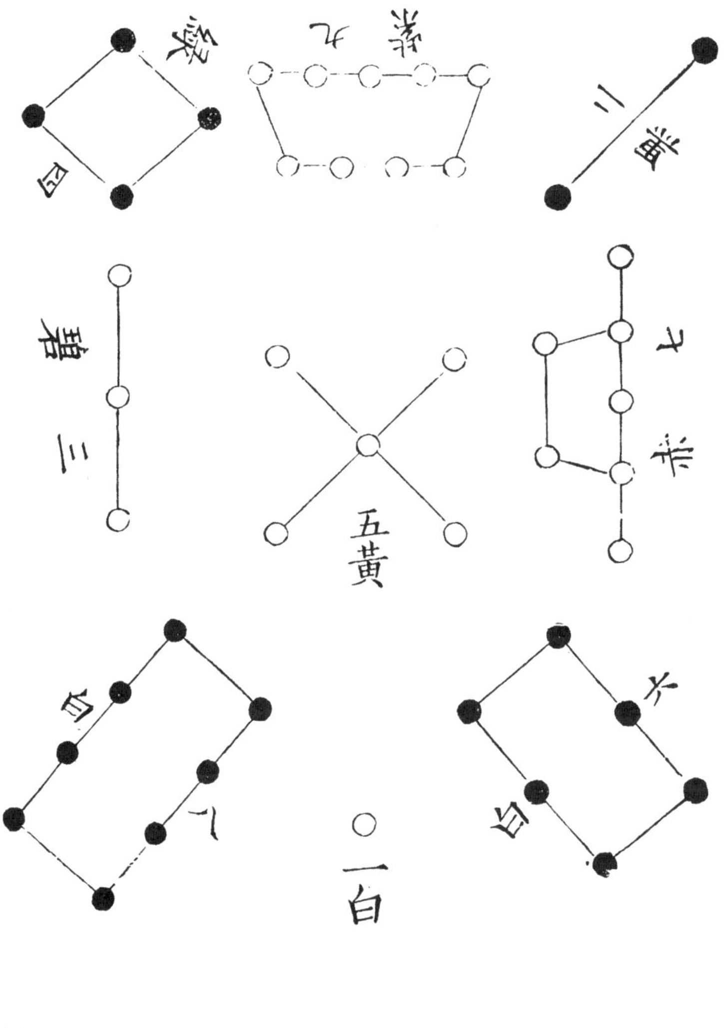

戴九履一，左三右七，二四为肩，六八为足，五为腹心，总四十五，纵横数之，皆十五也。天五居中央，圣人观之，遂定八卦之象。

洛书数图

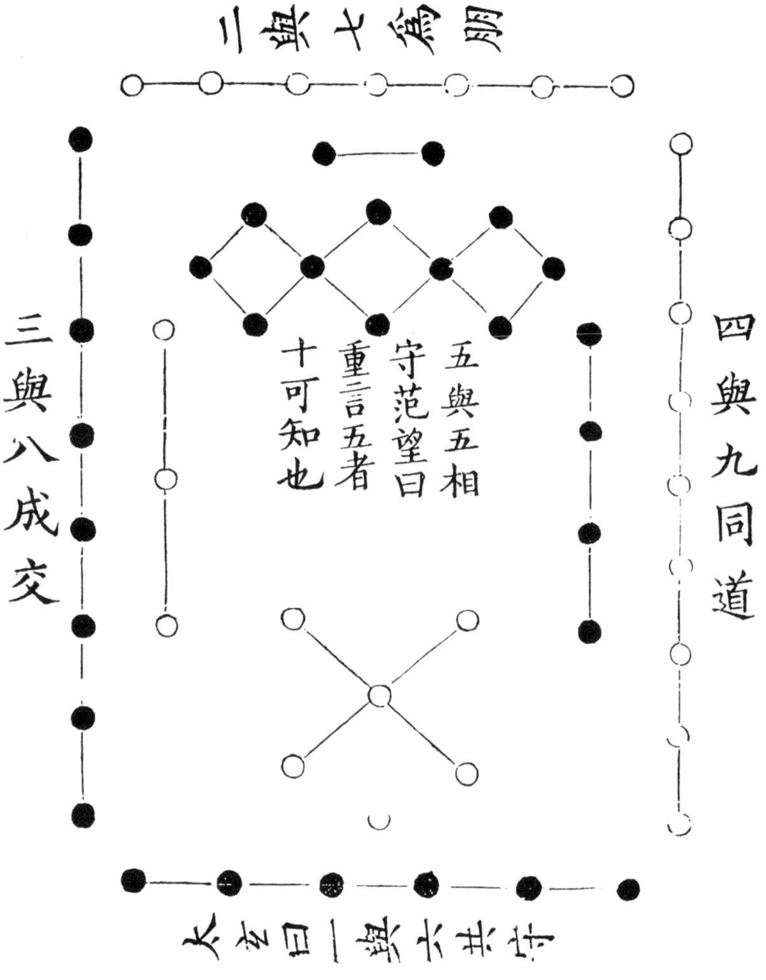

河图之数四十五，盖圣人损去天、地二、天三、地四，凡十数。天五居中而主乎土，至洛书则有土十之成数，故水、火、金、木成形矣。

河图四象之图

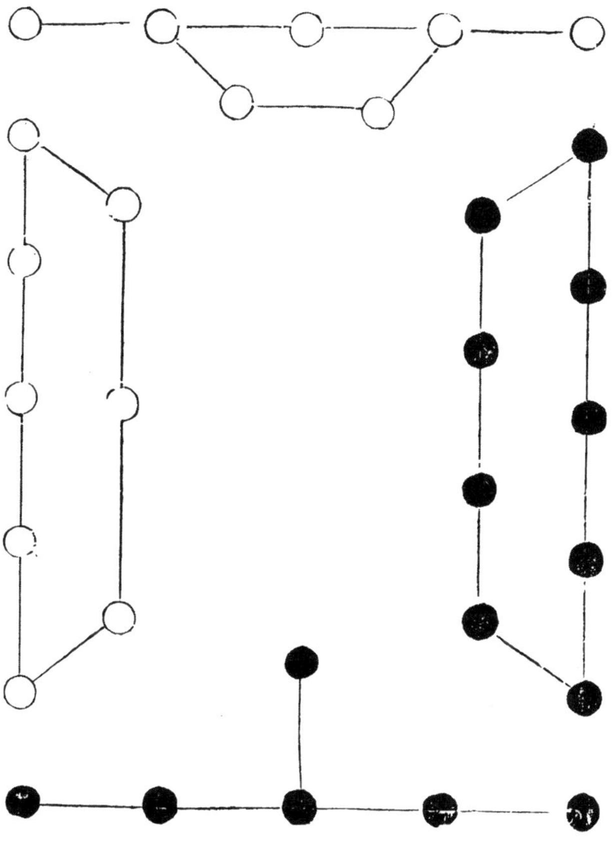

《系辞》曰："《易》有太极，是生两仪，两仪生四象，四象生八卦。"其四象在乎天一、地二，天三、地四，天五。天一居北方坎位，为水；地二居南方离位，为火；天三居东方震位，为木；地四居西方兑位，为金。此在四正之位，而为生数也。天五居中央，则是五土数也。土无定位，然后分王四正之方，能生万物。故北方水一得土五而成六，南方火二得土五而成七，东方木三得土五而成八，西方金四得土五而成九，此谓之四象也。

河图始数益洛书成数图

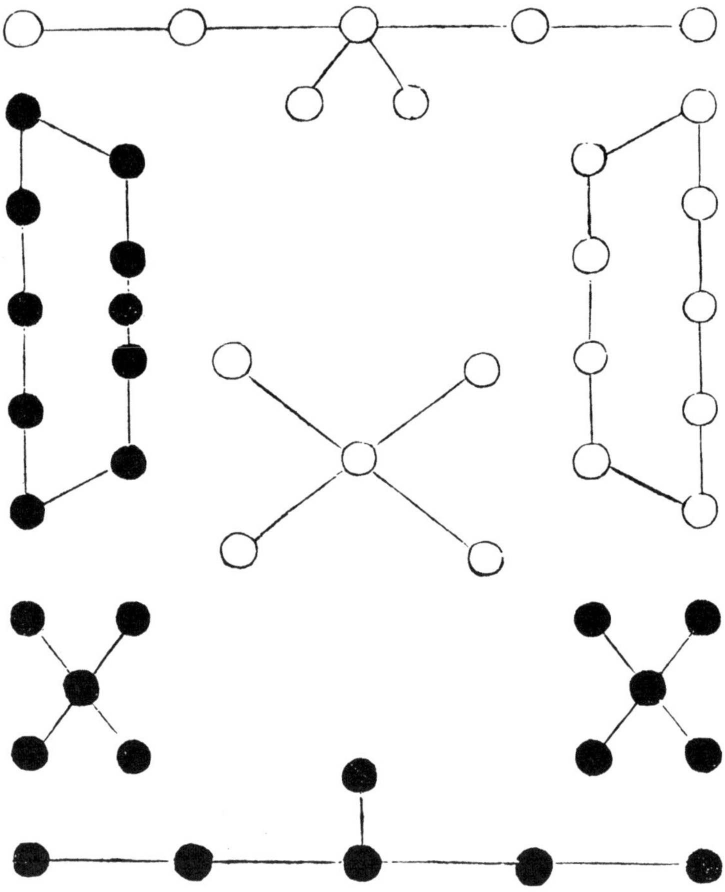

河图有天一、地二，天三、地四，为象之始。至于天五，则居中而主乎土变化，但未能成形，谓之四象矣。至于洛书，有土十之成数，故水、火、金、木皆相奇耦而成形矣。故河图合四象之数，可以定八方之位；洛书有五行之数，可以备八卦之象也。是象生其卦，必俟天之变，而备于洛书土十之成数，而后成八卦矣。二者相胥，方能成卦。

河图八卦图

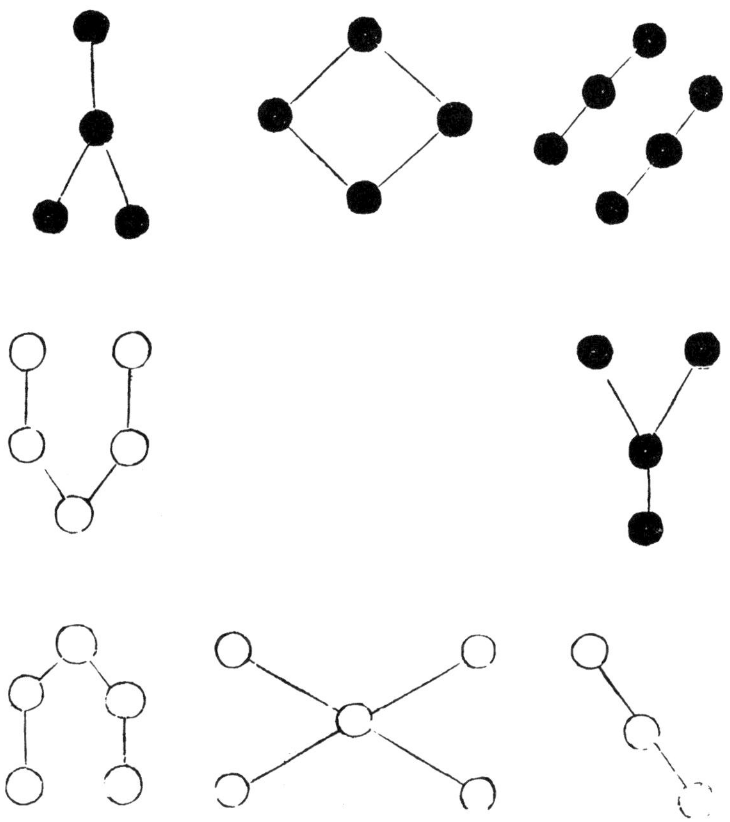

此八象者，始由四象所生也。伏羲氏先按河图有八方，将以八卦位焉；次取洛书土十之成数，将以八卦象焉。乃观阴阳而设奇耦二画，观天、地、人而设上、中、下三位。以三画纯阳则为乾；以六画纯阴则为坤；以一阳处二阴之下，不能屈于柔，以动出而为震；以一阴处二阳之下，不能犯于刚，乃复入为巽；以一阳处二阴之间，上下皆弱，罔能相济，以险难而为坎；以一阴处二阳之中，上下皆强，足以自托，乃丽而为离；以一阳处二阴之上，刚以驭下，则止而为艮；以一阴处二阳之上，柔能抚下，则说而为兑。

乾元用九坤元用六图

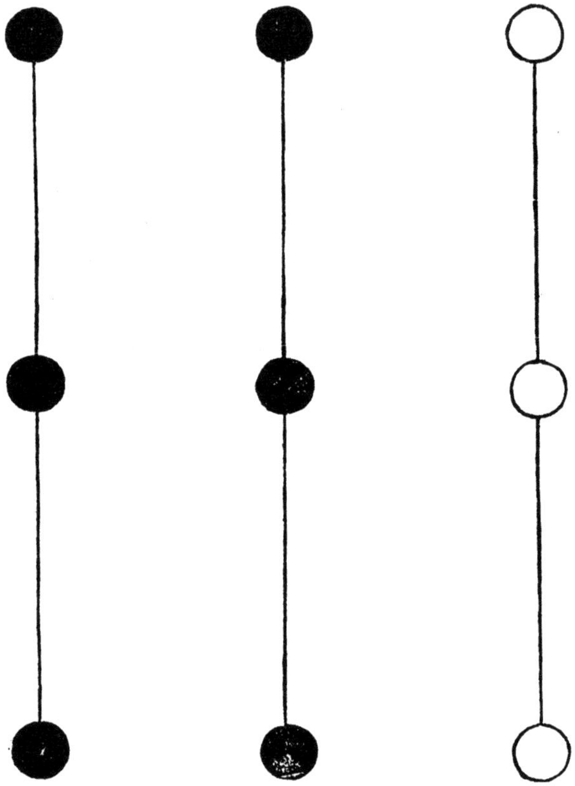

乾阳之位，共十二画，谓乾三爻，震、坎、艮各一爻，巽、离、兑各二爻，共十二画也。坤阴之位，其二十四画，谓坤六画，巽、离、兑各一画，震、坎、艮各二画，计二十四画也。阳爻，君道也，故得兼之，计有三十六画，所以四九三十六画，阳爻则称九也。坤，臣道也，不得僭上，故四六二十四画，所以阴爻则称六也。故乾三画兼坤之六画，成阳之九也。阳进而乾元用九矣，阴退而坤元用六矣。合此余九、六者，盖天地刚柔之性也。

天地之数

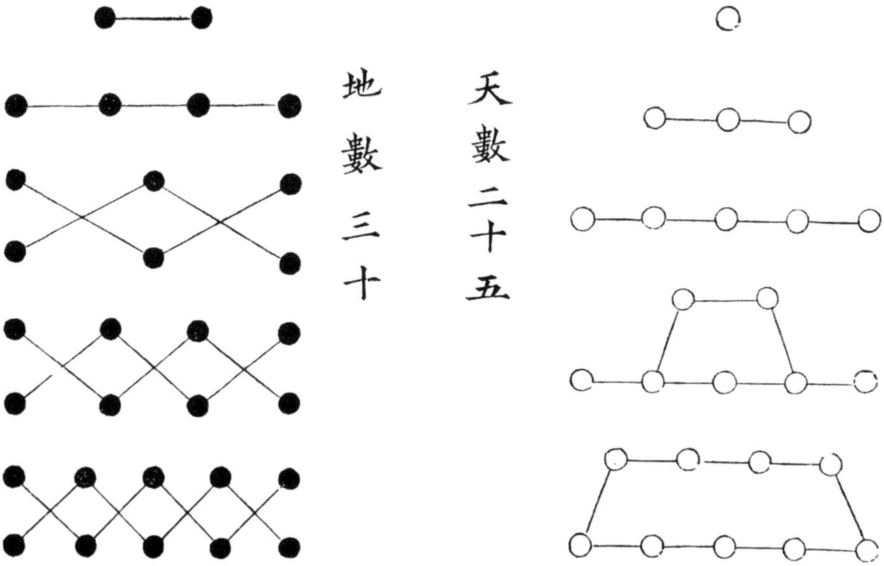

乾坤之策

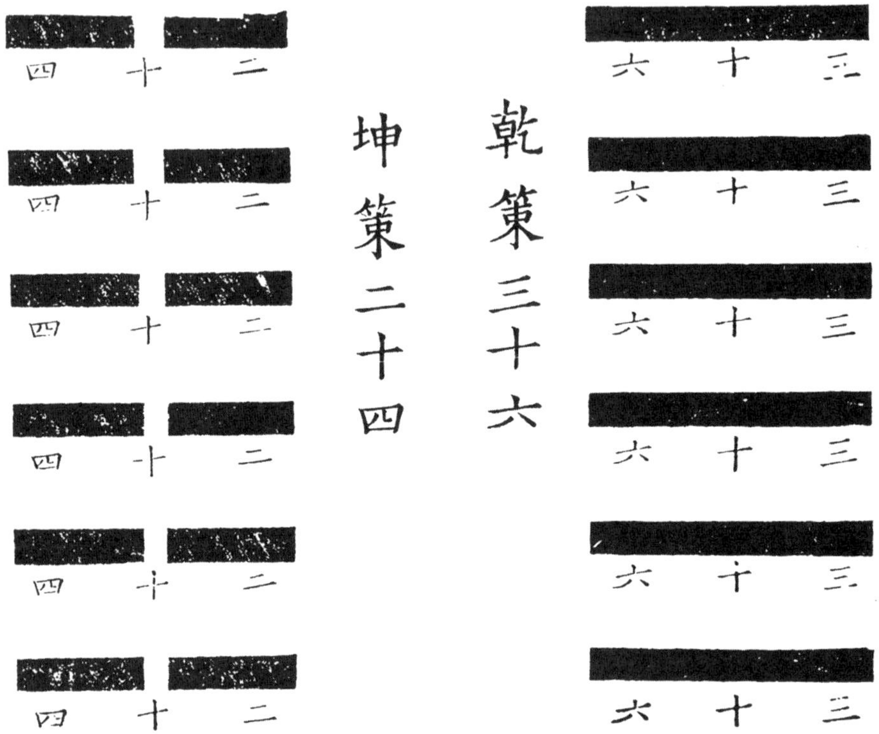

河图天地十五数图

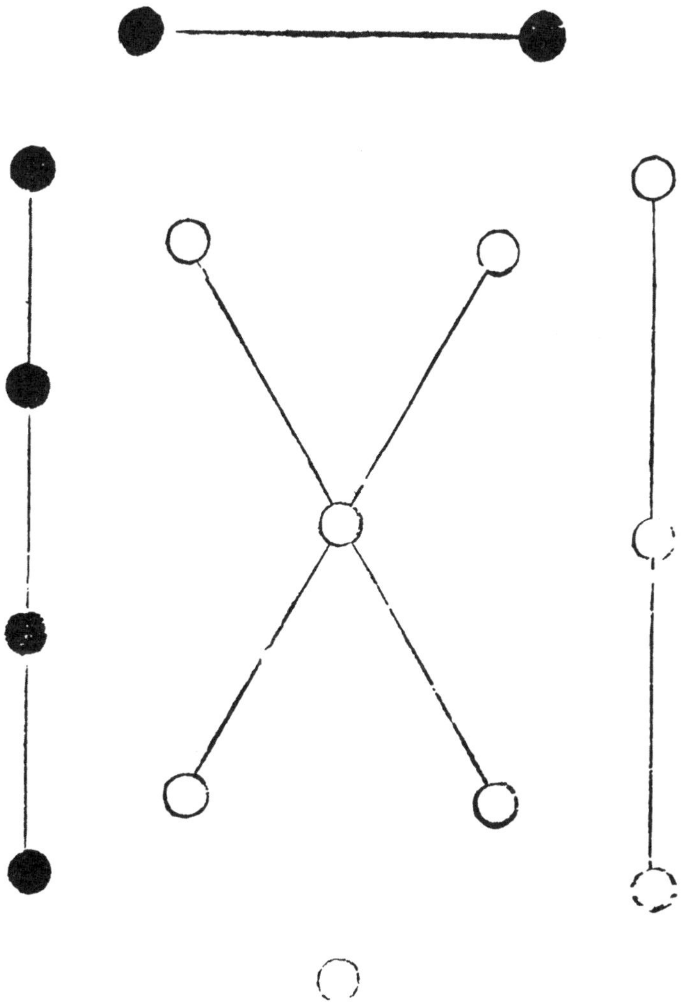

此天地之数，十有五也。或统而取之，其旨有六，盖合自然之数也。

且其一者，始就河图纵横之，皆十五数也。

其二者，盖天一、地二、天三、地四、天五，凡十五数也。

其三者，以其太极未分，混而为一，即是一也。一气判而为仪，见三也；二仪分而为象，见七也；四象演而生八卦，见十五数也。

其四者，谓五行之生数，是一水、二火、三木、四金、五土，见十五数也。

其五者，将五行之数中分为之，以象阴阳，则七为少阳，八为少阴，亦见其十五数也。

其六者，以少阴少阳不动，则不能变，亦且八为少阴，阴动而退，故少阴动而为盛阴，所以退称六也；七为少阳，阳动而进，故少阳动而为盛阳，所以进称九也；六与九合，亦见其十五也。

斯盖一、三、五阳位为二四间，而五居中，然配王四方也。如六、七、八、九合而周，以为四象也。

其用四十有九图

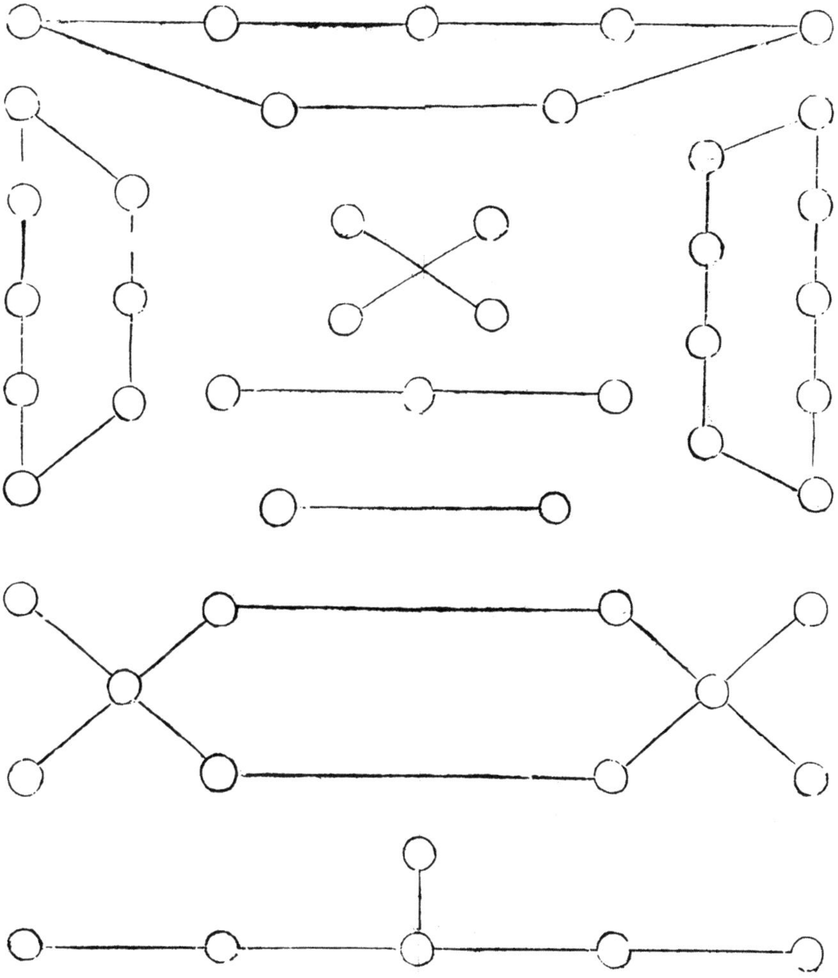

天一下降，与地六合，而生水于北。地二上驾，与天七合，而生火于南。天三左旋，与地八合，而生木于东。地四右转，与天九合，而生金于西。天五冥运，与地十合，而生土于中。以奇生者成而耦，以耦生者成而奇。天，阳也，故其数奇。地，阴也，故其数耦。奇耦相合，而五十有五之数备。大衍之数，减其五者，五行之用也；虚其一者，元气之本也。盖天五为变化之始，散在五行之位，故中无定象。天始生一，肇其有数也，而后生四象、五行之数。今焉虚而不用，是明元气为造化之宗，居尊不动也。

乾坤六子图

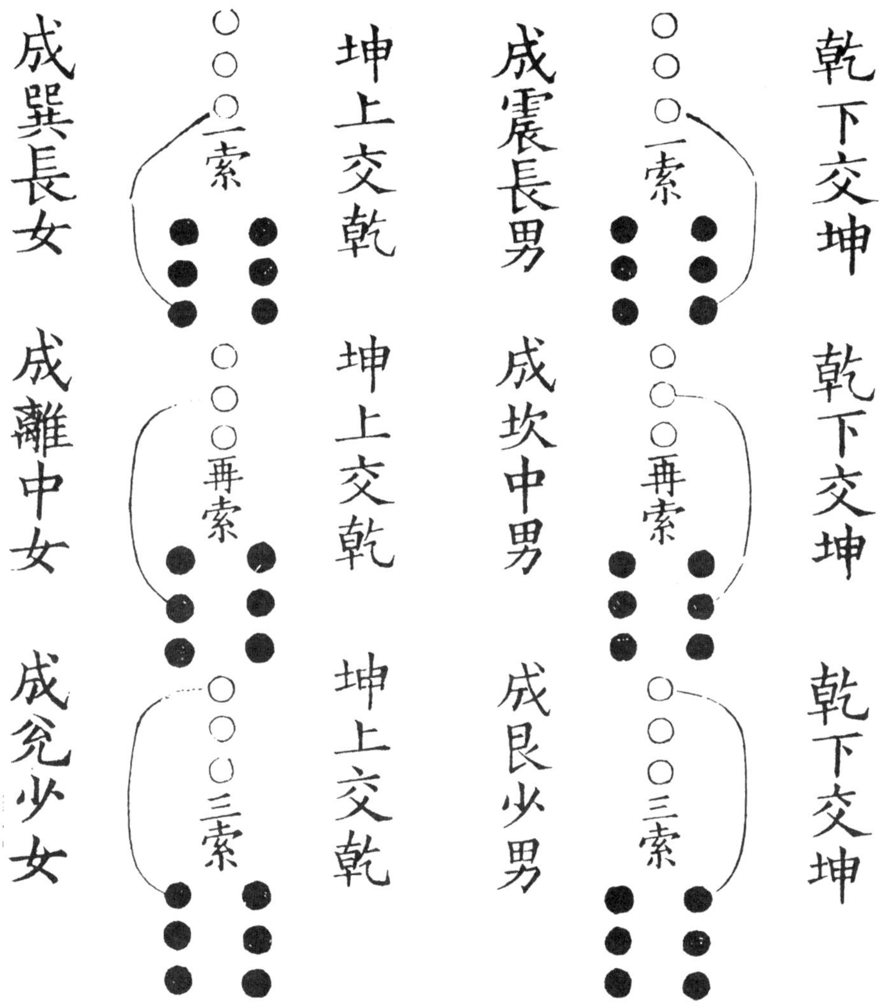

乾下交坤
一索
成震長男
乾下交坤
再索
成坎中男
乾下交坤
三索
成艮少男
坤上交乾
一索
成巽長女
坤上交乾
再索
成離中女
坤上交乾
三索
成兑少女

浑天六位图

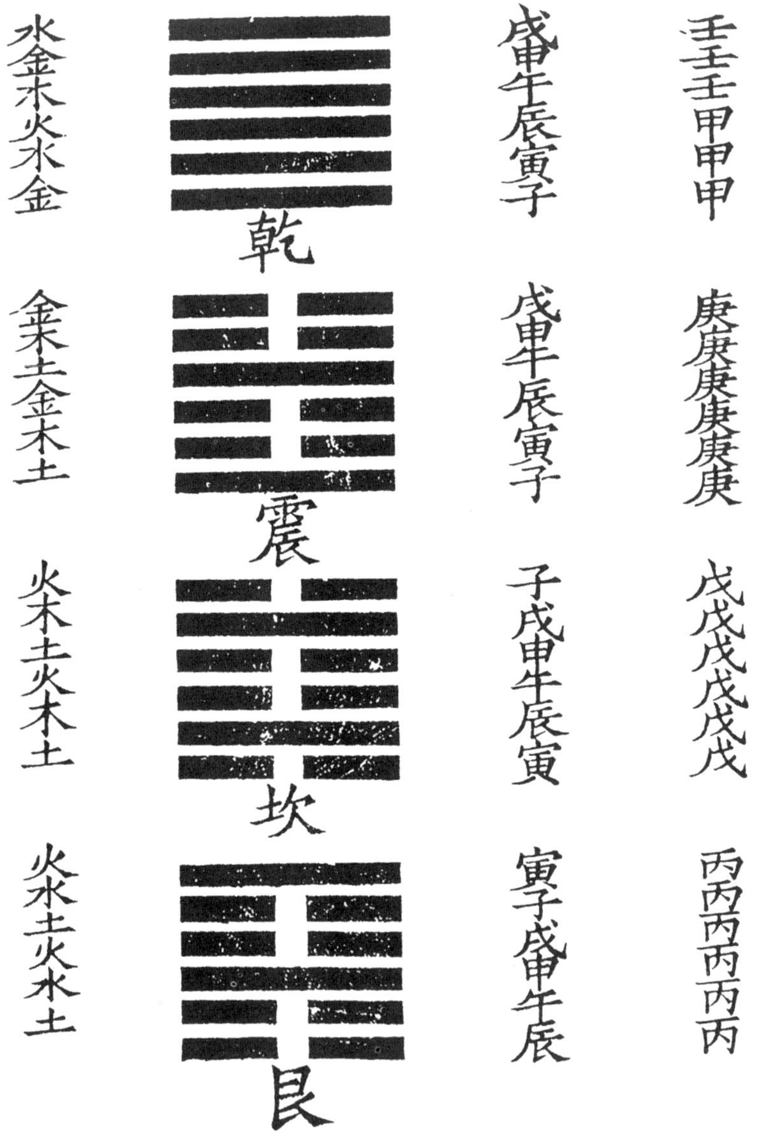
壬壬壬甲甲甲
戌申午辰寅子
水金木火水金
乾
庚庚庚庚庚庚
戌申午辰寅子
金木土金木土
震
戊戊戊戊戊戊
子戌申午辰寅
火木土火木土
坎
丙丙丙丙丙丙
寅子戌申午辰
火水土火水土
艮

癸癸癸乙乙乙	酉亥丑卯巳未	 坤	金水木水火金
辛辛辛辛辛辛	卯巳未酉亥丑	 巽	木金土木金土
己己己己己己	巳未酉亥丑卯	 離	木火土木火土
丁丁丁丁丁丁	未酉亥丑卯巳	 兑	水火土水火土

六位三极图

右合人身

一屬南方
萬物相見
肺據咽喉

右契地理

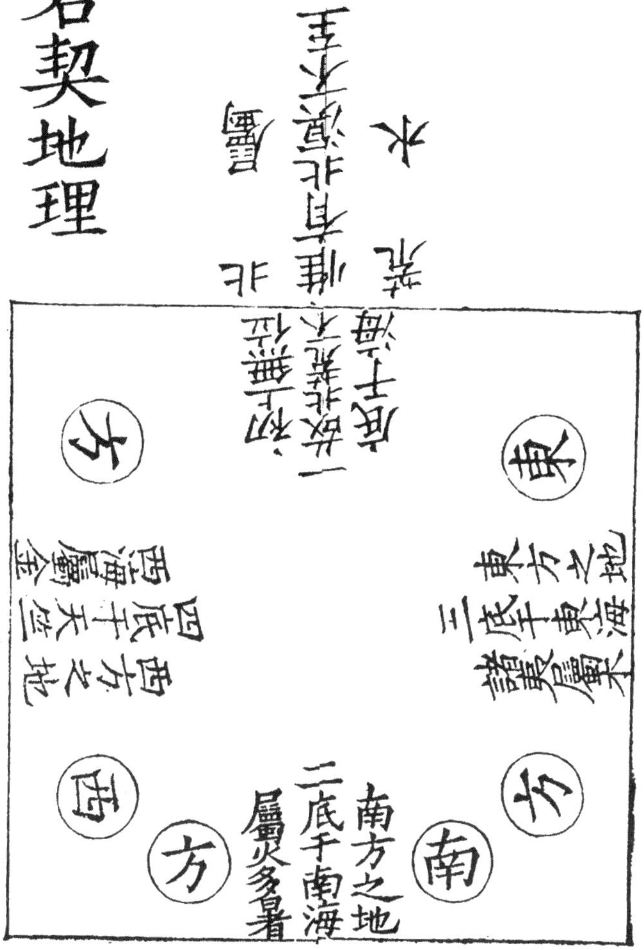

右準天象

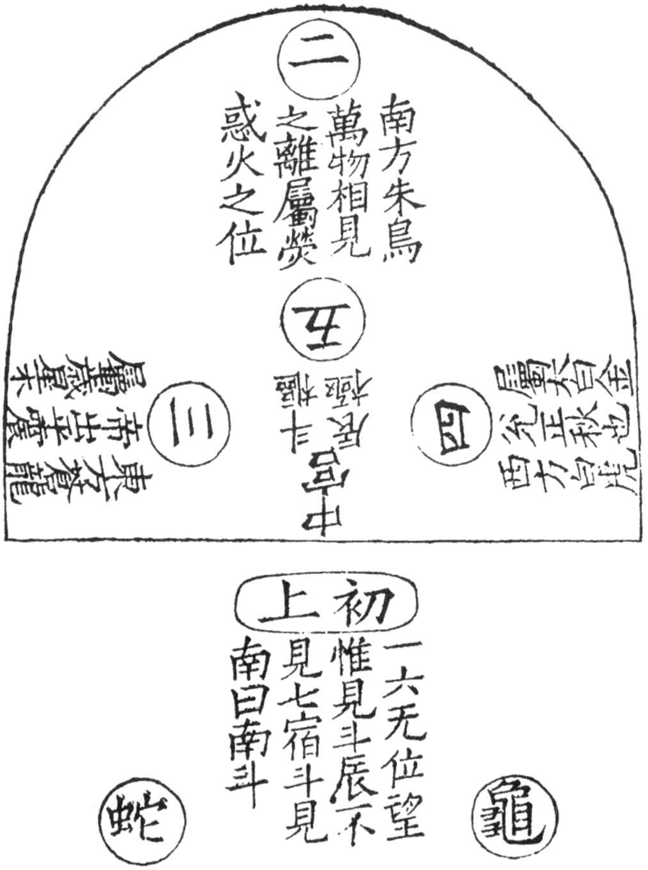
二
南方朱鳥
萬物相見
之離屬熒
惑火之位
五
中宫
三
東方蒼龍
帝出乎震
四
初
上
一六无位望
惟見斗辰不
見七宿斗見
南曰南斗
龜
蛇

六位以二、三、四、五为经，七、八、九、六为纬者，象天文也。天以龙、虎、乌、龟为经，辰、岁、荧惑、太白为纬。六位之经，无玄武之数者，北望惟见斗枢、辰极也。故斗谓之北斗，辰谓之北辰。虽名曰北，而实天中，是一、六太极之数，潜宿于五也。

河图六、一居亥、子之北，五居中央，是中央与北皆得太极之数也。六位之纬，无镇星之数者，镇星二十八载一周天，岁、荧惑、太白、辰，皆历镇星所镇之宿而行，如阴阳家所谓“土居中宫，王四季”之说也。故《易》爻凡三百八十四，上契天象之数；而吉凶之变，占于七、八、九、六，如五星之变焉。

伏羲先天图

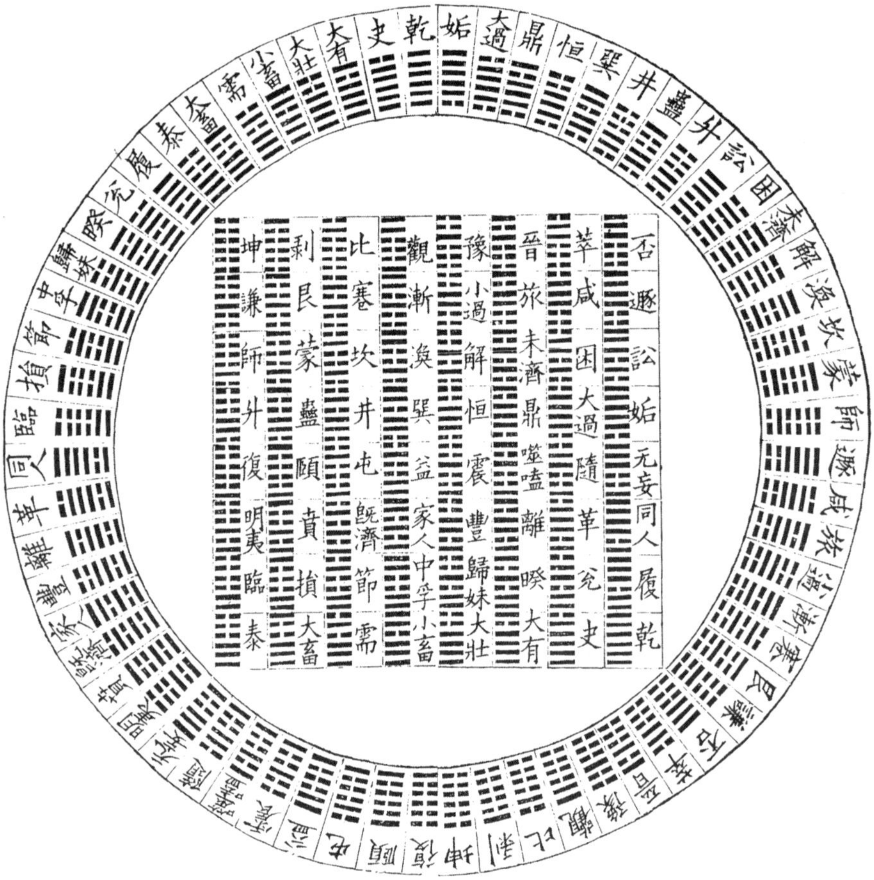

右伏羲八卦图，王豫传于邵康节，而尧夫得之。《归藏》初经者，伏羲初画八卦，因而重之者也。其经初乾初奭坤，初艮初兑，初荦坎初离，初釐震初巽，卦皆六画，即此八卦也。八卦既重，爻在其中。

方圆相生图

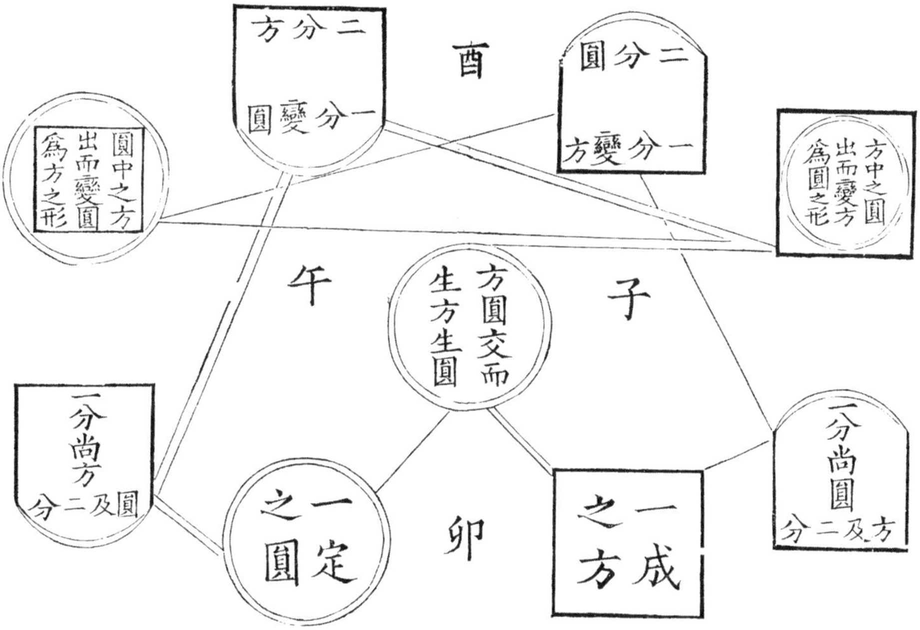

郑氏云：古先天图，杨雄《太玄经》、关子明《洞极》、魏伯阳《参同契》、邵尧夫《皇极经世》而已。惜乎雄之《太玄》、子明之《洞极》，仿《易》为书，泥于文字，后世忽之，以为屋上架屋，头上安头也。

伯阳之《参同契》，意在于锻炼，而入于术；于圣人之道，又为异端也。尧夫摆去文字小术而著书，天下又不愿之，但以为律历之用，难矣哉。

四家之学，皆先于古先天图。先天图，其《易》之源乎？复无文字解注，而世亦以为无用之物也。今予作方圆图注脚，比之四家，为最简易。而四家之意，不出于吾图之中，于《易》之学为最要。

仰观天文图

伏羲仰观天文，以画八卦，故日月星辰之行度运数，十日四时之属，凡丽于天之文者，八卦无不统之。

俯察地理图

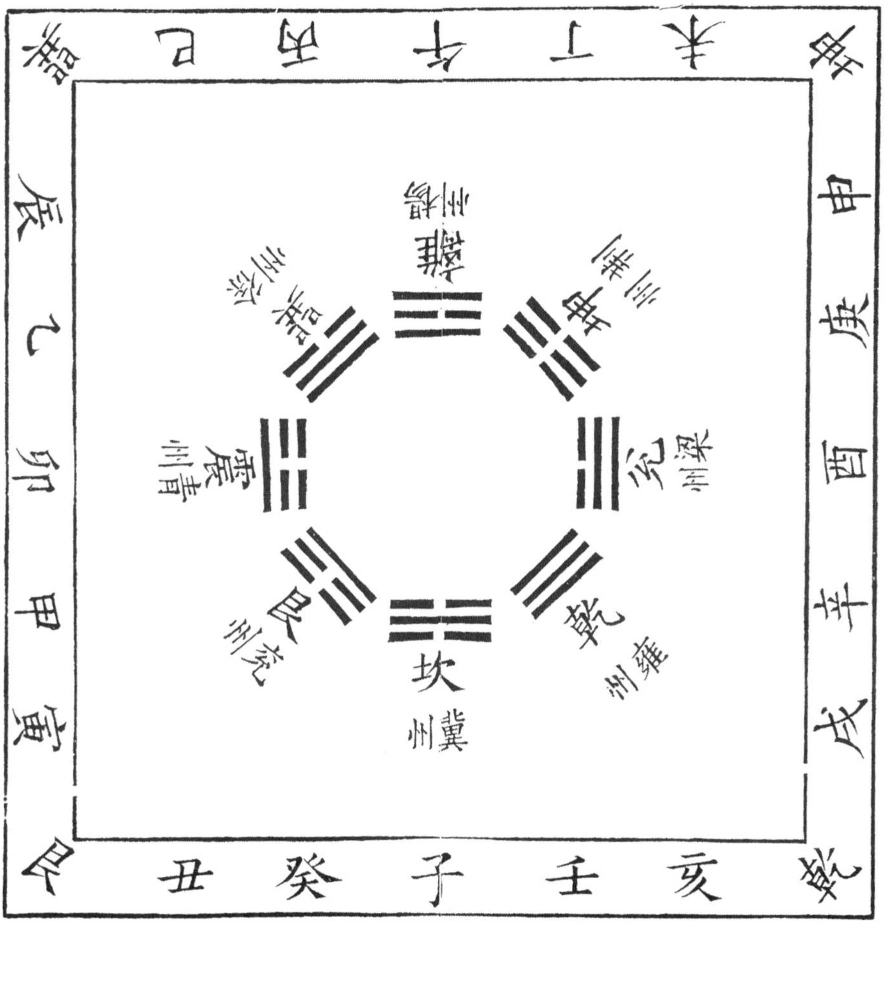

伏羲俯察地理，以画八卦，故四方九州、鸟兽草木、十二支之属，凡丽于地之理者，八卦无不统之。

伏羲八卦图

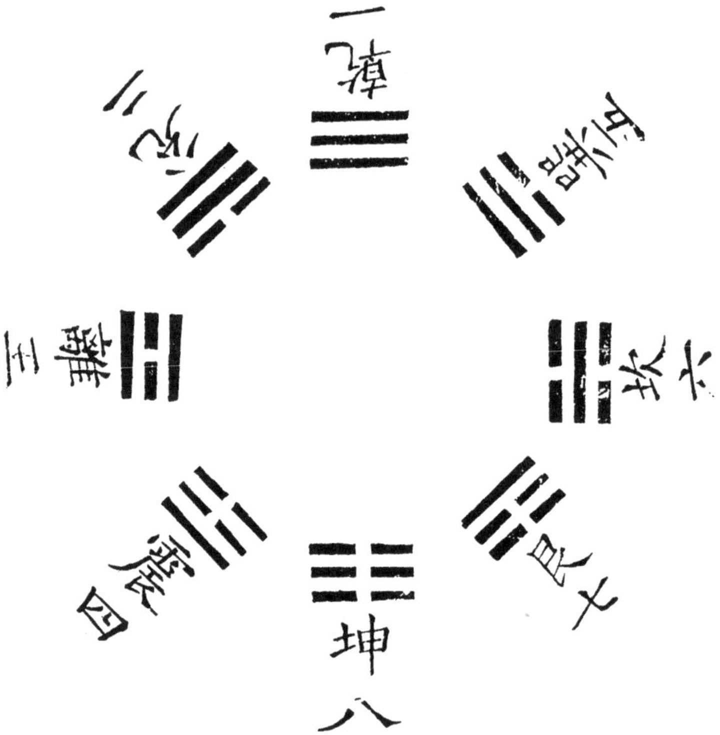

八卦取象图

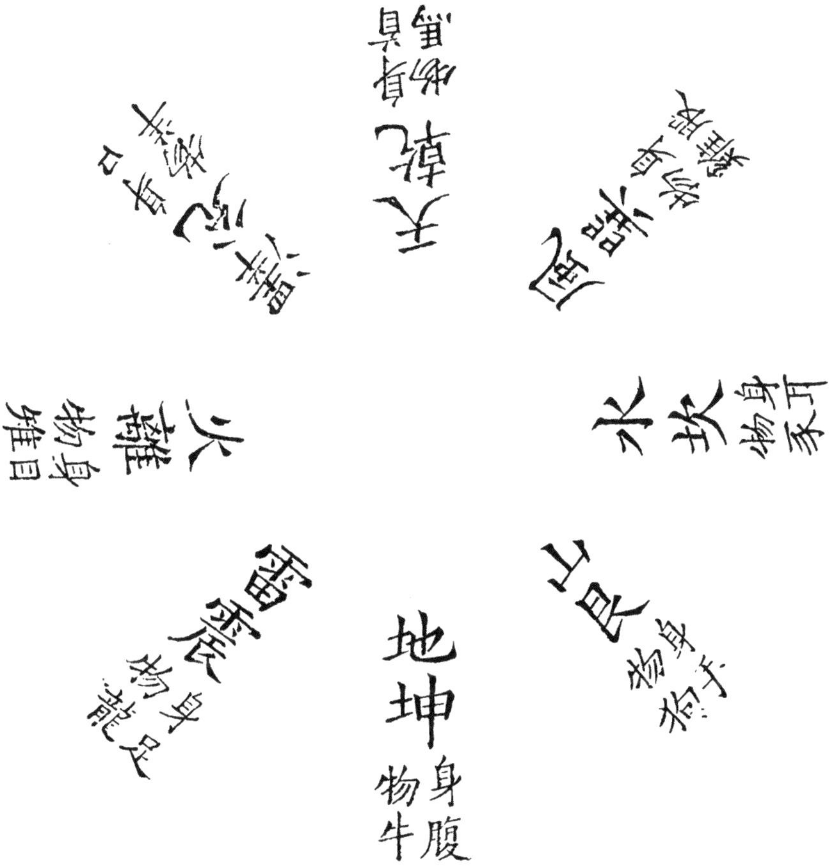

文王八卦图

八卦象数图

坎七 少陽二十八
艮七 少陽二十八
震七 少陽二十八
巽八 少陰三十二
離八 少陰三十二
坤六 老陰二十四
兌八 少陰三十二
乾九 老陽三十六

四卦合律图

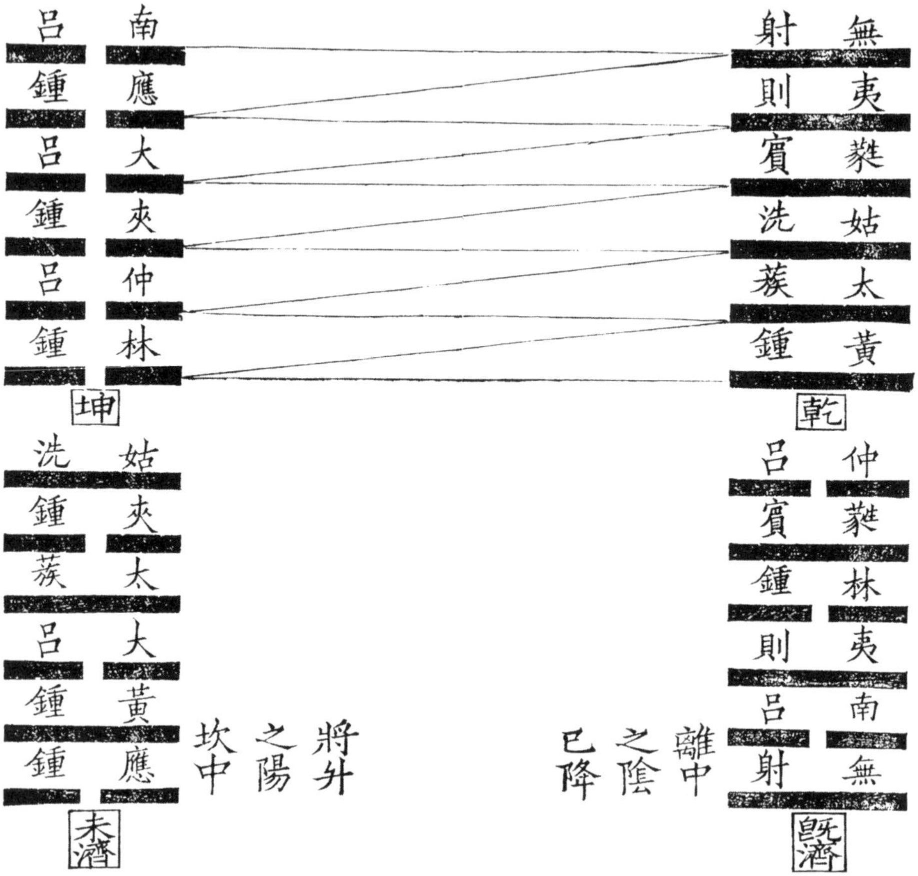
呂 南
鍾 應
呂 大
鍾 夾
呂 仲
鍾 林
坤
射 無
則 夷
賓 蕤
洗 姑
蔟 太
鍾 黄
乾
洗 姑
鍾 夾
蔟 太
呂 大
鍾 黄
鍾 應
未濟
將升之陽坎中
呂 仲
賓 蕤
鍾 林
則 夷
呂 南
射 無
既濟
離中之陰巳降

八卦纳甲图

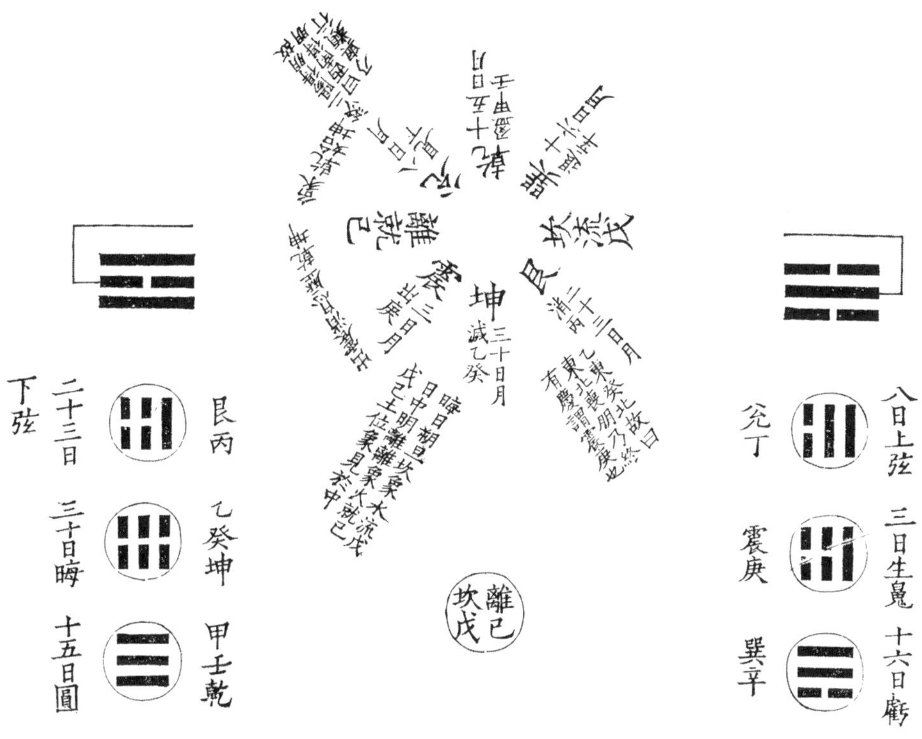

刚柔相摩图

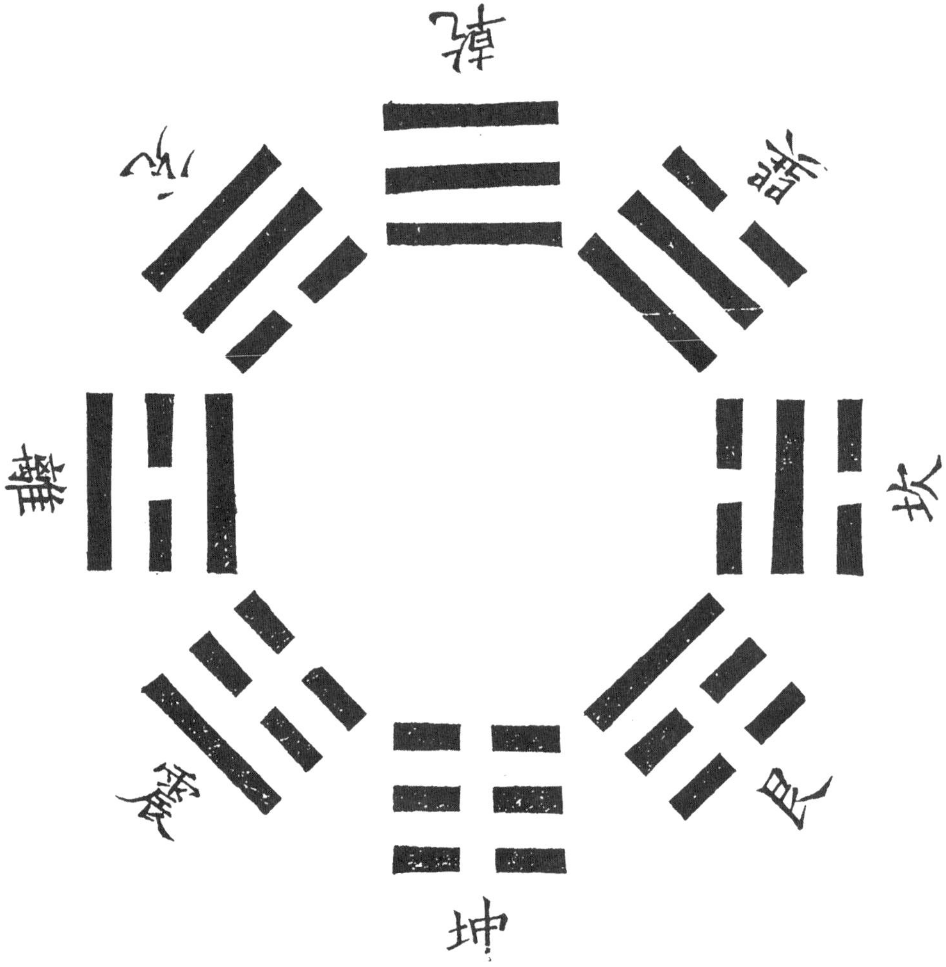

乾阳居上，坤阴居下，乾自震而左行，坤自巽而右行，天左地右，故曰“刚柔相摩”。

八卦相荡图

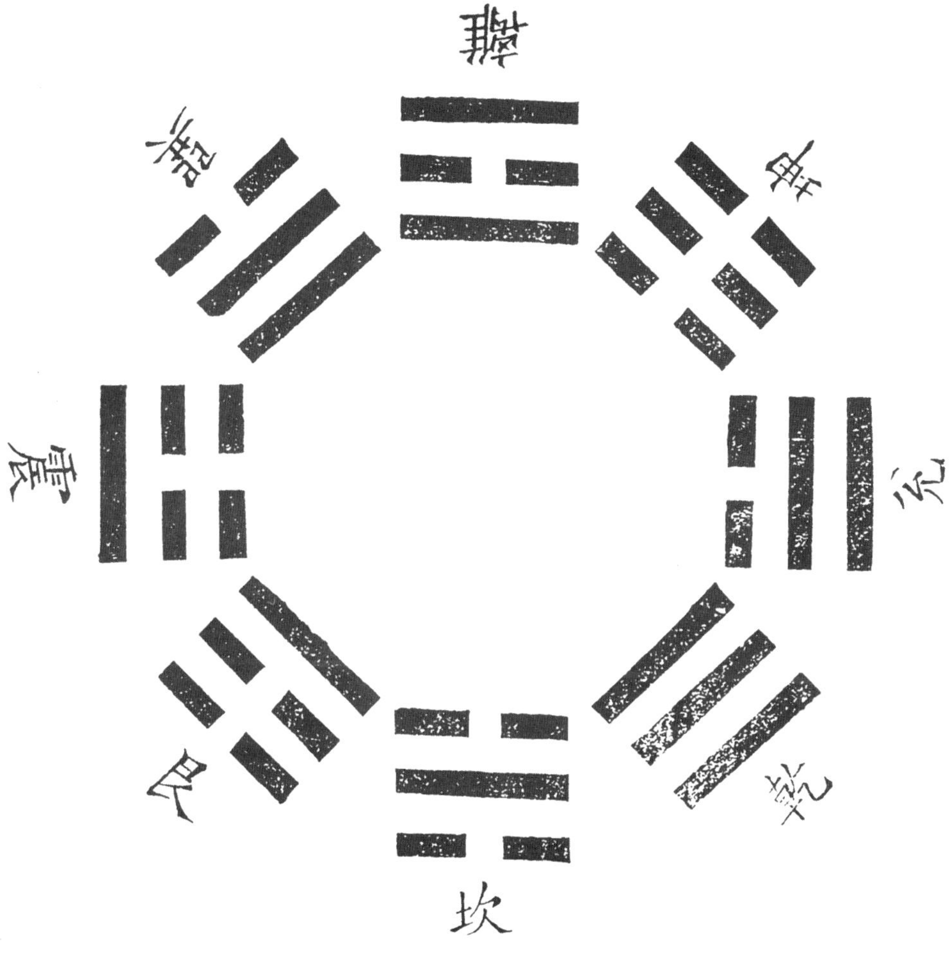

震荡艮，兑荡坤，离荡巽，坎荡乾，八卦往来，迭相推荡。京房曰：“荡阴入阳，荡阳入阴。”

六爻三极

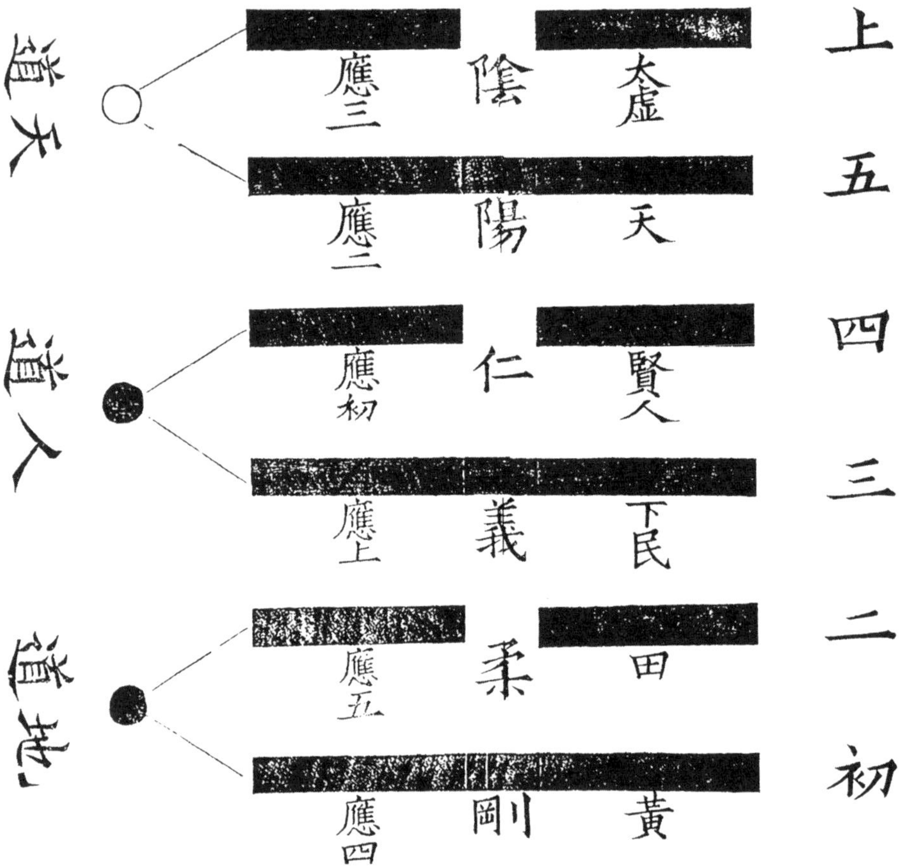

五位相合

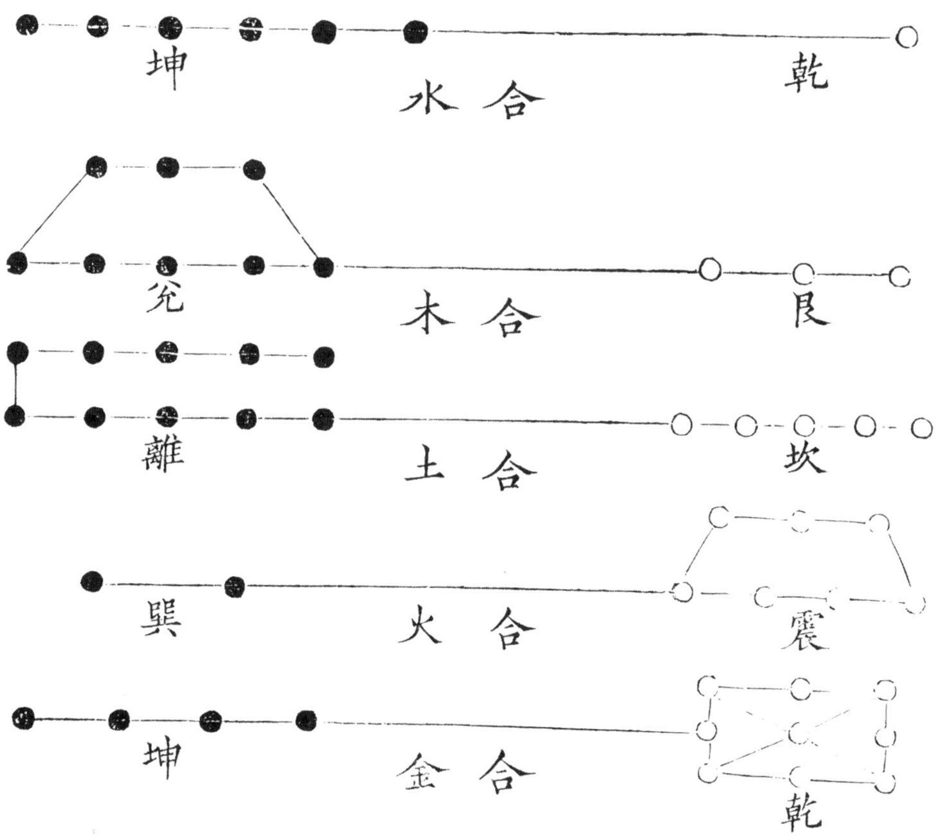
坤
水合
乾
兑
木合
艮
離
土合
坎
巽
火合
震
坤
金合
乾

帝出震图

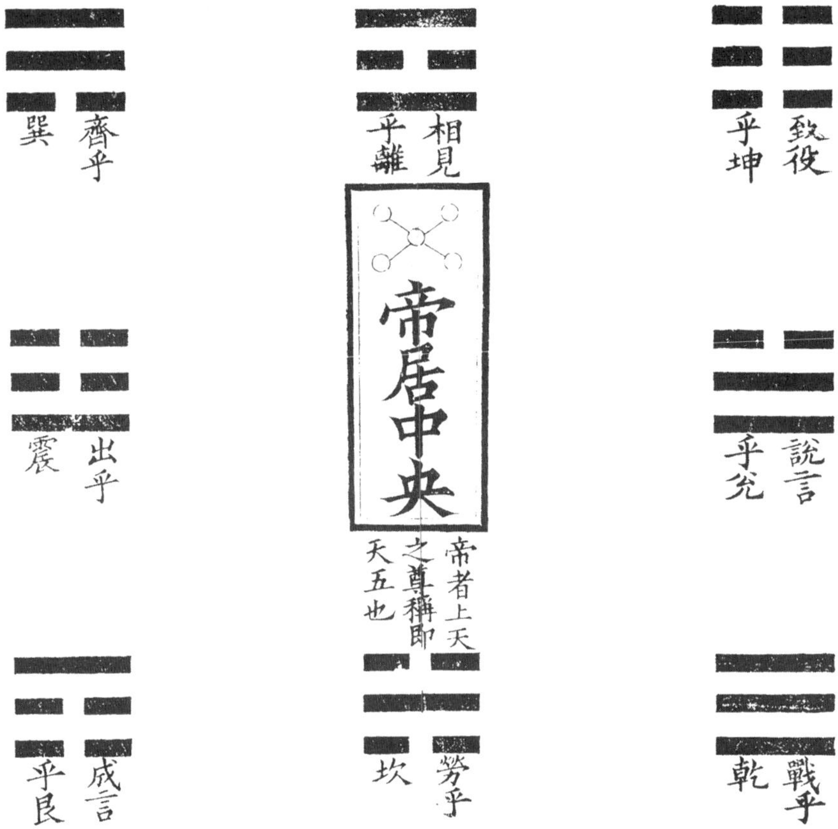
齊乎巽
相見乎離
致役乎坤
出乎震
帝居中央
帝者上天之尊稱即天五也
說言乎兊
成言乎艮
勞乎坎
戰乎乾

蓍卦之德

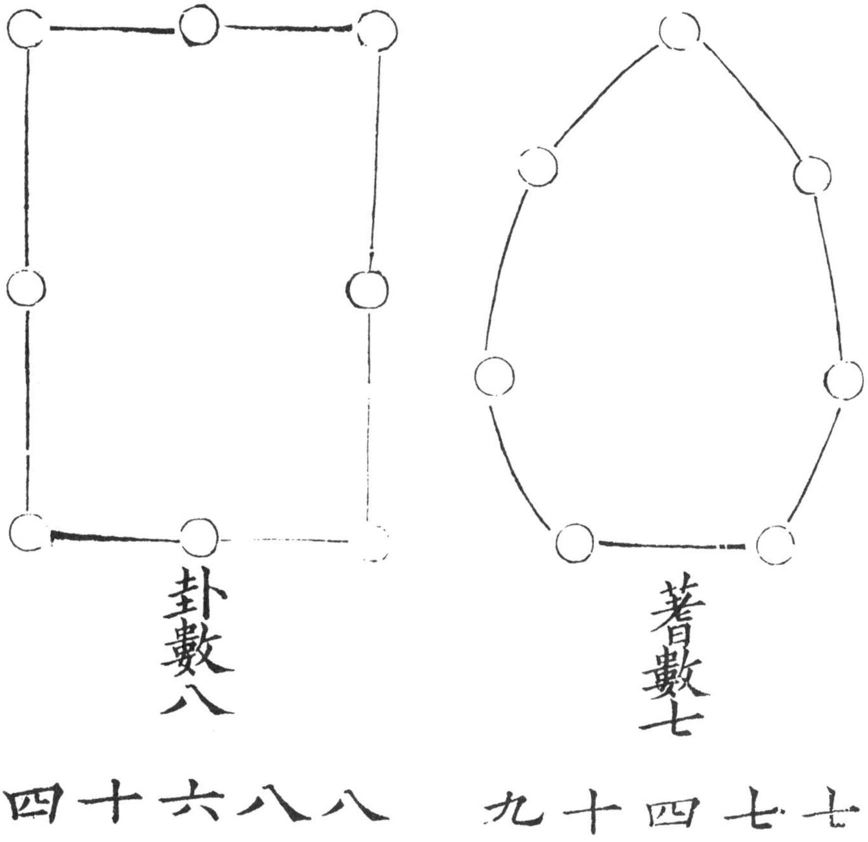

蓍之数，七也；七而七之，其用四十九，故其德圆。卦之数，八也，八而八之，为别六十四，故其德方。圆者运而不穷，可以逆知来物。方者其体有定，可以识乎既往。故圆象神，方象知。

序上下经图

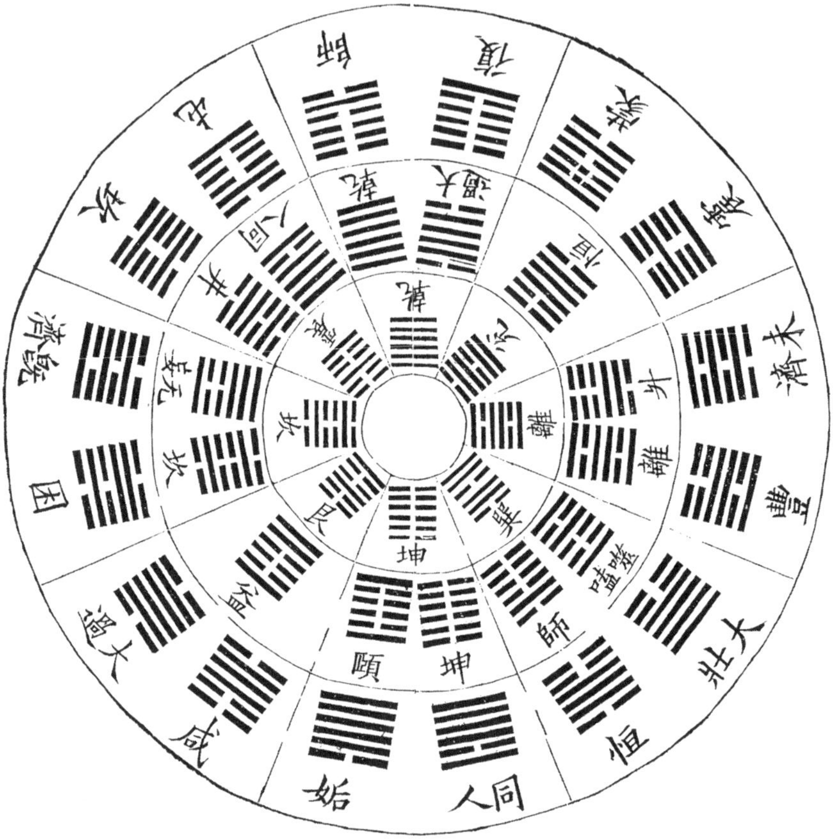

本乾九二爻，变成同人，次变无妄，次变益，次变颐，终其变至离而止；本坤六二爻，变成师，次变升，次变恒，次变大过，终其变至坎而止。故上经始于乾、坤，终于坎、离焉。

本咸六二爻，变成大过，次变困，次变坎，次变师，次变蒙，而终于未济；本恒初六爻，变成大壮，次变丰，次变震，次变复，次变屯，而入既济。故下经始于咸、恒，终于既济、未济焉。

大易象数钩深图卷中

三变大成图

重易六爻图

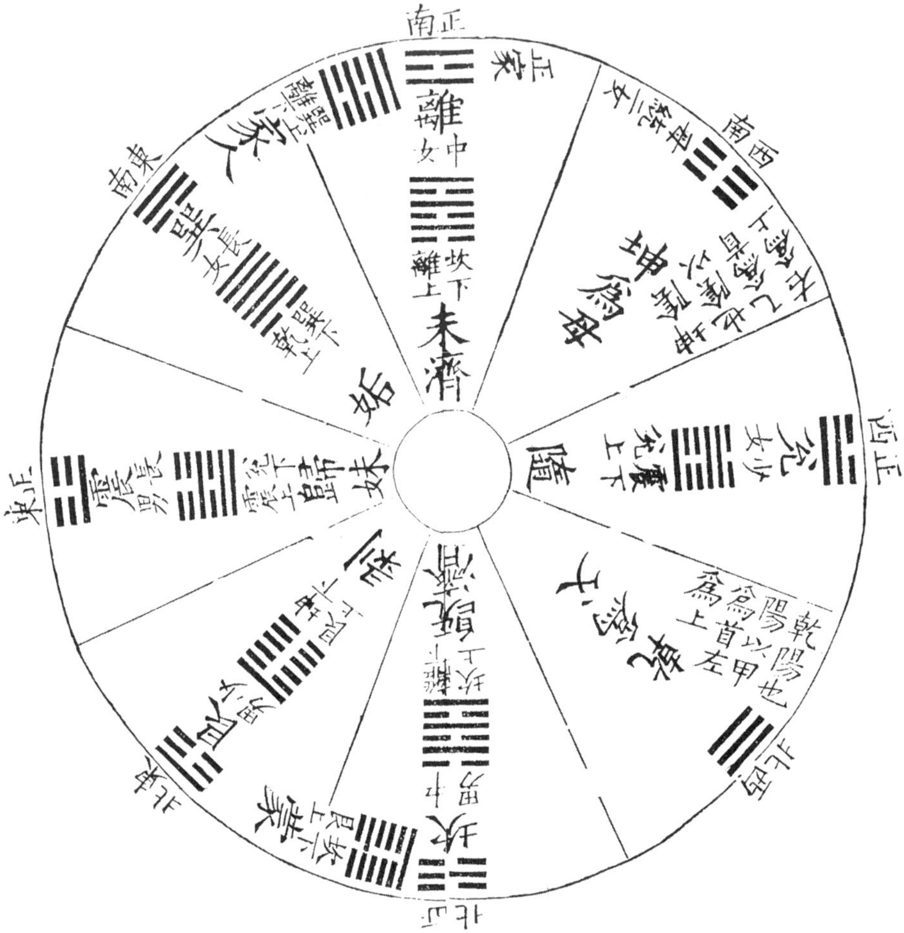

六十四卦天地数图

八八	七八	六八	五八	四八	三八	二八	一八
八七	七七	六七	五七	四七	三七	二七	一七
八六	七六	六六	五六	四六	三六	二六	一六
八五	七五	六五	五五	四五	三五	二五	一五
八四	七四	六四	五四	四四	三四	二四	一四
八三	七三	六三	五三	四三	三三	二三	一三
八二	七二	六二	五二	四二	三二	二二	一二
八一	七一	六一	五一	四一	三一	二一	一一

六十四卦万物数图

陽爻一百九十二以三十六乘
之得六千九百一十二陰爻一
百九十二以二十四乘之得四
千六百八合之計萬有一千五
百二十此老陽老陰策數乘也
陽爻一百九十二以二十八乘之
得五千三百七十六陰爻一百
九十二以三十二乘之得六千
一百四十四合之亦爲萬有一千五
百二十此少陽少陰策數乘也

卦爻律吕图

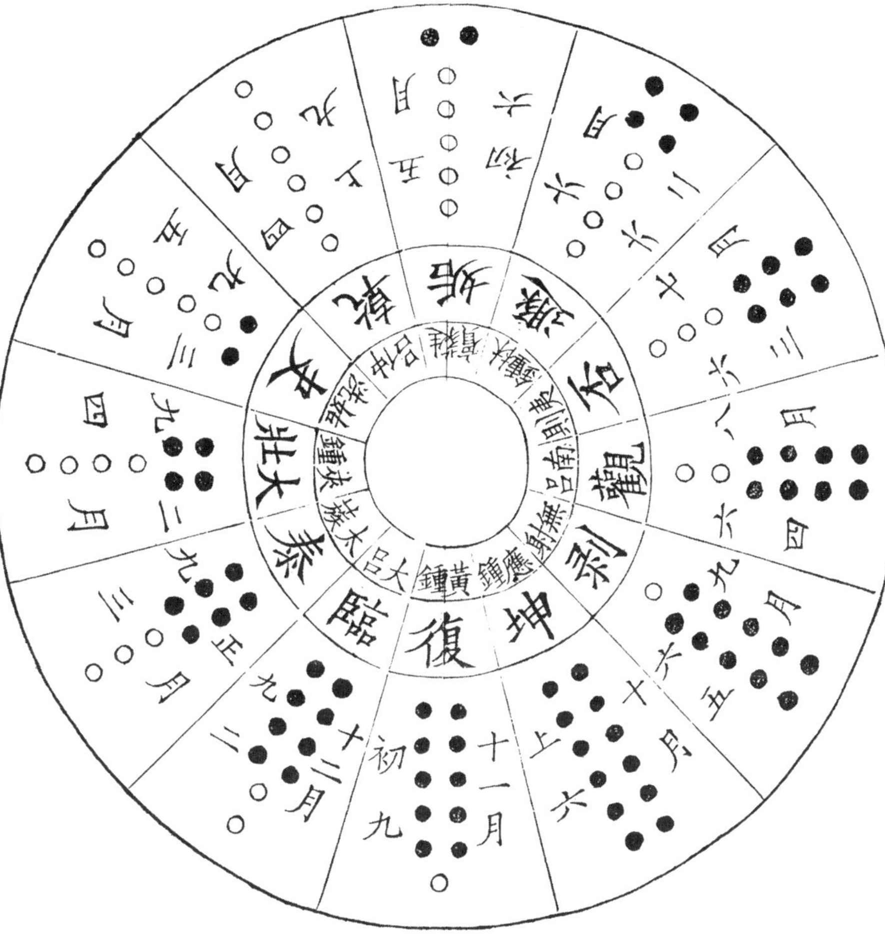

十一月复一阳生，黄钟气应；至四月，六阳为乾，故“辟户谓之乾”。五月姤一阴生，蕤宾气应；至十月，六阴为坤，故“阖户谓之坤”。

运会历数图

复十二世，临二十四世，泰三十六世，大壮四十八世，夬六十世，乾七十二世，姤八十四世，遯九十六世，否一百八世，观一百二十世，剥一百三十二世，坤一百四十四世。

乾坤大父母图

乾，一变姤，二变遯，三变否，至五变为剥而止。物不可以终尽，剥穷上反下，故受之以复。坤，一变复，二变临，三变泰，至五变为夬而止。夬必有遇，故受之以姤。

复姤小父母图

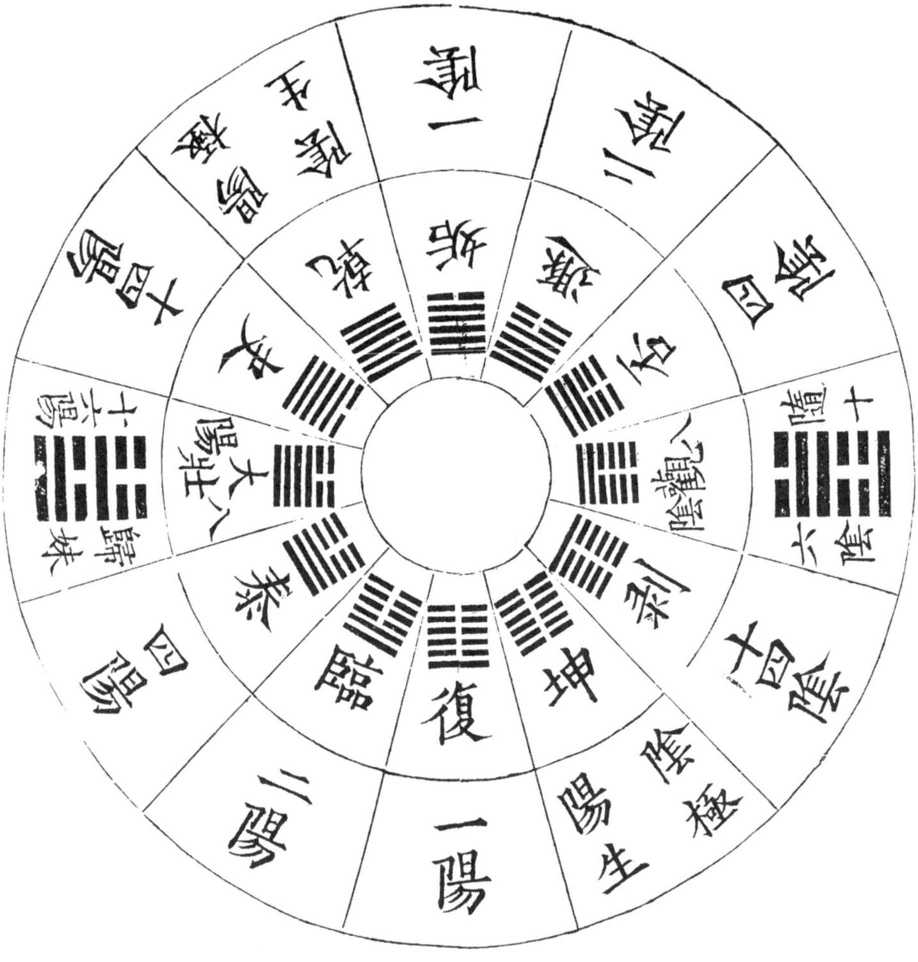

一阳来复，变临为二阳，变至泰为四阳，变至大壮为八阳，变至夬为十四阳，终其变于归妹，成十六阳。一阴始姤，变遯为二阴，变至否为四阴，变至观为八阴，变至剥为十四阴，终其变于随，成十六阴。

八卦生六十四卦图

坎

艮

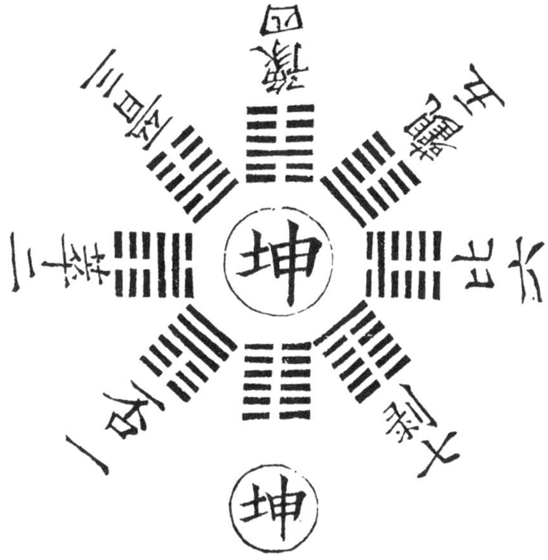
坤
坤

巽
巽

離

兌

八卦变六十四卦图

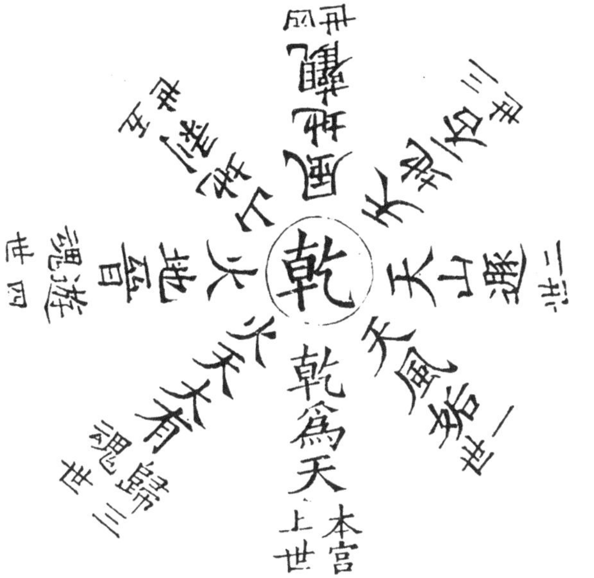
乾
乾為天
本宮上世
天風姤
一世
天山遯
二世
天地否
三世
風地觀
四世
山地剝
五世
火地晉
遊魂四世
火天大有
歸魂三世

震
震為雷
本宮上世
雷地豫
一世
雷水解
二世
雷風恒
三世
地風升
四世
水風井
五世
澤風大過
遊魂四世
澤雷隨
歸魂三世

坎
坎為水 本宮上世
水澤節 一世
水雷屯 二世
水火既濟 三世
澤火革 四世
雷火豐 五世
地火明夷 遊魂四世
地水師 歸魂三世

艮
艮為山 本宮上世
山火賁 一世
山天大畜 二世
山澤損 三世
火澤睽 四世
天澤履 五世
風澤中孚 遊魂四世
風山漸 歸魂三世

坤
坤為地 本宮上世
地雷復 一世
地澤臨 二世
地天泰 三世
雷天大壯 四世
澤天夬 五世
水天需 遊魂四世
水地比 歸魂三世

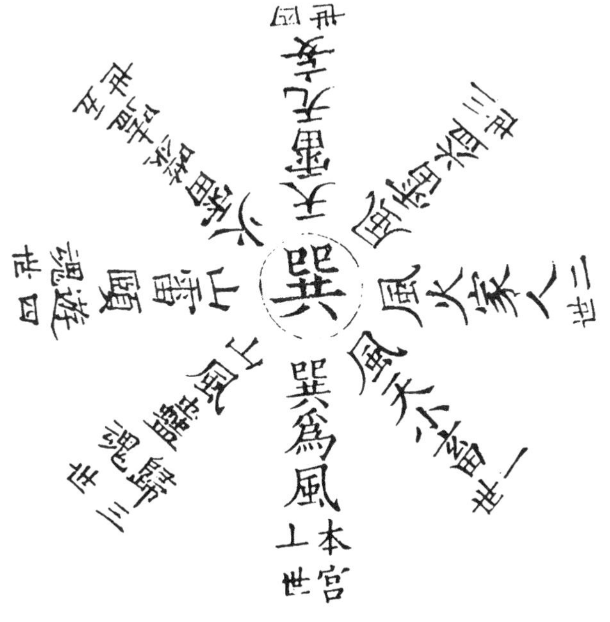
巽
巽為風 本宮上世
風天小畜 一世
風火家人 二世
風雷益 三世
天雷无妄 四世
火雷噬嗑 五世
山雷頤 遊魂四世
山風蠱 歸魂三世

離
離爲火 本宮上世
火山旅 一世
火風鼎 二世
火水未濟 三世
山水蒙 四世
風水渙 五世
天水訟 遊魂四世
天火同人 歸魂三世

兌
兌爲澤 本宮上世
澤水困 一世
澤地萃 二世
澤山咸 三世
水山蹇 四世
地山謙 五世
雷山小過 遊魂四世
雷澤歸妹 歸魂三世

阳卦顺生

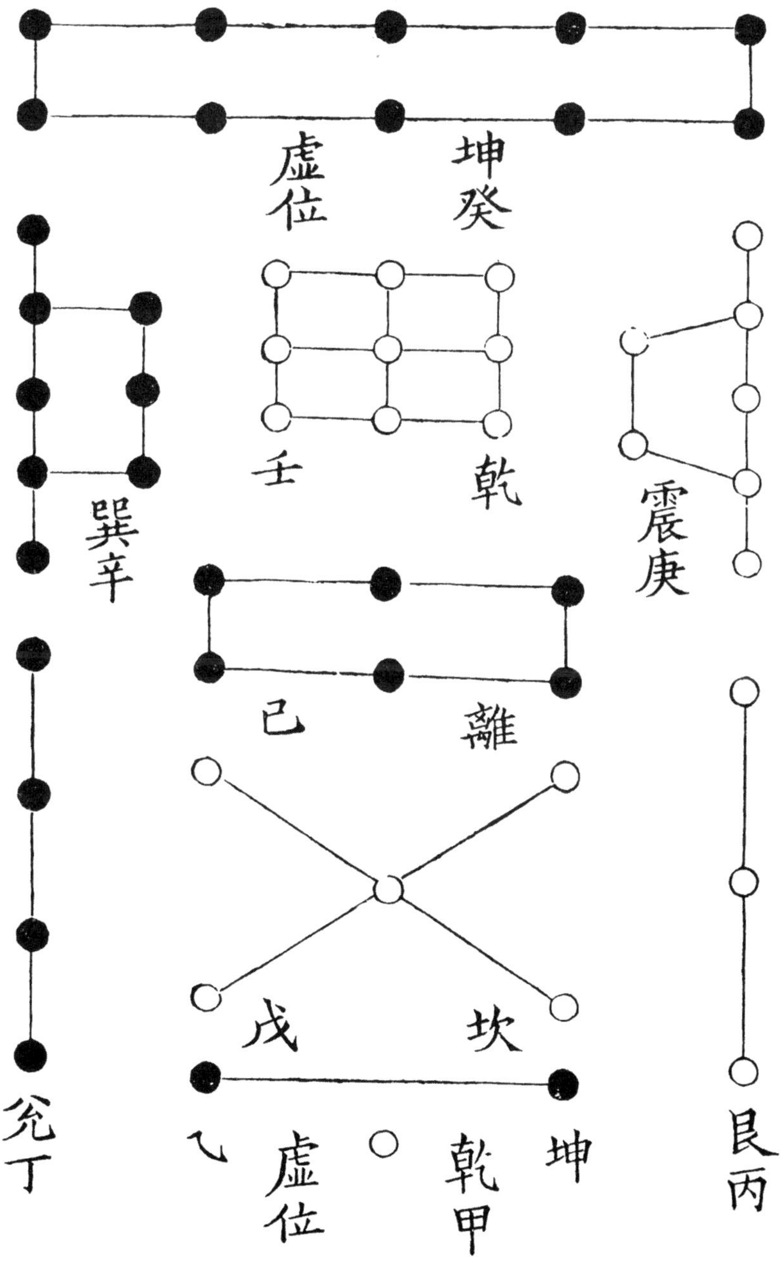

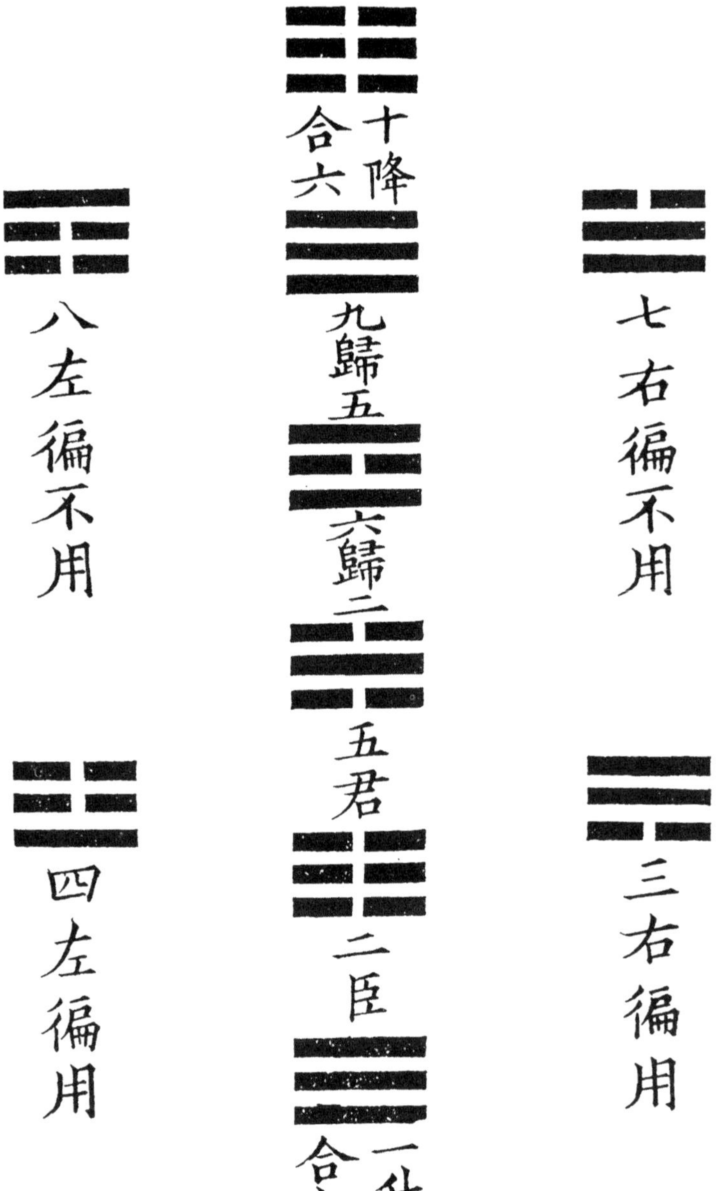

一升而合九，归五为君；十降而合六，归二为臣。此之谓“阳卦顺生”也。

阴卦逆生

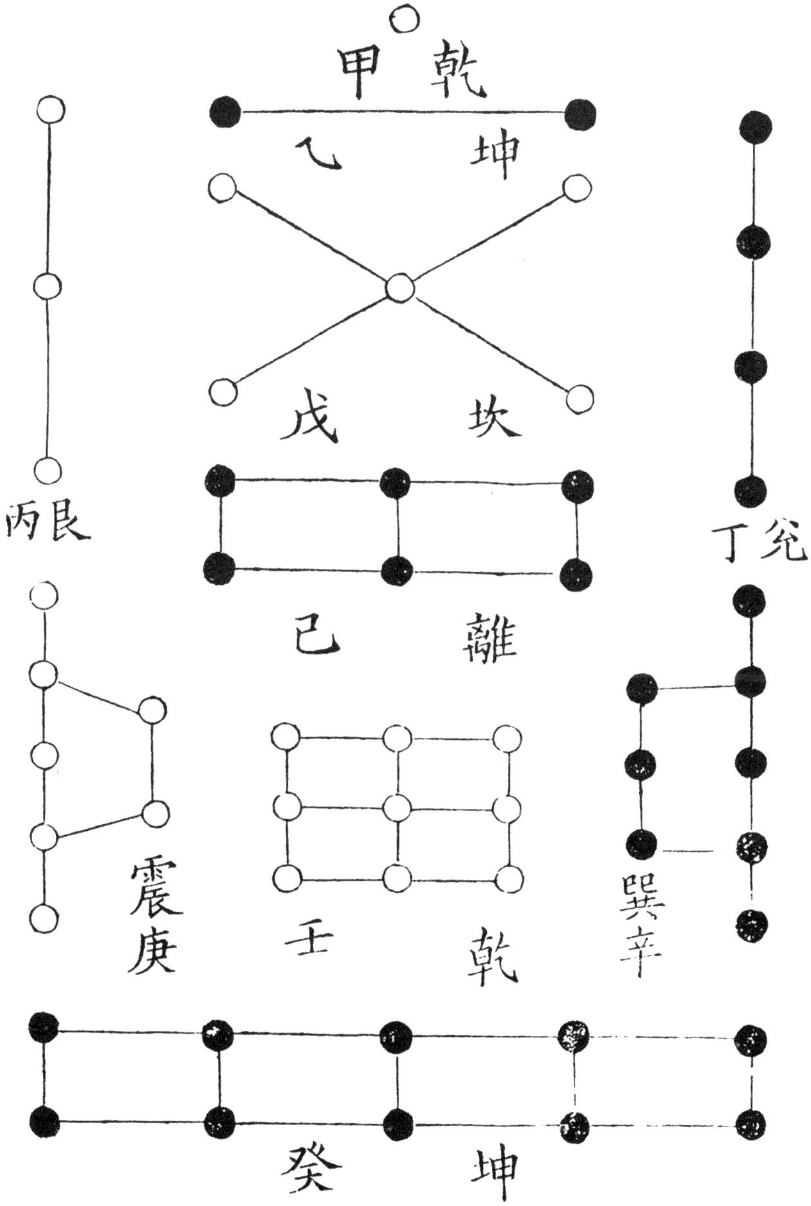
甲 乾
乙 坤
戊 坎
丙艮
丁兑
己 離
震庚
壬 乾
巽辛
癸 坤

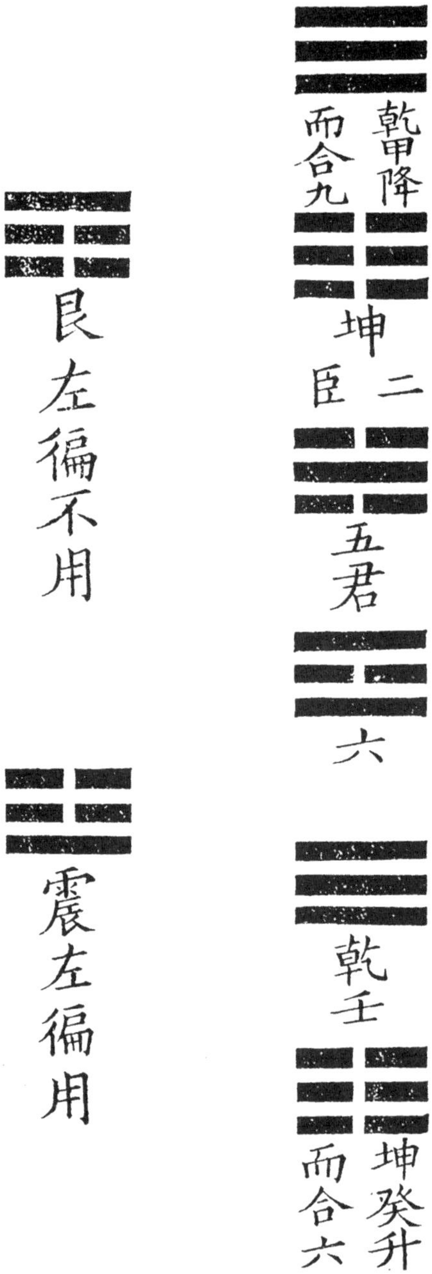

一降而合九，归五为君；十升而合六，归二为臣。此之谓“阴卦逆生”也。

复姤临遯泰否六卦生六十四卦图

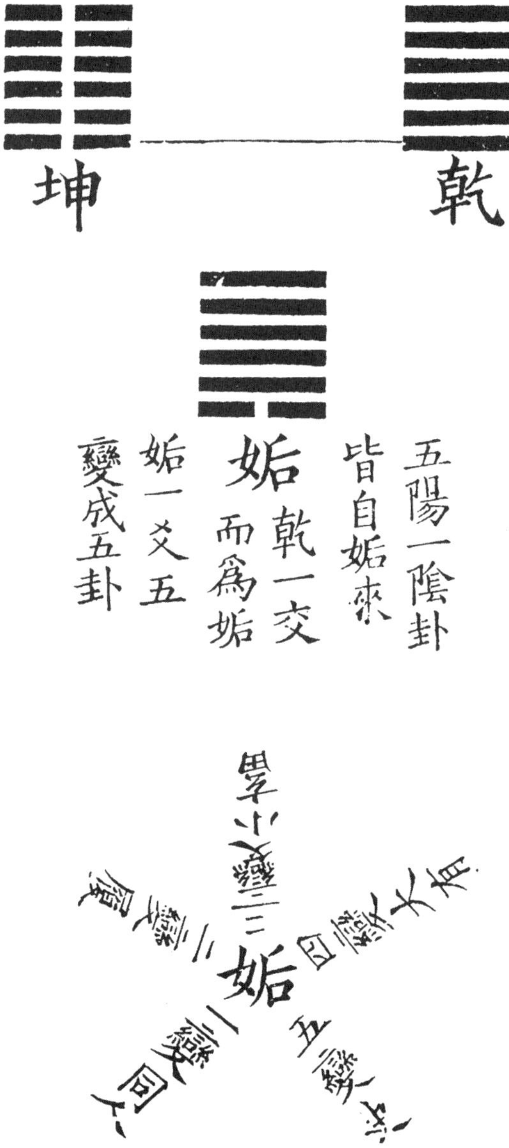

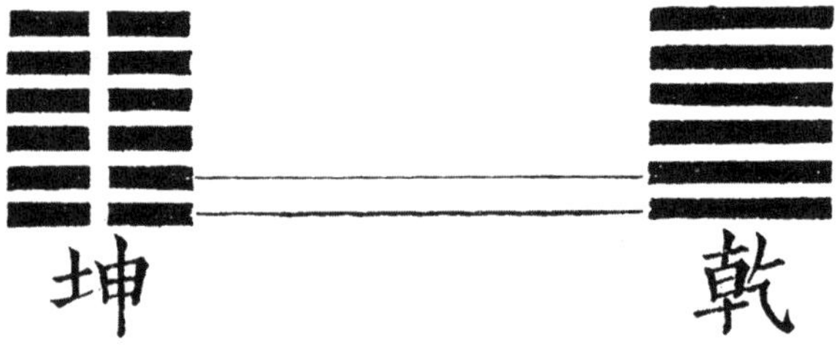

四陽二陰卦皆自遯來

遯乾再交而爲遯

遯五復五變成十四卦

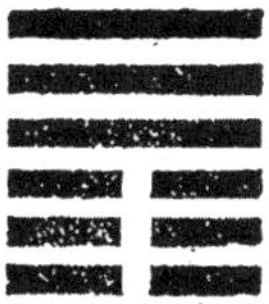

三陽三陰卦皆自否來

否

乾三交而爲否

否三復三變成九卦

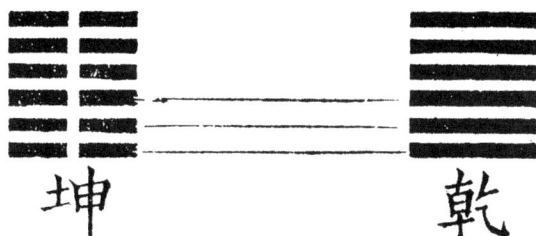

三陰三陽卦皆自泰來

坤三交而爲泰

泰三復三變成九卦

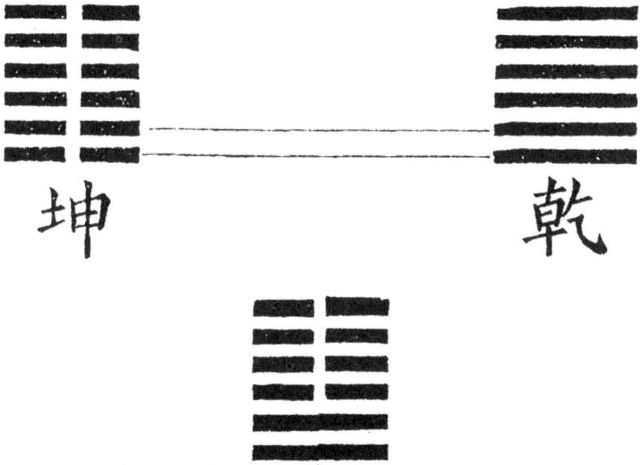

臨

四陰二陽卦皆自臨來

坤再交而爲臨

臨五復五變成十四卦

五陰一陽卦皆自復來
坤一爻而爲復
復一爻五變成五卦

六十四卦反对变图

一阴五阳反对变六卦

一阳五阴反对变六卦

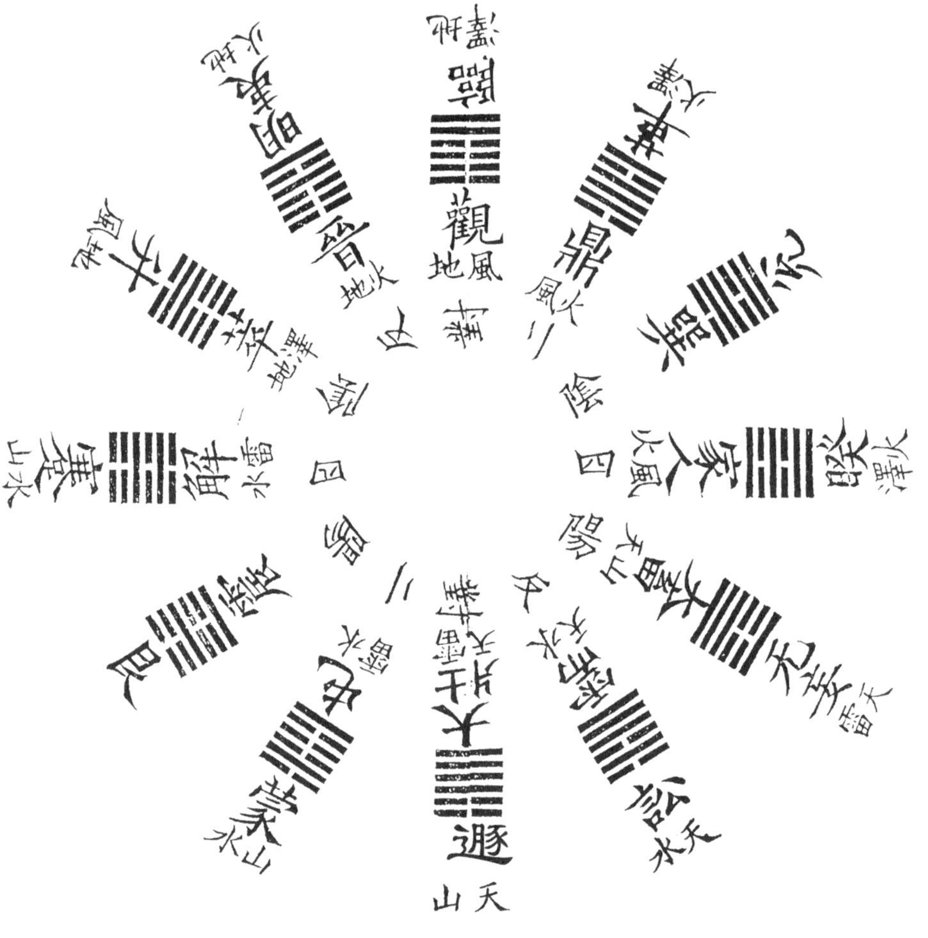

二阴四阳反对变十二卦
二阳四阴反对变十二卦

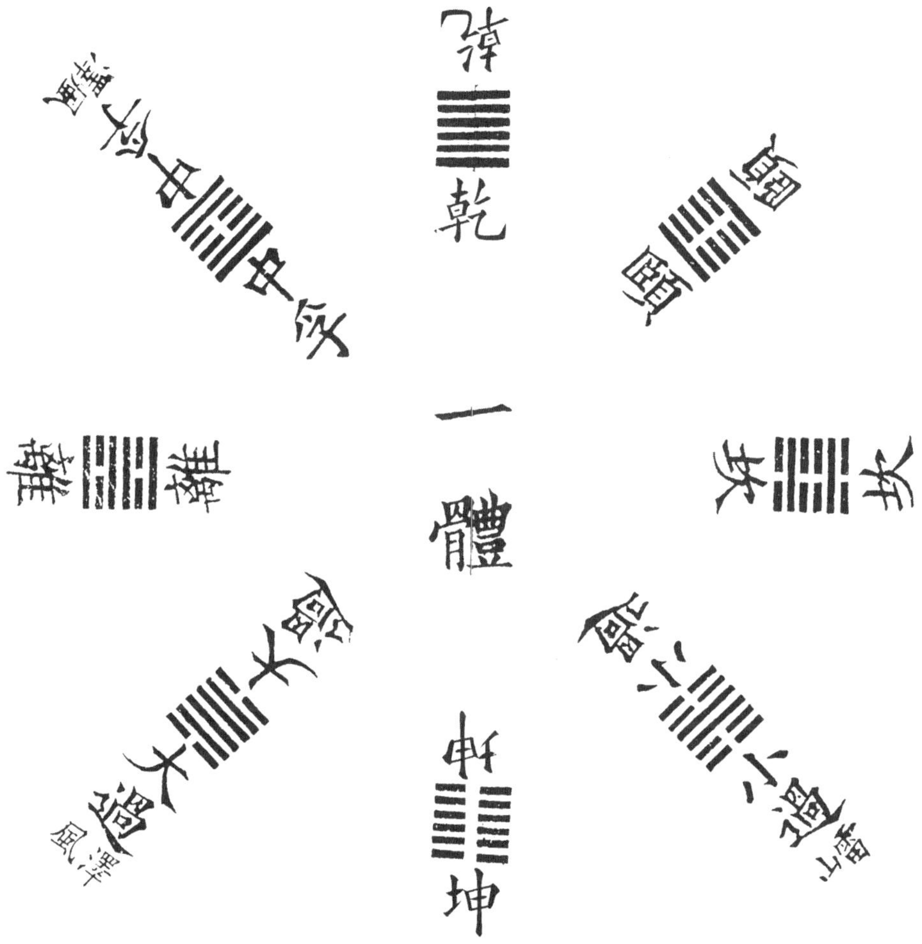

反对不变八卦

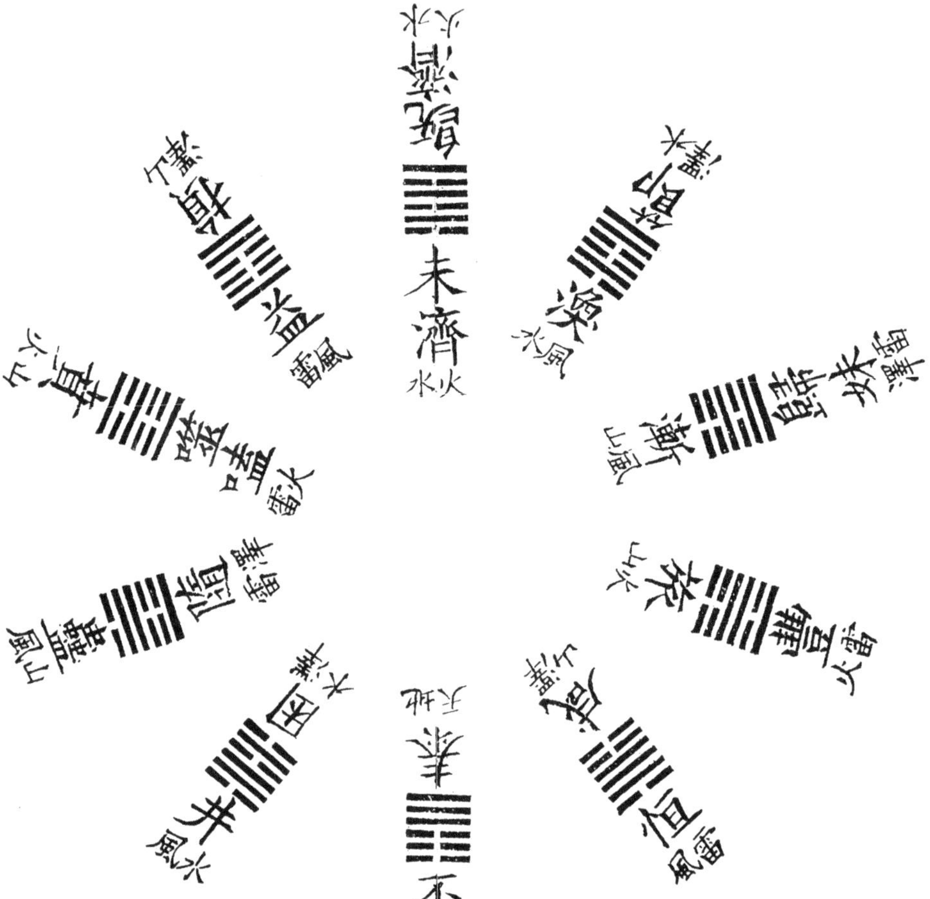

三阴三阳反对变二十四卦

乾坤易简之图

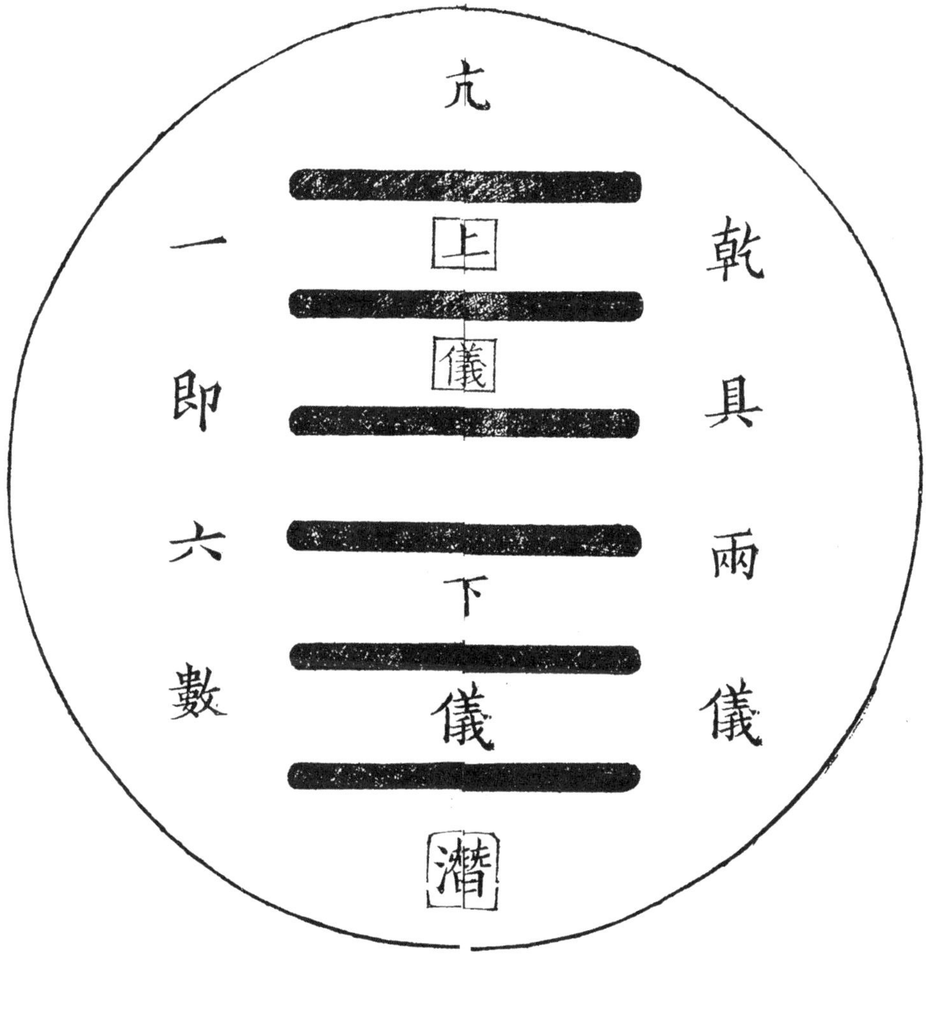

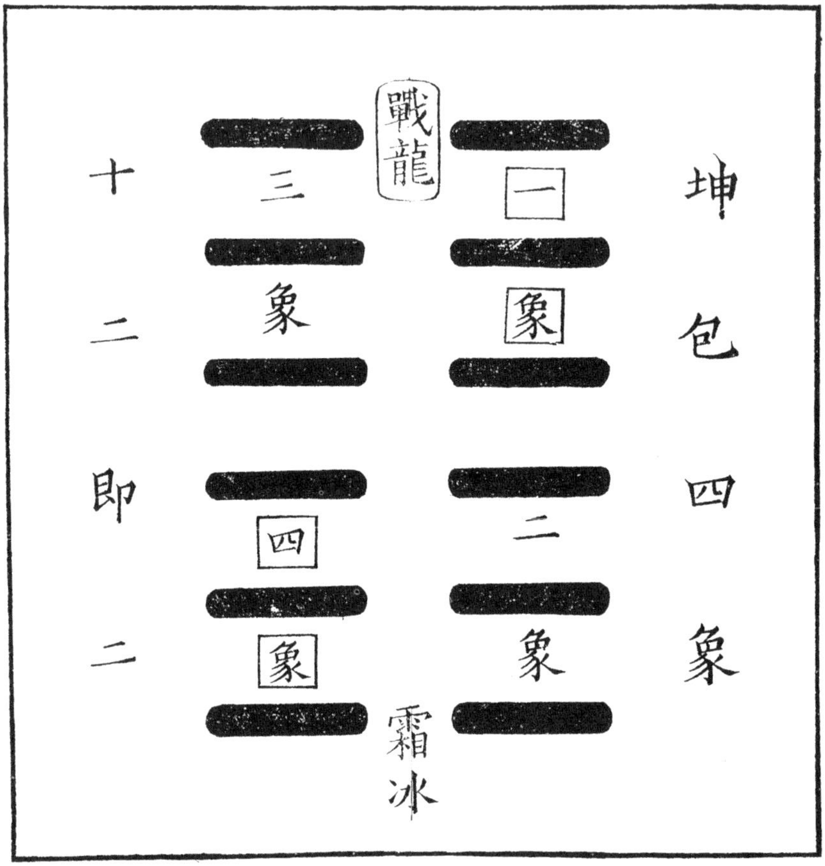

乾、坤者，数之一、二也，形之方、圆也，气之清、浊也，理之动、静也。故乾具两仪之意，而分上下；坤包四象之体，而分南、北、东、西。两仪四象，共数有六，并其乾、坤之本体，则八卦之数周备矣。此乾、坤所以去太极未远，内贞外悔，两仪之理也；元亨利贞，四象之道也。

二、三、四、五以为经，七、八、九、六以为纬，八卦之方也。所以自一而二，自二而四，自四而八，自八而十六，自十六而三十二，自三十二而六十四，六十四而天道备矣，岁功成矣，人事周矣。此《易》故六十四卦，而乾、坤居首也。学者能由六十四以归一，由一以悟太极，则伏羲、文王、孔子皆备于我，成变化，行鬼神，亦是道也。

屯象之图

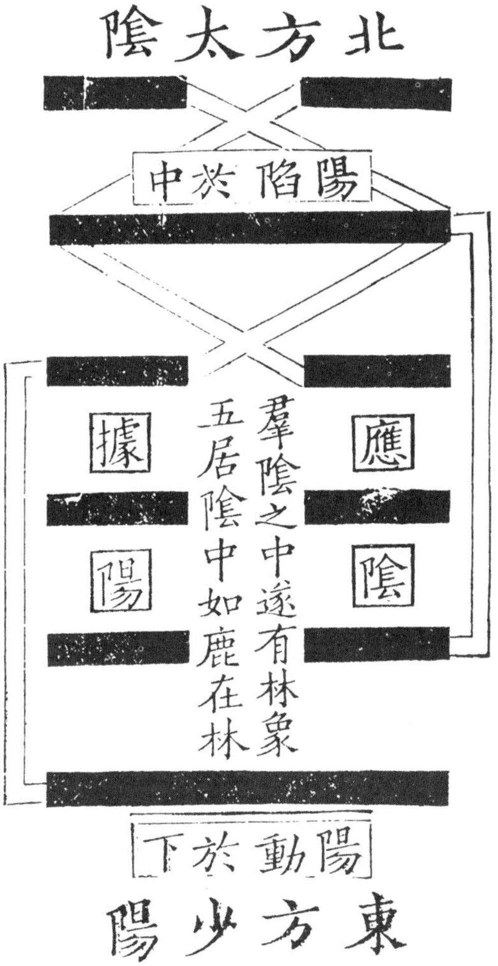

北方之坎是謂太陰東方之震是謂少陽少陽之氣入於太陰陽動而陰陷斯所以爲屯也

蒙象养正图

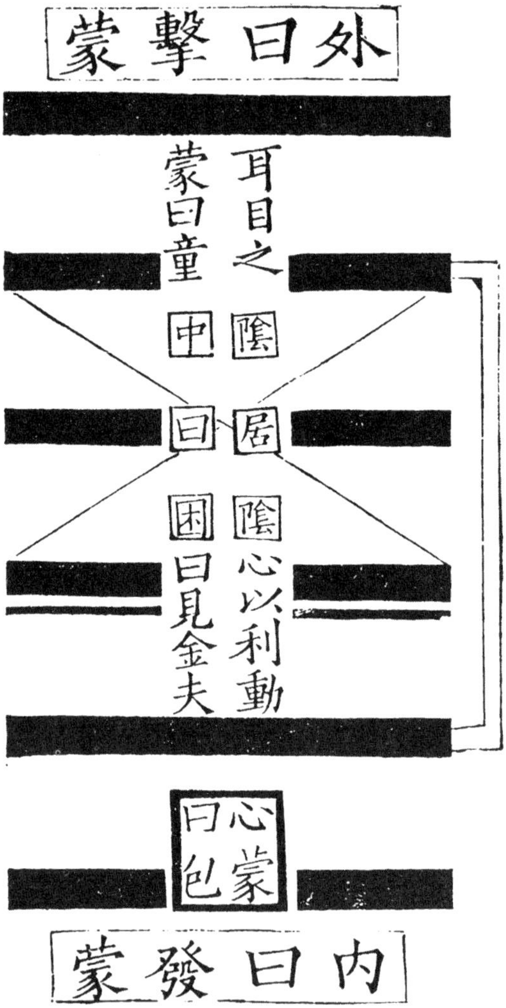

童蒙在五，击之在上，是外学也。耳目所入，虽足以资吾，适足以贼吾之真性，故“不利为寇”也。包蒙在二，发之在初，是内学也。心之所造，贵于几先，一着于心，便成机械。所以脱桎梏吝也；利者，吾心之桎梏乎？

需须之图

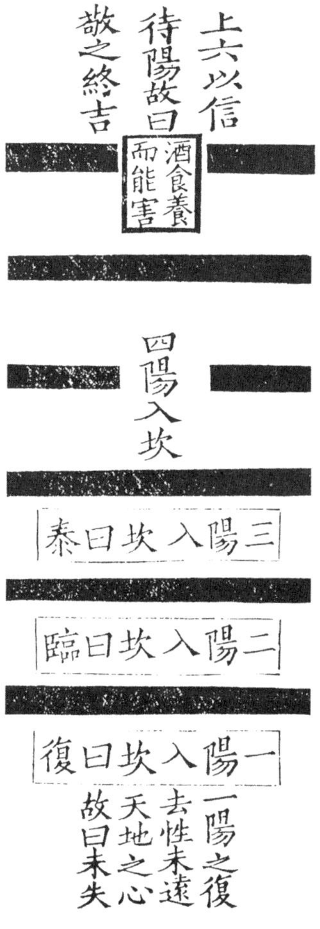

坎中之阳以为助，乾卦之阳求待上，一阳而为之援，一阴避之而兴进，一阴阻之而复退，此所以为需之吉凶也。然圣人之意，不责于二阴，而责于三阳；不责于三阳，而责于坎中之阳，权所在也。故责之重也，遂系之以酒食之象焉。

酒食者，养人之具也，人之所求待也。为酒食之所困，而为害者亦有之也。始贪其利，终罹其害者，小人之常也。必有道以处之，所以贵乎贞吉也。贞者，中正之义。内中正则外固，外固则不陷矣。

讼象之图

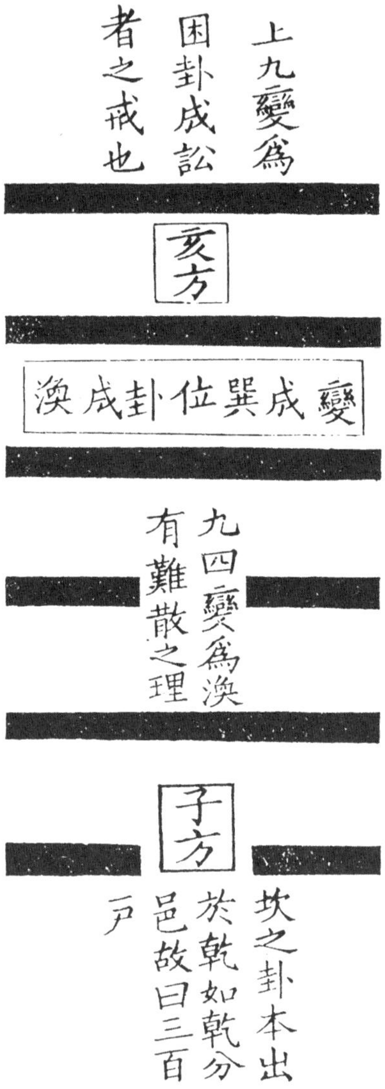
上九變爲
困卦成訟
者之戒也
亥方
變成巽位卦成渙
九四變爲渙
有難散之理
子方
坎之卦本出
於乾如乾分
邑故曰三百
戶

乾居亥位，坎起子方，亥子皆北，皆属于水，始无所争也。一离于形，则天西倾，水东注；天上蟠，水下润，于是而讼矣。

师比御众图

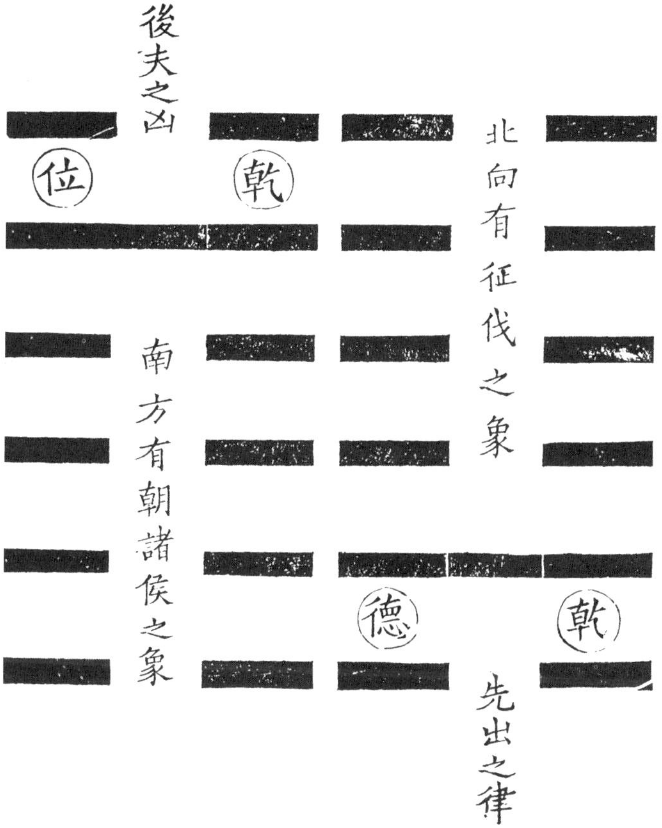

坤为众，而师亦为众者，师统众之义也。统众者，非德则不可。故以乾之九二入于坤为师，以乾德在二也。律因数起，数自中出。黄钟之律，起为度量衡，差之毫厘，则不可也。北方之坎，黄钟之本也，故繇言丈人，爻言律。丈与律，法度之出，非有德者乎？

北主幽阴杀伐之象，南主向明朝会之象。六爻分二、三、四、五之数。二居南方，离明之地也，故以比为南面。五居中央，非北也。天北望，惟见斗枢、辰极。辰曰"北辰"，斗曰"北斗"，虽名曰"北"，实中天也。师北向，故有五人为伍之意。比南面，故有五等分爵之象。上居五位，后其君者也，故曰"后夫凶"。

大小畜吉凶图

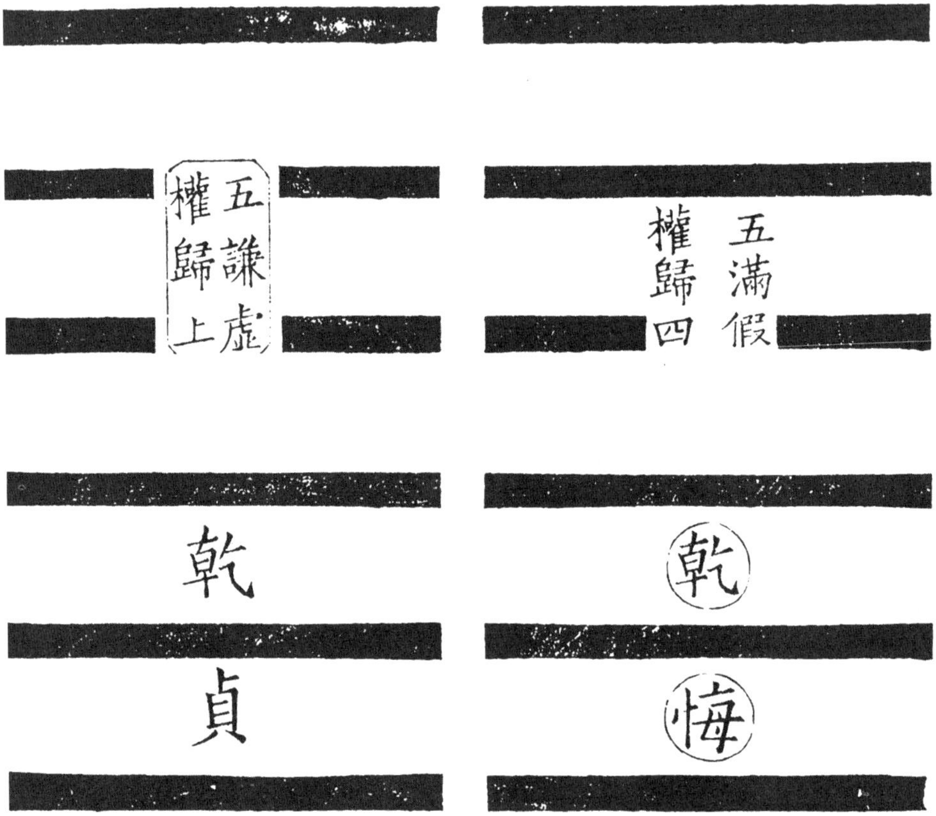

巽居东南之方，乾气自子至于巳，入于巽方，为巽所畜，名曰“小畜”，以阴生于巽。巽，阴之微也，故曰“小”。艮居东北方，乾气自子至寅，入于艮方，为艮所畜。名曰“大畜”者，阳终于艮。艮，阳之究也，故曰“大”。

自子至寅，三画之乾也；自子至巳，六画之乾也。是艮畜乾贞，巽畜乾悔也。大畜之所以得权者，变小畜之九五而六五耳。谦虚下人，所以得权而畜人也。小畜之所以失权者，变大畜之六五而九五耳。满假自大，所以失权而为人所畜也。

履虎尾之图

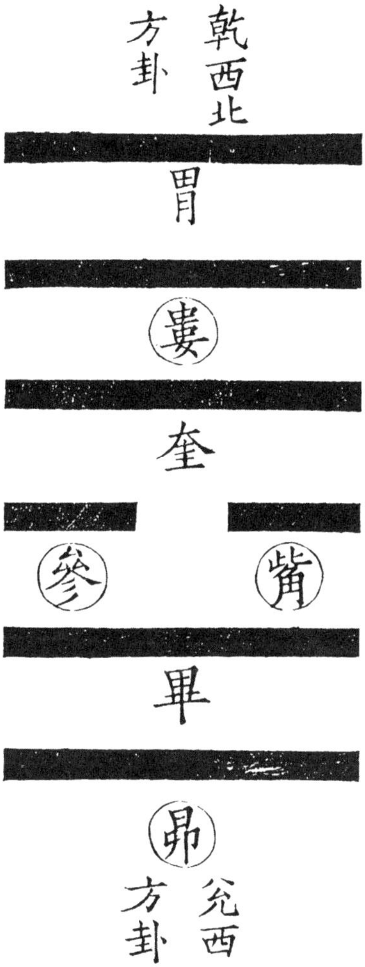

乾亥位，初爻本室、壁，二爻方起奎。奎系之者，见其履虎尾也。坤居申位，参本坤之初爻。以参系兑者，见虎尾之咥人也。乾居兑下，则无履虎咥与不咥之象矣。以乾乘兑，所以履虎之象明也。履卦自兑入乾，由戌达亥，以人应天之道乎！

否泰往来图

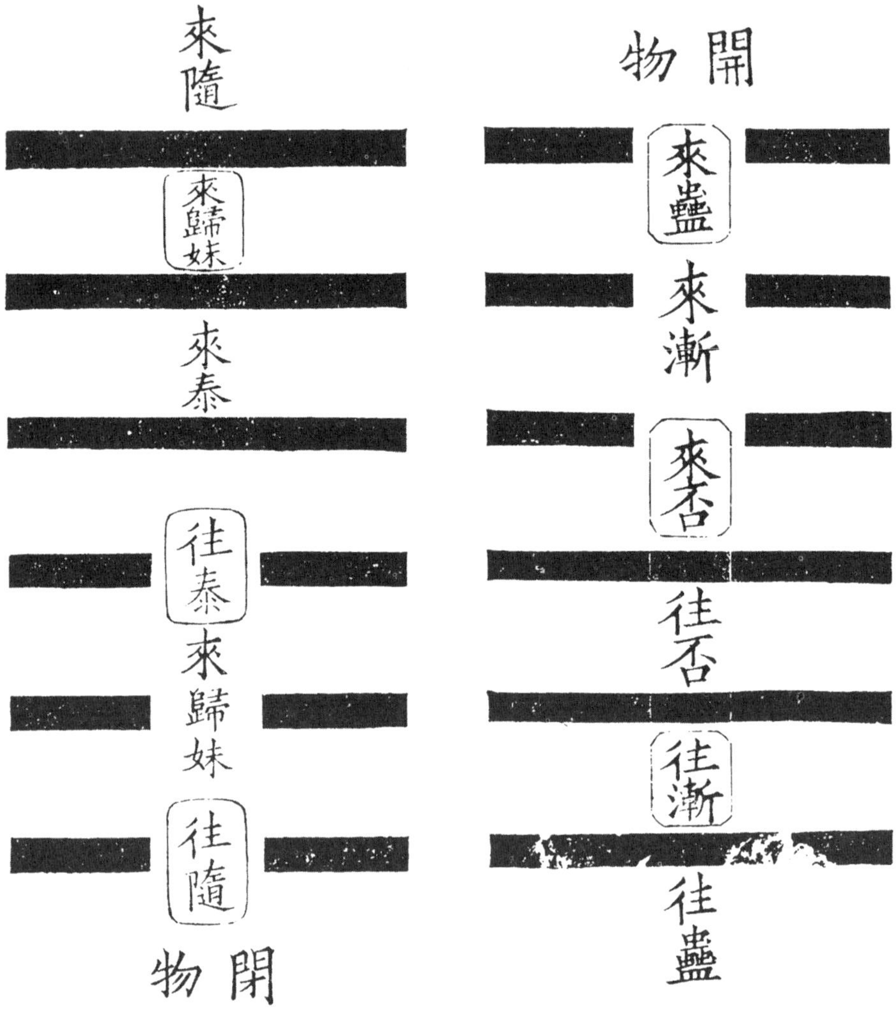

观泰之象，则见否之所生；观否之象，则见泰之所起。是阴阳之气上下升降以成象也，故否、泰之卦，皆曰“往来”。

同人之图

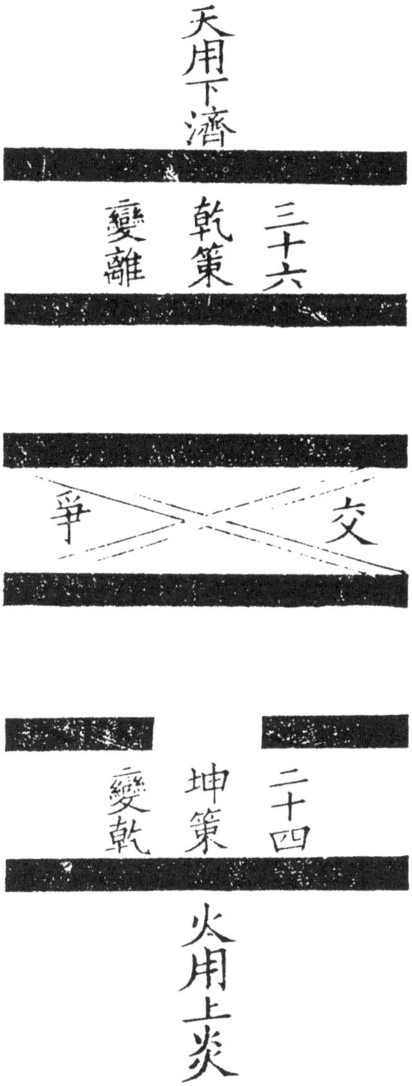

乾居上三十六策，变其中爻，则同乎离。离居下二十四策，变其中爻，则同乎乾。是谓二人同心，言外貌不同，而心同也。

大有守位图

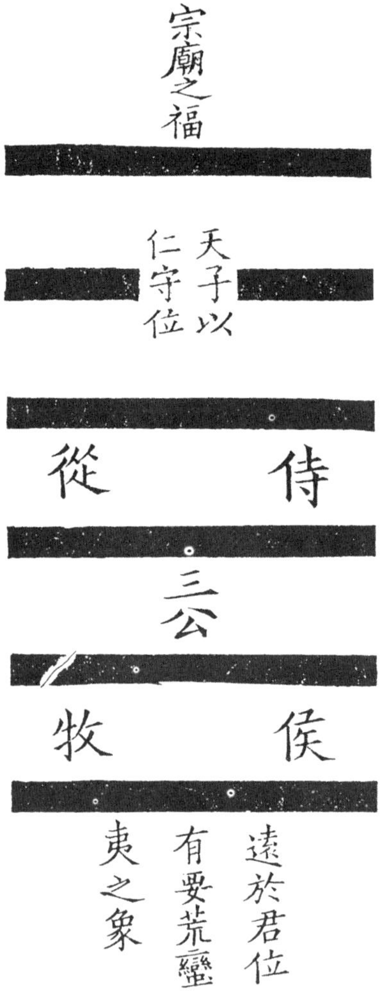

大有之卦，众阳盛时，而五以六居之。人君体元以居正，可不知守位之仁乎？推而明之，四为侍从，则曰“匪其旁”；三为三公，则曰“公用亨于天子”；二为侯牧，则曰“大车以载”；初远于君位，有要荒蛮夷之象，则曰“无交害”，皆发政施仁之道也。如是，则福及宗庙，而永有万世之业矣。

谦象之图

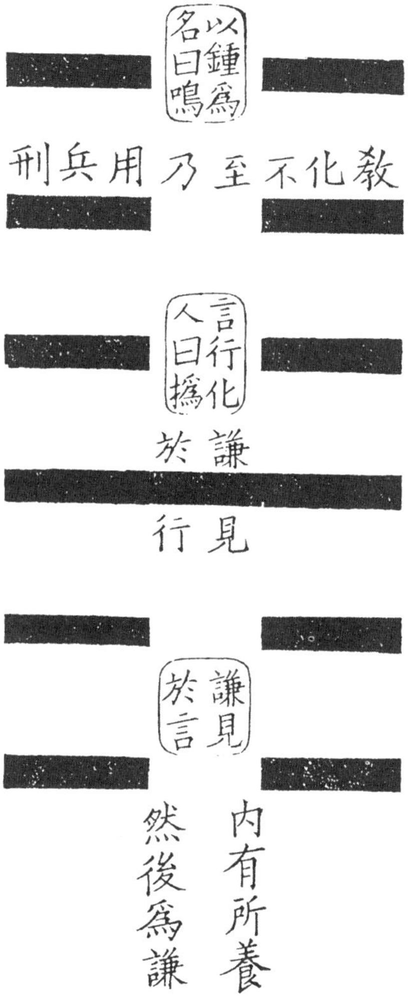

艮居寅，属木，仁也。坤居申，属金，义也。故五上有杀伐之象。谦者，以至诚为本也。言心声也，不情之言，则不出于诚，非心之本也，是为伪也。故鸣谦居中者为至诚，居外者为不情，是以谦而内好胜也。

豫象之图

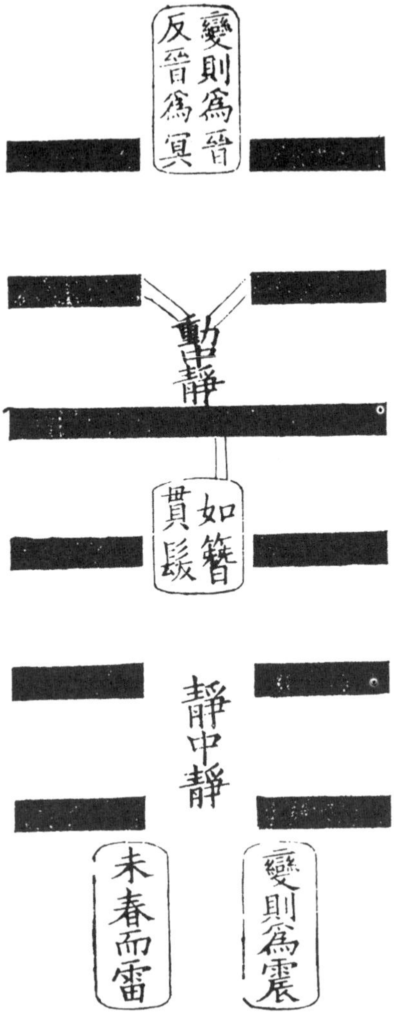

震居坤下，是谓一阳之复，天地之心也。今出于坤上，是谓出治之豫，亦天地之心也。坤中之爻，静中之静也，故曰“介于石”。震中之爻，动中之静也，故曰“贞疾，恒不死”。

随卦系失图

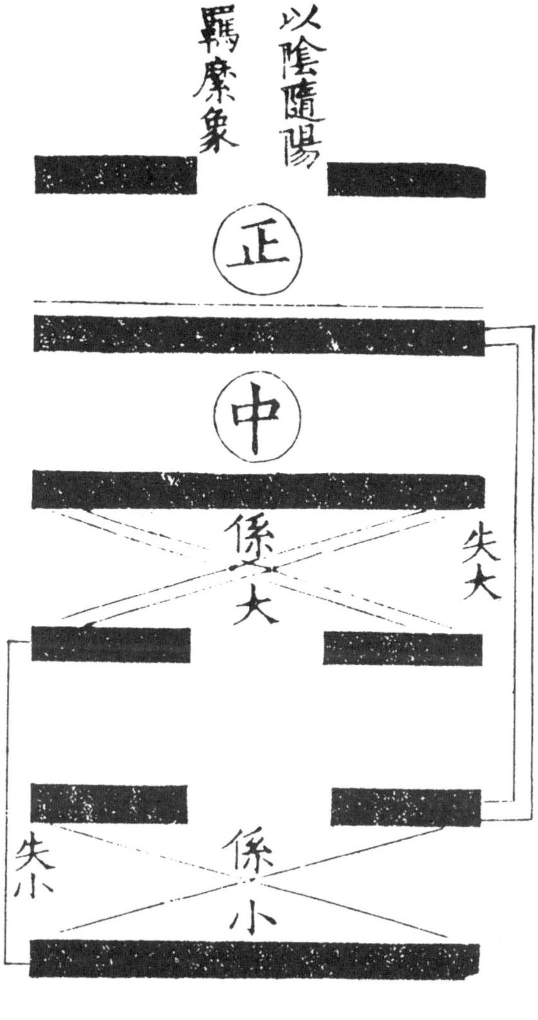

自震达兑，由东徂西，春作秋成之义也。夫是之谓随，阳自阴中而起，阴随阳动也。阴来迎阳而说之，阳随阴聚也。故兑之上爻，有羁縻之象。

蛊象之图

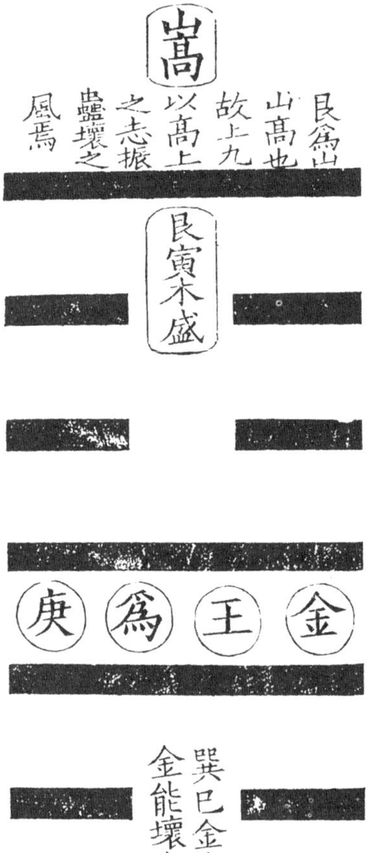

巽居巳位，金之所生也。至酉金王，而巽之功成矣，故巽五爻言庚。今在艮下，犹居寅位，木之乡也，故言甲。甲庚分子午之位，循环无穷，行权之道也。金克于木，今居于木下，是蠹生于木中也。有蛊，自然之象。上九居山之高，有高上之志，足以振蛊坏之风，使懦夫有立焉。

临象之图

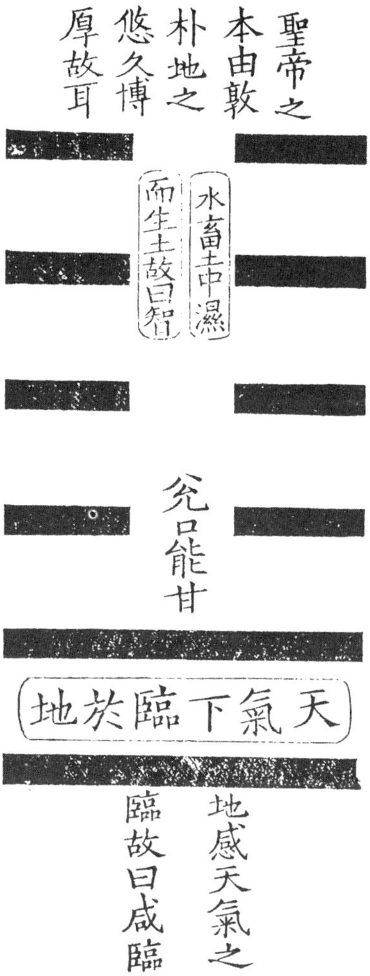
聖帝之
本由敦
朴地之
悠久博
厚故耳
水畜土中濕
而生土故曰智
兌口能甘
天氣下臨於地
地感天氣之
臨故曰咸臨

临卦之象，本指为人主者，以临乎下也。临下之术，在施德于下，而存心于上。施德于下，则二阳在下，如天气感地焉。存心于上，则行中以智，而敦朴为先，如高明柔克焉。彼兑口之甘，是区区能言而不能行。如王者空降诏谕丁宁，而仁泽实不行也。何足以论施德存心之道哉！

观国光之图

四阴生，阴侵阳之卦也。比之于阳侵阴，乃大壮之理也。不曰“小壮”，而曰“观”者，阴顺巽而无侵阳之意也。下既顺巽，上必以中正，然后足以使下观而化焉。下观而化矣，则安有侵阳之事乎？

噬嗑身口象图

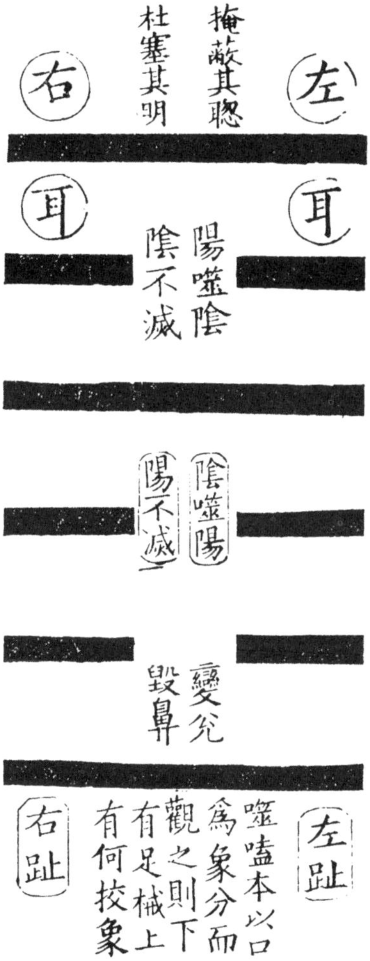

噬嗑本以口为象，而趾、鼻、耳、目亦系之者，盖一身赖口以为养也。养之有道，噬嗑之福；养不以道，噬嗑之祸。祸多福少，小人贪嗜者多也。噬嗑，先电而后雷也。电扬而雷震，舌动而齿咀，此自然之理也。噬嗑与贲，皆颐中有物。一为贲，一为噬嗑者，噬嗑得颐之下动，贲得颐之上止。惟下动，则噬嗑矣。

贲天文之图

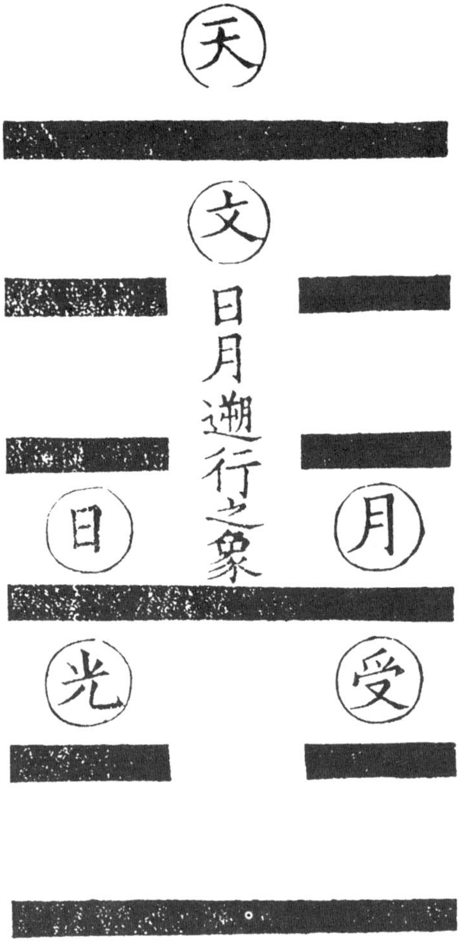

柔文刚以成离，离为日，日运于天，其亨之意也。刚文柔以成艮，艮山也，山不动，而云出为雨，木伐以为用，其小利有攸往乎。然孔子皆谓之天文，而不及地者，盖观象以作象也，象有日月遡明之象也。日月因遡明而合朔，朔晦相循而四时成矣，此所以察时变也。离有继明之意，而贲变离之四爻，日月相抱持也，此所以为天文之要道焉。

剥为阳气种图

复卦之下阳，即剥之上阳落于地也，故有“硕果不食”之象。其阳气之种乎？所以乾为木果，而生木于亥也。亥者，乾之位也。木有生而未芽，芽则生子者，孳也。未芽之果，本于剥上之阳，如果在木末焉。

复七日图

乾坤交於亥而生陽於子
老陰數六少陽數七
數中於五六成於十過則爲七與一焉

爻位者，实数之六也。太极者，虚数之六也。虚数之六，本于含三之积算。含三之积算，本于圜物之径一。故天下之数十、百、千、万，莫不出乎六。六数进则为七，退则为五，是五为六之未盈，六为五之已满，过则为七矣。六为极矣。

一阳生，则七日来复也；二阳生，则八月有凶也。七为少阳，八为少阴。日为震，月为兑。临虽阳长，而实得八兑之数也，故曰“有凶于八月”也。复卦一阳来复，曰“七日”者，盖坤阴极于亥，六数尽于一，复出于坎，并而得七也。数周六甲，运周三统，而复为元，亦“七日来复”之义云耳。

无妄本中孚图

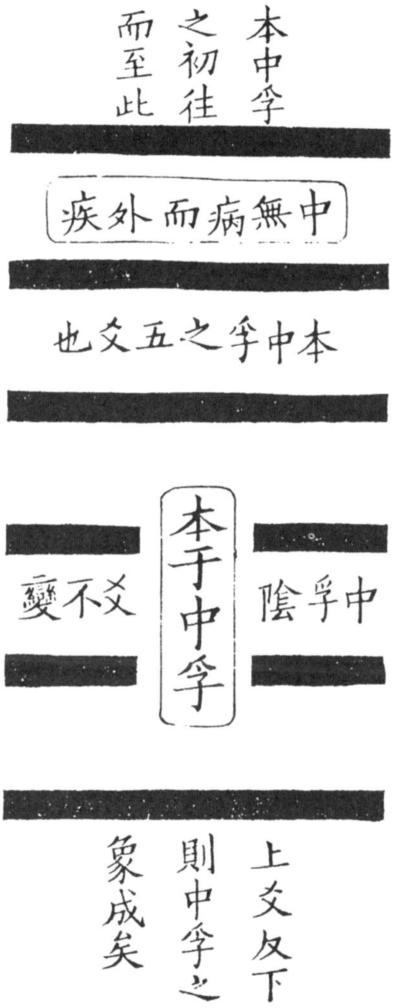

本中孚之初往而至此
中無病而外疾
本中孚之五爻也
本于中孚
中孚陰
爻不變
上爻反下則中孚之象成矣

中孚，信也；而无妄，亦信也。中孚之信，其自然之诚也。无妄之信，是或使之也。故曰：“刚自外来，而为主于内。”诚信之道，本自中出；而中者，亦中之为主也。今反自外来，而为内主，安得自然哉？以异乎中孚也。

颐灵龟图

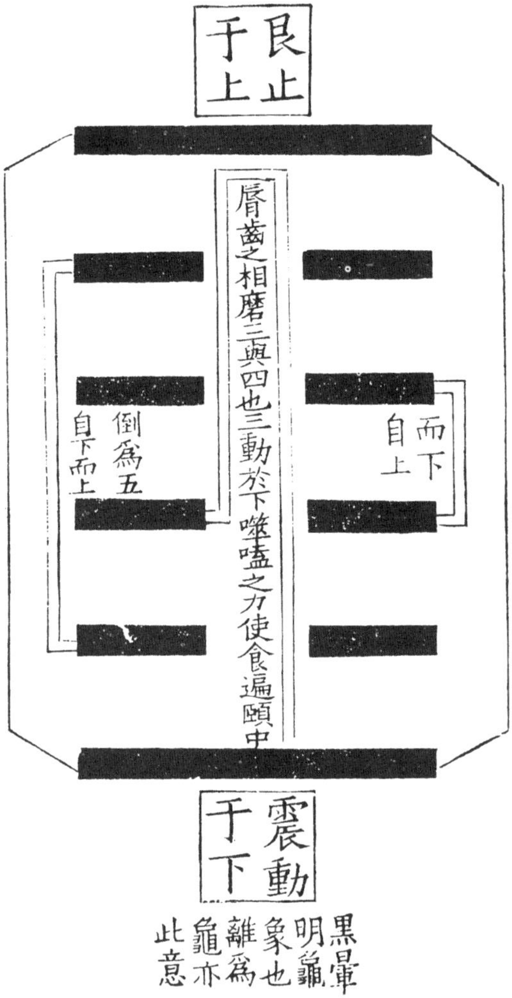

颐中虚，虚则灵龟之象。君子见之，以灵龟自警；小人见之，以朵颐垂涎。三为下齿，噬之动者也，故凶甚于二、五。三之所以动者，因初有震象耳。

大过栋隆桡图

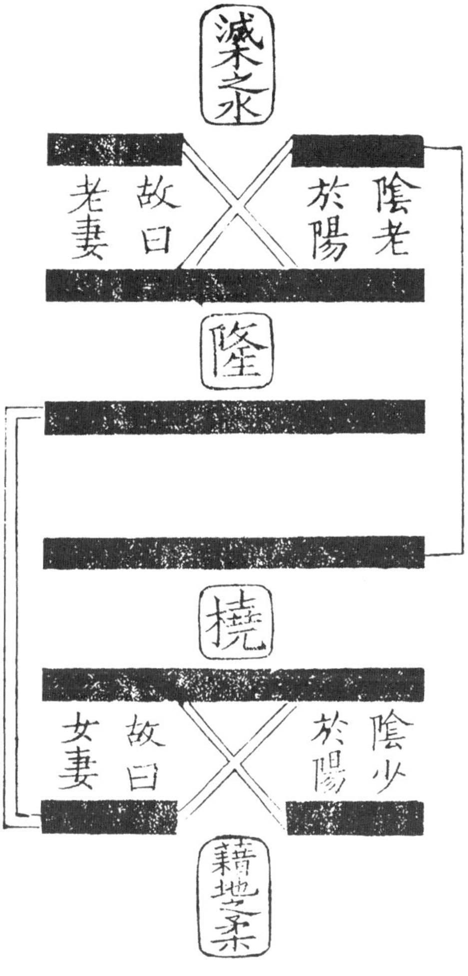

大过一卦，吉凶在初与上也。栋之隆，以应藉地之茅，慎之至也。栋之桡，以应灭木之水，乃大过也。故“大过”之繇辞见于九三也，阳气骄为大者过。九二配以少阴，故能发生枯杨之稊者，杨之芽梯耳。九五配以老阴，发生之理穷矣。遂有枯杨生华象，象杨不能结实，为萌芽也。

习坎行险图

坎之象曰："维心亨。"是心无善恶之思，无喜怒哀乐之动。一入于习，则同者变为异也。故坎卦始终，象小人习险，以自陷其身，戒人用心之恶也。且阴阳者，善恶之端也，动静之分也。心之动，则恶萌矣。阳动而阴静，阳善而阴恶。六三以阴居阳，所以为恶之大也。又陷于二阴之中，是染习皆恶也。六四以阴居阴，静之至也，是复性而反诚也。又居于二阳之间，是染习皆善也。故樽酒、簋贰、用缶，有简率敦朴之象。二五虽以阳中，然未免陷二阴之党，染习之气不能免也。孔子所以指之以未出中，中未大之象也。

离继明图

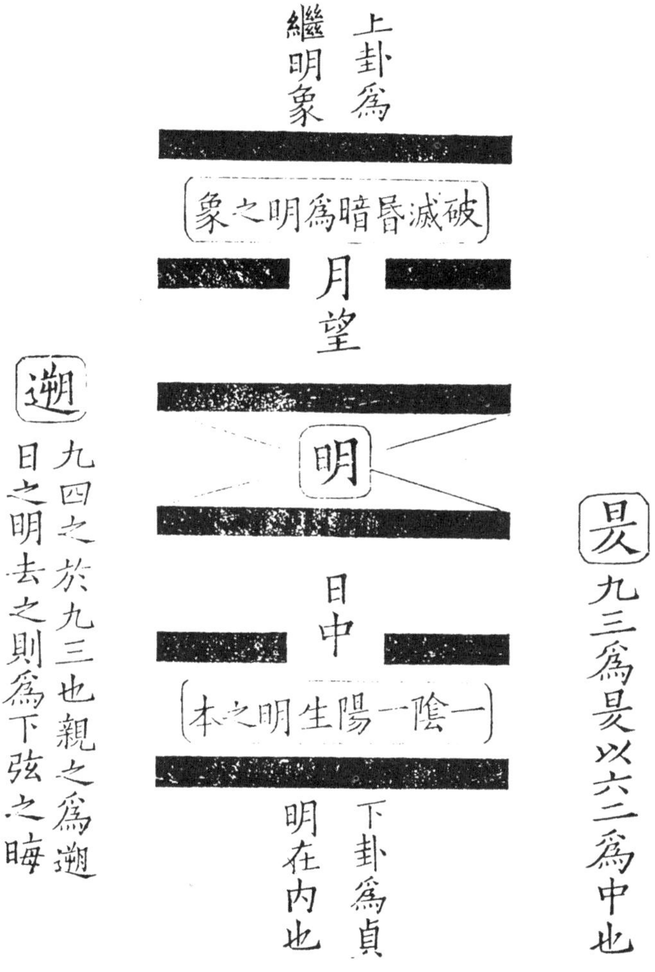

下卦离之贞也，上卦离之悔也，是下卦为贞明，而上卦为继明也。月者，遡日以明也。合朔之时，月包于日，而后遡其明也。此上卦所以包下卦，有日月遡明之象也。离为日而不为月，在重离则月象生焉。故曰“明两”也，又曰“日月丽乎天”也。六二黄离，是自中而明也，所谓“诚明之性”也。六五有哀悲之象者，是既望之月，而将远于日也，亦明极而晦生也。

咸朋从图

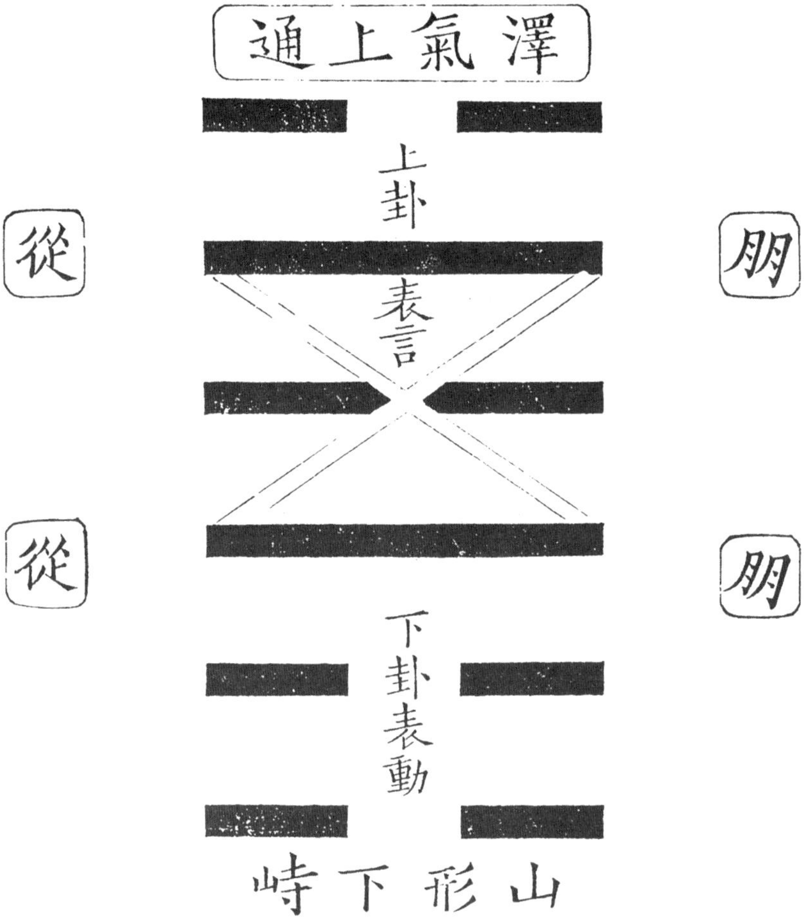

一气居中，故泽之云蒸于山，而山之泉入于泽，是山泽之相感也。卦有三阳，而九四居中，中心象也。惜乎朋于二阳，未免有意有必，有固有我，故憧憧而往来也。九五上连于上六，是用在上六也，故上六为颊、舌，而五为脢。九三下连于六二，是用在六二也，故六二为腓，而三为股。股随腓而动，脢则不随颊、舌以发言，此吉凶所以异也。

恒久之图

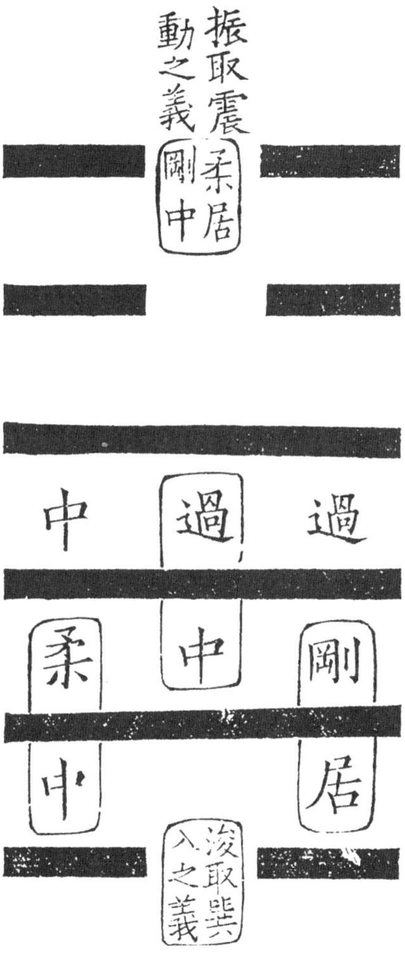

六爻惟取九二一爻，得一刚一柔之道而居中，孔子与之以能久中之象。六五虽一刚一柔而居中，然与共天位者亦柔也，故有妇人之贞从一之象，所以异于二矣。九三以刚居刚，动而过中，不恒之象，固不待言也。初、上二爻，一浚以趋下，一振而向上，皆迷途之甚者，不得其中，故凶。

遯象之图

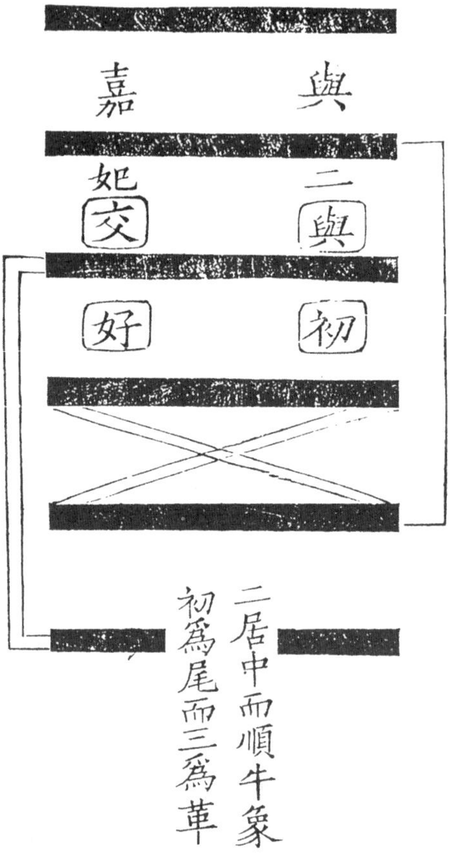

二以中顺之德，而取象于黄牛。牛之所以能负重者，革之坚也。牛无革，则机上肉耳，何能为哉？九三以刚居外，有革之象，三苟随乾以遯，则二遇祸矣。此所以劝其执之也。四阴以九居之，下应于初六，故曰“好”。好者，交好也，是阴位下交于阴爻也。五阳以九居之，下应于六二，故曰“嘉”。嘉，妃也，是阳位之阳爻下妃于阴位之阴爻也。阴妃于我，交于我；小人不可交，则与之绝，此所以吉矣。妃则吾正偶耳，是不能绝也，故但正其志焉。吾之志正，则淫邪非僻不能入矣。此所以为“贞吉”云。

大壮羊藩图

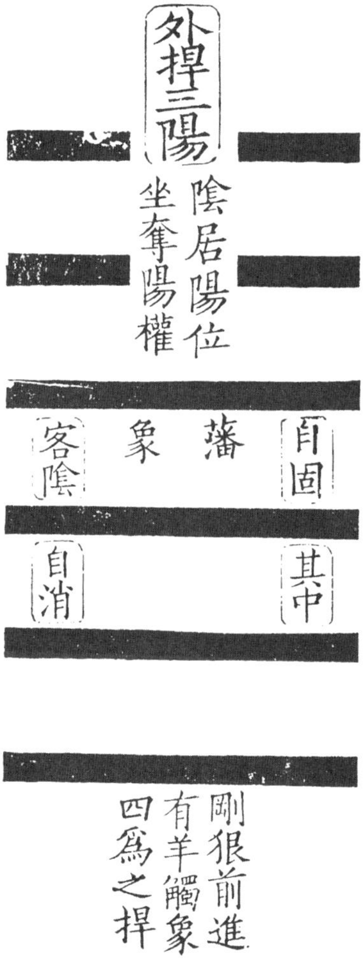

大壮之卦，下累四阳，有栋宇基兆之象，故云“壮”也。其卦上震下乾，震为苍筤竹，故有藩象。乾之九三变则入兑，故有羊象。兑西而震东，卯酉正冲，故有羊触藩之象。初者，羊之足趾也。羊以角触，而趾用其力；角羸，则趾困矣。九四实吾之同类，苟决其藩以开大塗，容羊进而羸之，则下三阳反为壮舆之輹矣。此九二、九四所以有贞吉之繇矣。

晋康侯之图

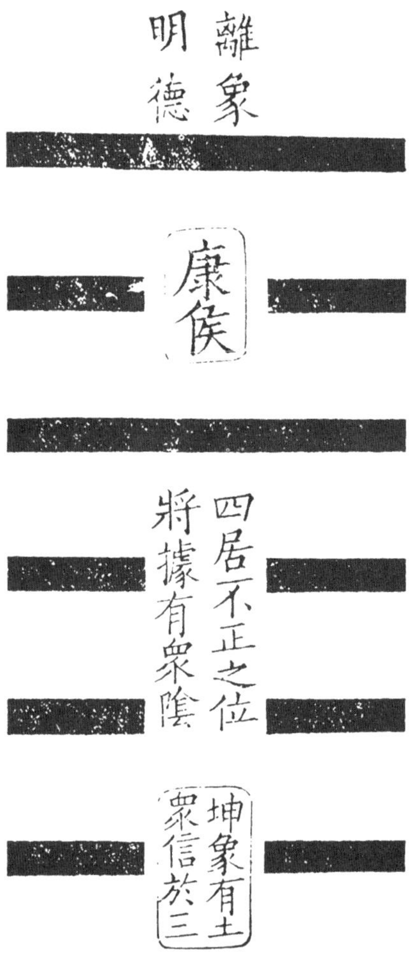

八卦之象，乾实为马。晋以坤之贞，而阴爻居五位，岂有马象哉！盖乾锡之马耳，因锡马以致蕃庶，诸侯之象明矣。《易》以“明出地上”象诸侯者，以“火在天上”为大有，象天子故耳。天子与诸侯，皆南面之君也，必有明德以安民。民安则位安矣，故曰“康侯”也。

明夷箕子图

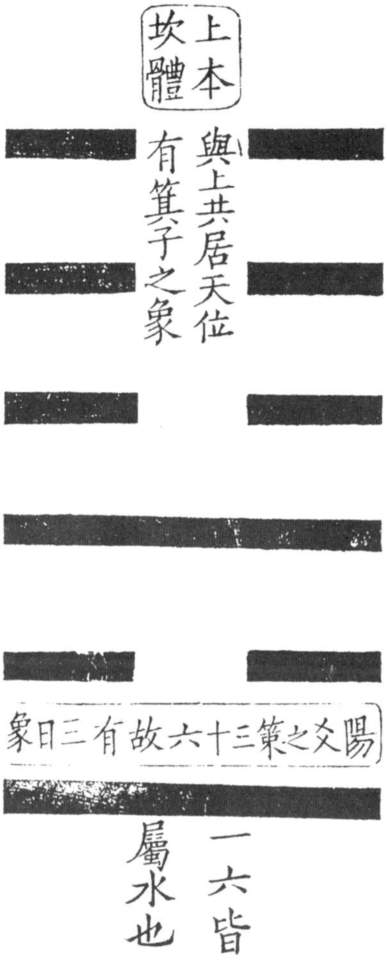

明夷之卦，圣人赞之以《象》。《象》最显最著，于人事最明。五为箕子，则上为纣矣。九三有“南狩”而得“大首”之辞，岂非武王乎？“拯马壮”者，又岂非武王之辅相乱臣乎？六四本坤画，而下与三同居人位，又岂非微子、太公之归周乎？初九与上六同乎坎水，将飞而翼垂，将行而糇粮不继，岂欲拯之而力不能如伯夷、叔齐之徒乎？

家人象图

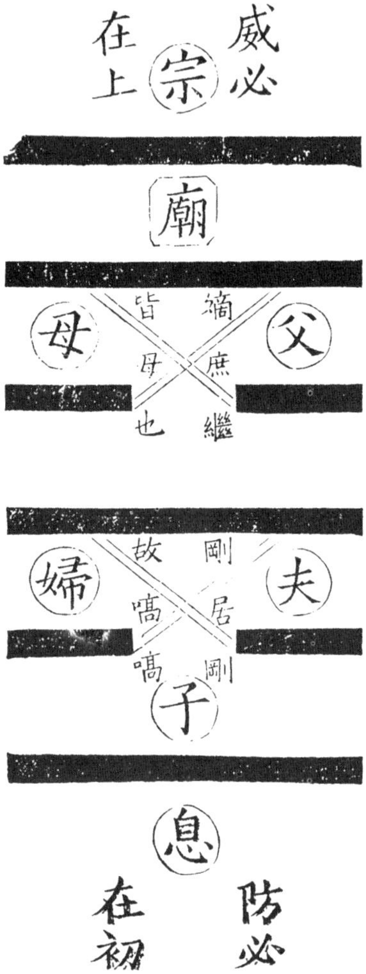

或问文中子家人之象。子曰：明内而齐外，盖离、巽之卦也。然象在一阴一阳，相妃于中，有父母夫妇之意，本于夫子之象。焦延寿以上爻为宗庙，五为君；今用之于家人，则君位为父矣。孔子曰：“家人有严君焉，父母之谓也。”

睽卦象图

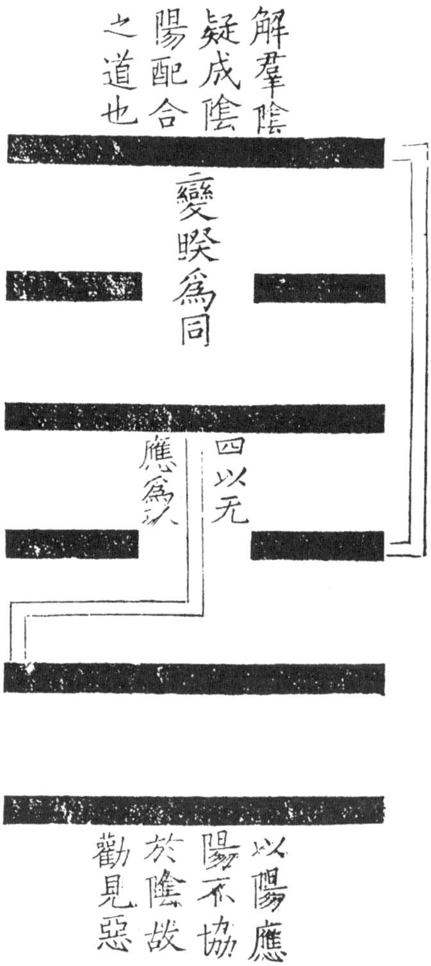

睽之为卦，六爻相疑者，阴阳相疑也。阳居阴位，是以位相疑。二应五而五连于上，上应三而三连于二，是以应相疑。疑则睽而不合矣，故圣人于六爻之辞，莫不解其疑也，而使阴阳各安其位焉。所以睽卦物象，比之他卦最盛，盖欲尽意而已。

蹇往来之图

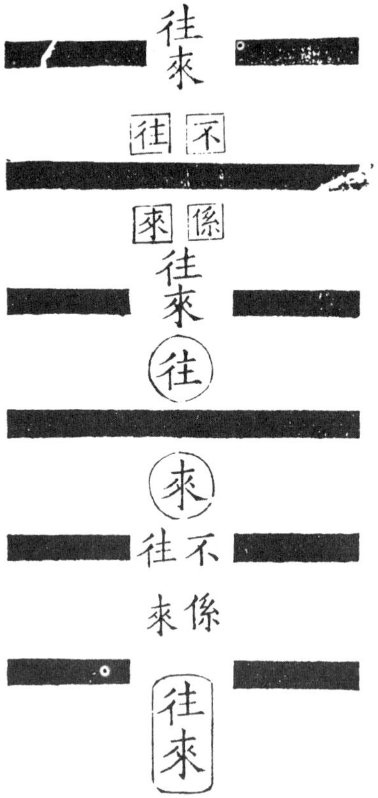

蹇之二阳，皆陷于阴中，故曰“蹇”。蹇之象，往来者四，而不系往来之象者二。四者皆失中，而二者皆得中也。圣人得中道以自养，故虽处蹇中，而素患难，行乎患难也，何往来之有？五在上位之中，是得中而居上者也。善处蹇而不陵下，使人乐归之，此所以致朋来，而不终孤立于险中矣。二在下位之中，是得中而居下者也。善处蹇而不援上，匪其躬而自任其责，此所以致终无尤过，而获应于上矣。三阳之失中也，故劝之反身修德也。四阴之失中也，故劝其连接乎二阳也。初在下，故勉之以养其声誉，而无苟往。上近五，故勗之以就于充实，而从大人，如四之连耳。

解出坎险图

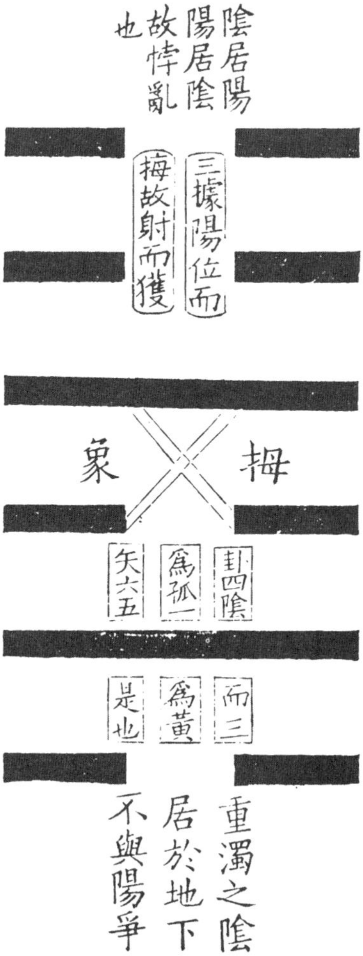

坎中之一阳，即震下之一阳，始包于坎中，既而出于坎上，动而震上也，若果核之仁变而为芽也，故曰“得黄矢”。矢者，中直也。中直，则芽达矣。解之为卦，阴阳悖乱而不当其位，上爻故有解悖之象，震之在坎也。君子屈蛰于下，混迹于小人之时，而发生敷布之心不忘也。一旦脱迹而去，遂伸其志，此九四之与六三所以有“解拇”象。

损益用中图

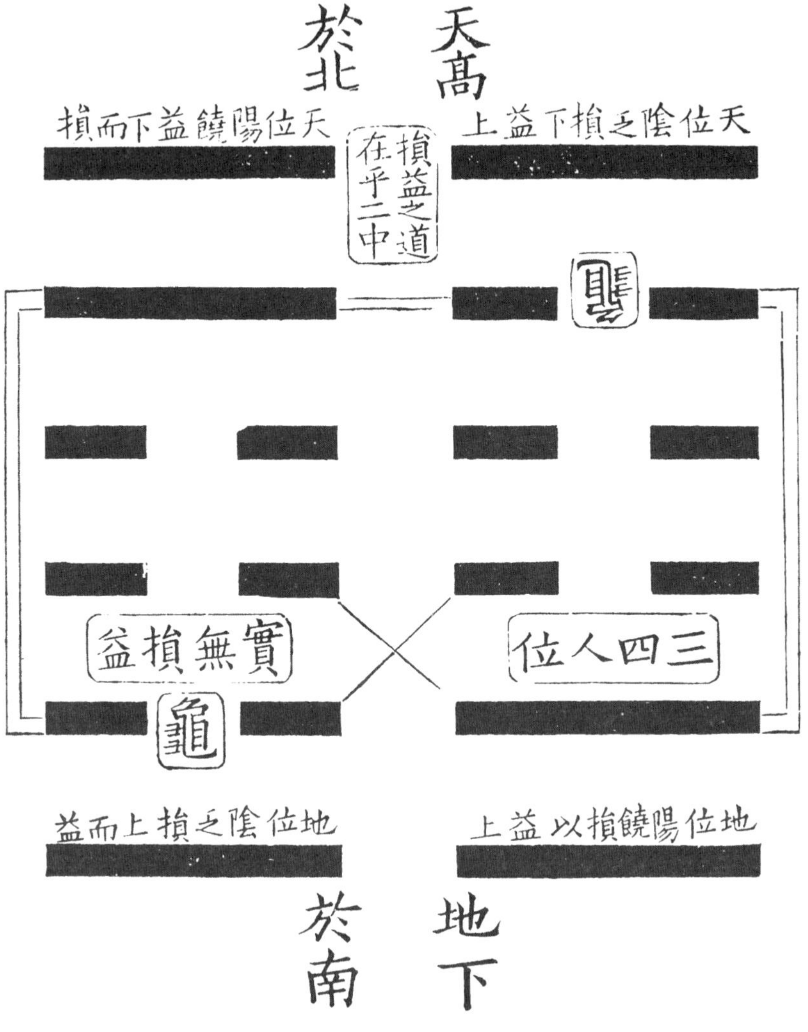

二卦之象，皆言“与时偕行”；二卦之爻，皆言“十朋之龟”。言时者，谓时当损而损，天下不以为俭啬；当益而益，天下不以为骄奢也。言龟者，谓龟筮协从，臣民无逆也。

夬决之图

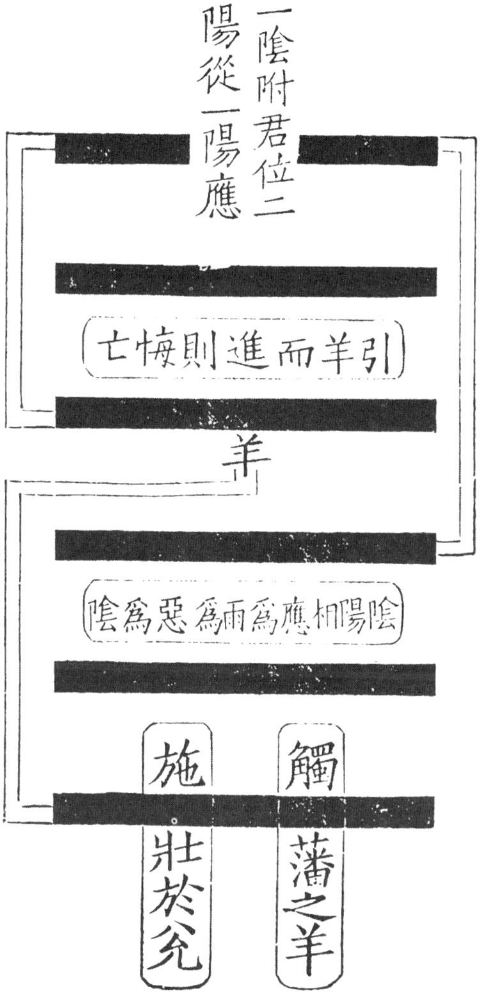

五阳而决一阴，五君子而去一小人，不为难矣。然阴附五位，五与四皆属之，是谓兑卦。所谓包阳之阴，挟君子之小人，所以难决难去耳。大壮之羊，施壮于震。震，同类也。夬之羊，施于兑。兑，非类也，变坎则与同。此四爻所以有牵羊之象，此三爻变有羊象耳。

姤遇之图

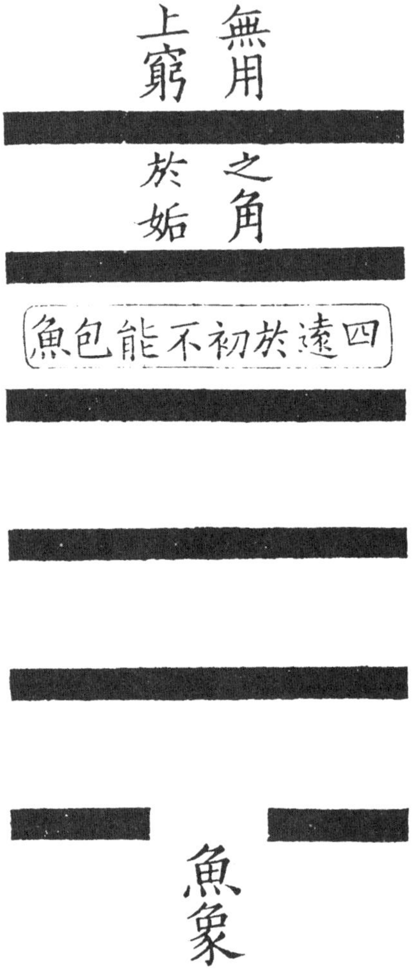

初与本爻观之，则有豕象，而九三突其臀。初、二、四观之，则有鱼象，言阳包阴也。于九五观之，则有瓜葛滋长之象。姤本乾也，一阴变其初，有龙反化鱼象，龙化鱼而角无用矣。此姤之角，所以上穷也。乾之一阳，起子而终于巳。巳实居巽方，是乾之六阳与巽相遇于巳位，而巽之一阴遂萌矣。此一阴之生，故名曰“姤”也。

萃聚之图

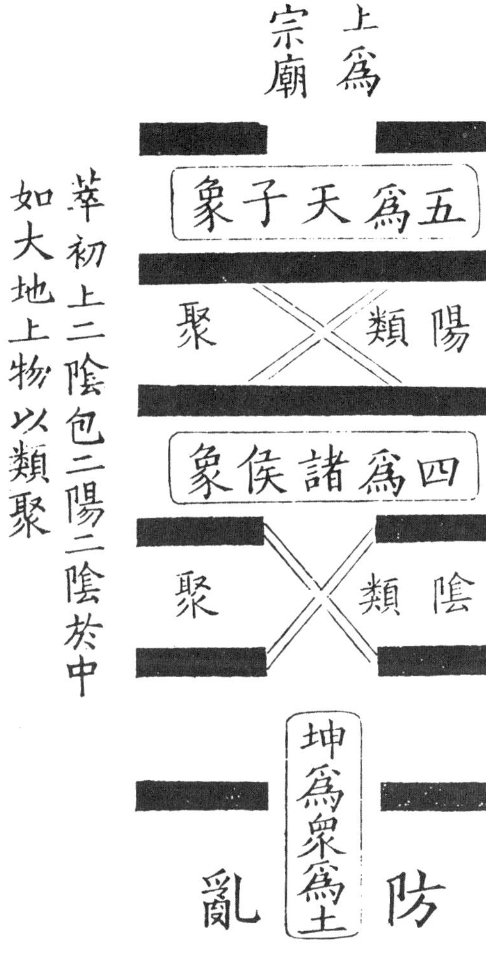

萃之成卦，则物各以类聚。而阳居南面之位，一为天子，一为诸侯，下统三公、二十七大夫、八十一元士。上奉宗庙之严，防众乱之道，寄于初爻；惩失众之象，寓于上画。萃者，物之秋成而后萃也。秋本主于兑，兑卦本以上爻为主。今西南之坤气，运至西方，而阴画众矣。故二阳统之，而上爻失众焉。

升阶之图

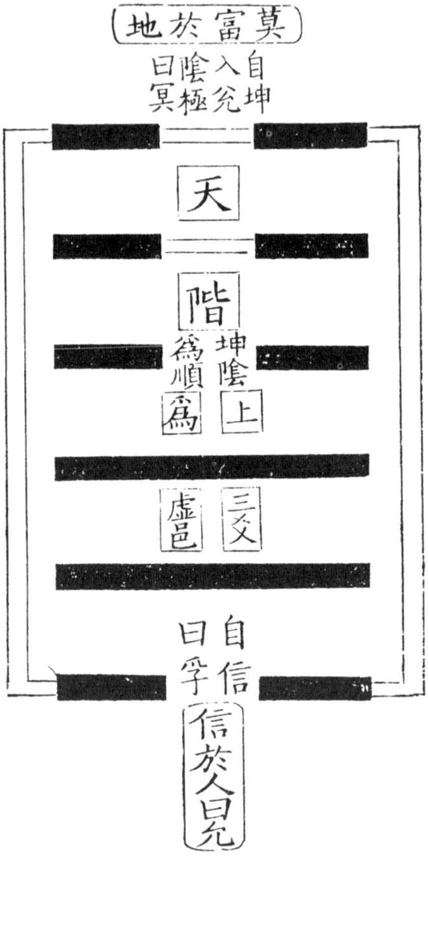

巽下之一阴，与坤之三阴一体也。阴沉滞，而阳升腾。升腾者，二阳也。初附二阳而升，二阳又与之一体，故有允升之象。允者，见信于人。

坤用事于亥，而亥亦木之生，而未成形者也。至于子位，则震居坤下，震亦木也，是木之始芽根耳。若巽居坤下，则有二阳，非震一阳之比，故曰“升”也。升居丑位，及乎卯，则木王矣。外卦以位言也，而五天位，是不可以阶升也。然贞者，正也。尧、舜、禹、汤升天位以正，如升阶焉。不以贞者，宁免于颠跻乎！

大易象数钩深图卷下

困蒺藜葛藟株木图

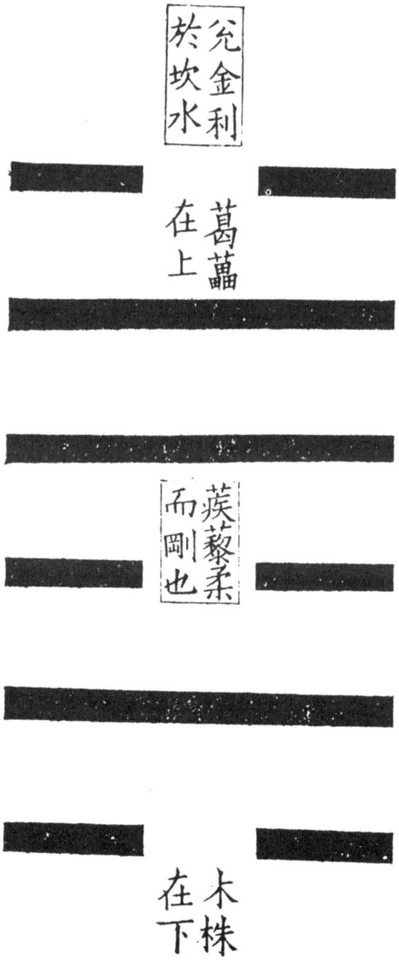

困之为卦，属乎九月兑气用事，而临于戌土；泽水为土所壅，故《大象》曰“泽无水，困”也。困因兑、坎相重而成也，兑正秋，而坎为冬。兑之一阴，象乎始得秋气而蔓草未杀，故为葛藟之困。六三则秋冬之交，蔓草叶脱而刺存焉，故为蒺藜之困。若初六则在坎之下，正大寒之时也。蔓草为霜杀而靡有孑遗，而所存者株木而已。此困三阴爻，故系以草木象也。

井鼎水火二用之图

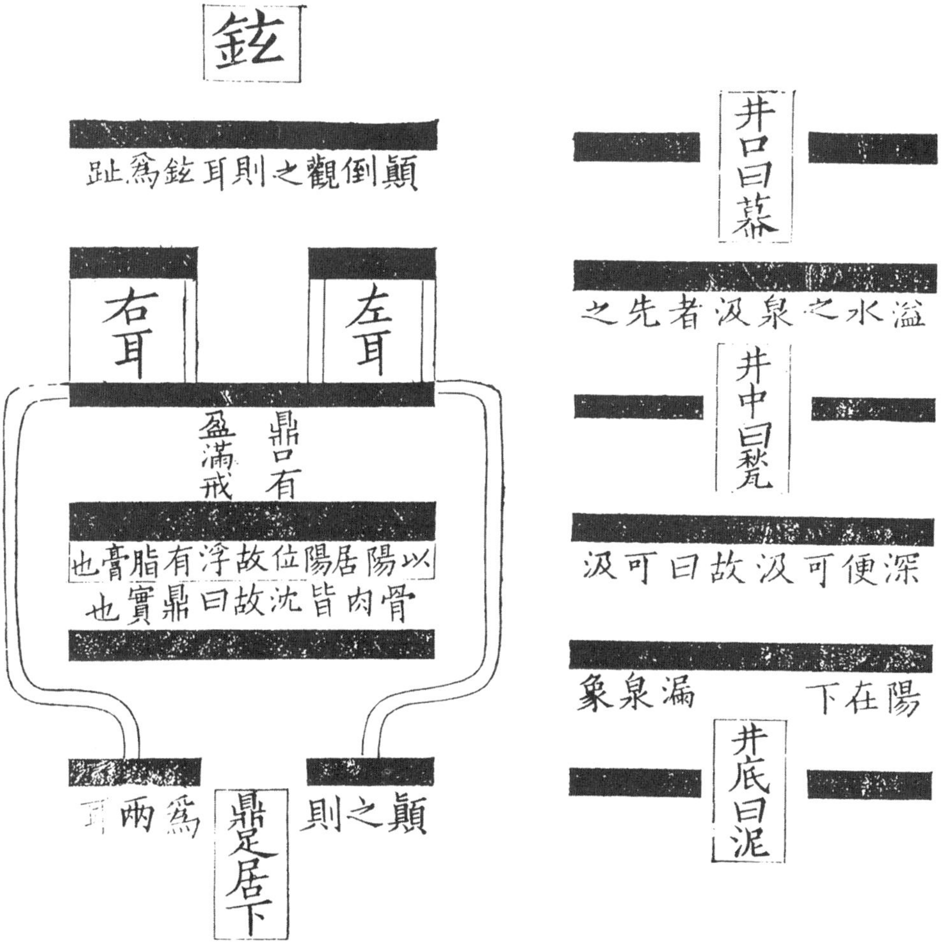

井以阳为泉者，水因天一之阳而生也。坎中之阳，出于坎方寒泉也，所谓北方生寒，寒生水之义也。故又曰“太阳寒水”。巽之二阳，一在地位，而趣下是谷，而非井矣。一阳虽在人位，居甃之下，汲之不及，不若五爻浮溢于甃上也。井欲溢，而鼎戒盈，此德为器之辨也。鼎卦铉、耳、趾皆全，而趾欠其一，所以初爻言“鼎颠趾”，言鼎倒而趾在上也。下一阴反有两耳之象，五爻故曰“黄耳”，以别初焉。

革卦炉鞴鼓铸图

革虽有鼎鬲，革生为熟之象，然以炉鞴之象为正。盖以离火鼓铸兑金，而金从革也。革而后鼎者，以鼓铸而成鼎也。夏后氏铸鼎，而汤、武因之，以宝其器，故有“汤武革命”之象。

震动心迹之图

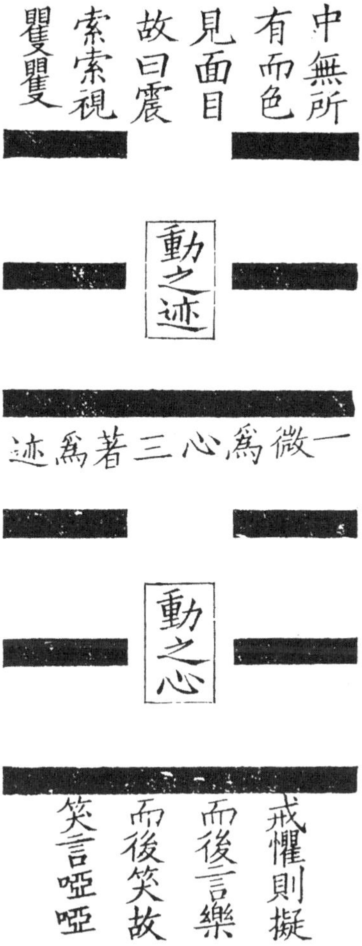

震之六爻，初劝之以有戒惧之心，而后言笑；二又戒之以“丧贝”而“勿逐”，是欲人内无妄动于一心，而外无贪其利也；三爻则言“震苏苏”，是欲人修慝而辨惑，无终入于迷塗也。皆动心之要也。外卦论动之迹，故四言“遂泥”，以表事之凝滞而不决；五言“无丧”，以表事之成；上言“征凶”，以表事之败。

艮背象之图

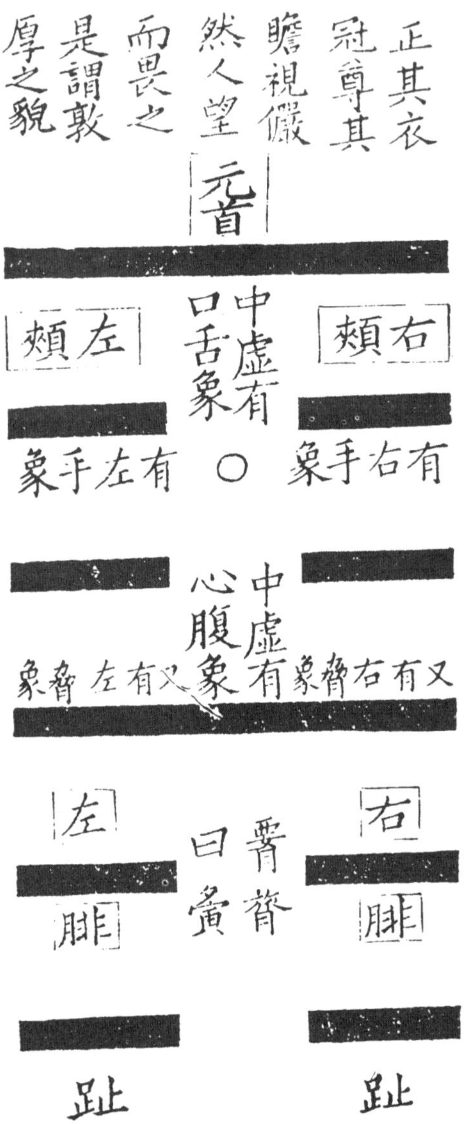

正其衣冠尊其瞻視儼然人望而畏之是謂敦厚之貌
元首
右頰
左頰
中虛有口舌象
有右手象
有左手象
中虛有心腹象
又有右脅象
又有左脅象
右
左
膂脊曰夤
腓
腓
趾
趾

艮之象，言辅、颊不言口，言身不言腹，言夤、限不言跻，[①] 有背面而立之象，故曰“艮其背”也。统一卦而观之，下不分其腓、趾，上不别其身、辅，四阴排布，宛有背骨之状。上一阳为肩膊，中一阳而为脊膂也。脊膂，取其贯中而已。艮之九三，艮之主也。以阳居阳，其性躁动。譬之于腰焉，俯仰罄折，起居行止，莫不因之；然其运动，实系于心也。故圣人系之以“薰心”之象。六二以阴居阴，其性静矣，有腓象。心欲动而腓不能举行，其心安有快意乎？故圣人又系之以“其心不快”之辞。

① 四库本作“脐”。

鸿渐南北图

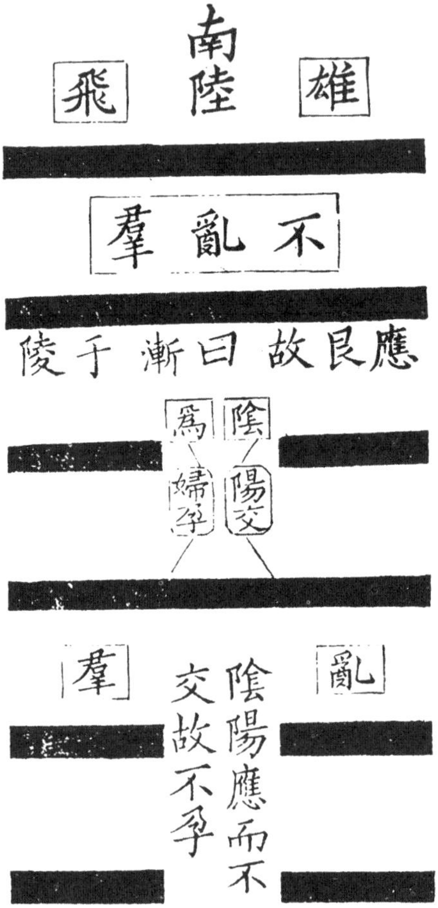

渐卦，下艮而上巽，时当正月立春之后，鸿渐来之候矣，故六爻皆系以鸿也。鸿者，随阳之鸟，而艮、巽限乎子、午之阳，方系之以鸿，岂不宜哉？三居艮卦之上，上居巽卦之上，是南北二陆也。三以一阳限于群阴之阃，当鸿雁北来之际，鸟兽将孳尾之时，故有夫征妇孕之象也。三与四，气交于人位，故孕也。若五与二，一居于天，一处于地，远应而雌雄有别，故不孕耳。

归妹君娣之袂图

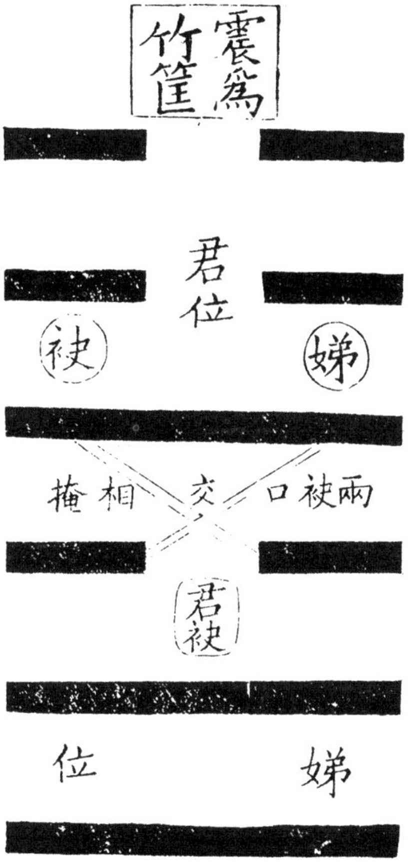

震为苍筤竹，下实而上虚，筐象也。归妹之卦与泰相类，而人位二爻两相交互，有掩袂之象。人之一身，左阳而右阴；阴阳之交，如两袂之交也。娣位乎下，其画阳也；君位乎上，其画阴也。《易》以阳善而阴恶，阳贵而阴贱，此君之袂不如娣之袂矣，盖以归妹妄行非正也。其卦乃迁东方之阳，以就西方之阴，是震气入于兑，木为金之克制也，故必"月几望"而后吉。月望，则阴敌阳，有少陵长、贱易贵之变矣。所以归妹之繇唯曰"征凶，无攸利"，以行不以正者，非圣人之事也。

丰日见斗之图

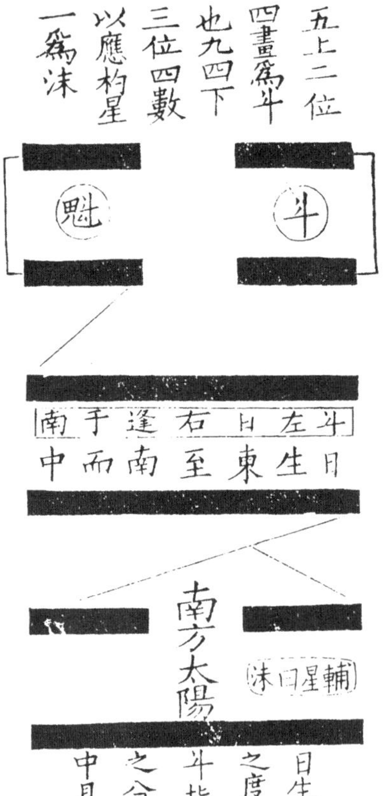
五上二位四畫爲斗也九四下三位四數以應杓星一爲沫
魁
斗
斗左日右逢于南
日生東至南而中
南方太陽
輔星日沬
日生柳宿之度而北斗指午未之分故日中見斗

伏羲画震于东，而置离于南方者，表少阳之气动于东方，太阳之明盛于南方也。文王以震重离，遂名曰“丰”，言少阳之震运至于南方，合太阳之离明，而为丰盛耳。所以文王于丰繇，明盛极必衰之理，曰“宜日中”；于丰爻，明明极必昏之理，曰“日中见斗”与“沬”也。文王所系卦爻之辞，唯日与斗也。孔子之彖，遂论及月，何哉？盖丰卦在五、六月之交，日在柳宿之度，而斗指午、未之分。柳宿之度，实通三辰，故有“见斗”之理。

旅次舍图

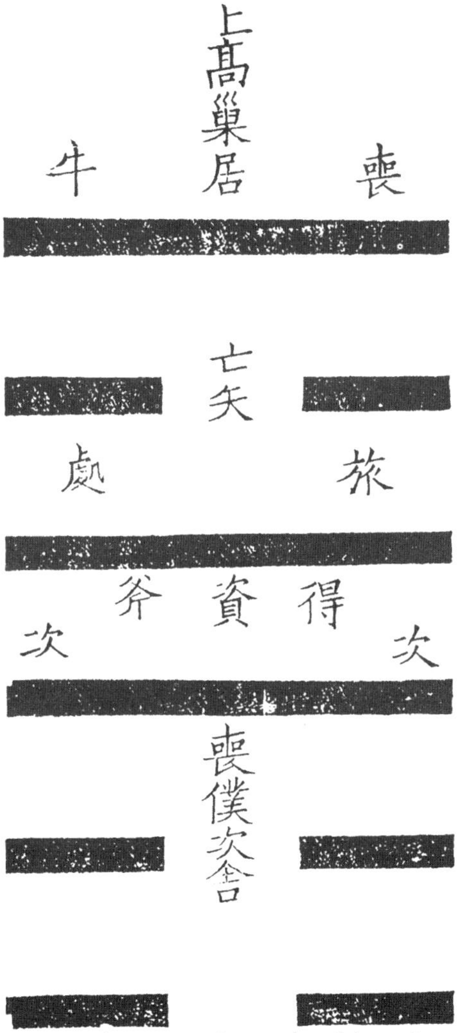

爲利而旅故瑣瑣屑屑也爲道而旅故得資斧而心不快

六二以中道，遂怀资“得童仆”。九四以刚柔相济而有应，遂“得资斧”。皆近利，不若六五也。离之所以明者，顺以行其智也，故曰“畜牝牛吉”。上九之“丧牛”，是丧其明也。旅当夬之后，乾之前也，阳盛皆客气，所以反曰“旅”也。旅之上九得势而主权者，寄一身于炎炎之上，而不知有“焚巢”之祸。九三趋炎而躁进，而不知有“焚次”之灾。六二、九四虽以柔道而旅，或“怀资”，或“得斧”，获利于时；而二必以身而后免过，四之心尤不快也，岂非戒旅以求利之事乎？若六五者，始以离雉有文明之美，而“射”之，而“亡其矢”，而“不获”，是道不行而利不得也。

巽床下图

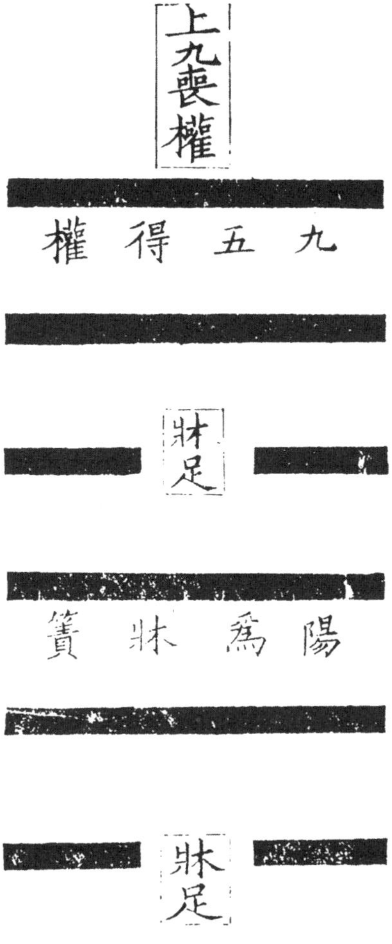

巽以阳为床箦，而以阴为床足者，以床下有足之象；四阳行列，有箦之象也。九二床之东壁，而上九床之西壁也，故皆云“巽在床下”，以床足附之也。九五为龙飞，而为虎变者也。飞龙为甲，虎变为庚，是以一气之变更耳。上九“丧斧”，刚过也。九二“用史巫”，刚中而未得位也。九三之“频蹙”，又无位而失中也。由是观之，则权以有位而得中者行矣，非九五而谁乎？

兑象之图

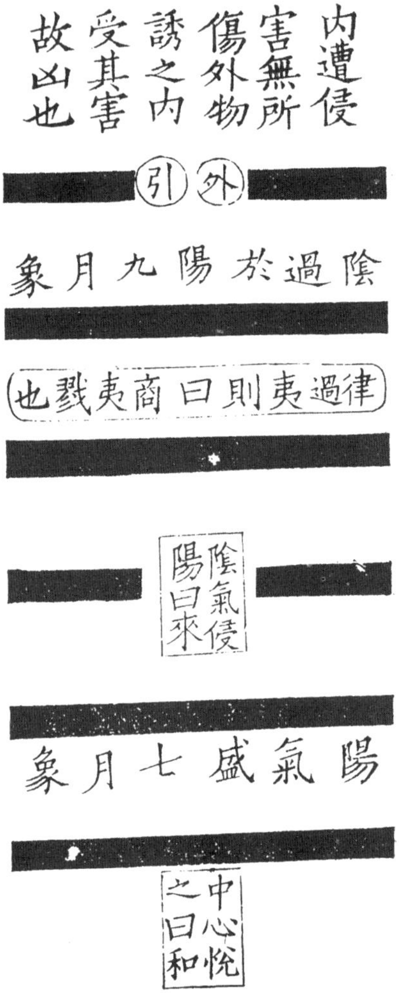

坎之初六，主于冬至。离之初九，主于夏至。震、兑之初，则主于春、秋之分也。故以兑之下二爻阳气犹盛，为七月之象；中二爻阴阳中分，为八月之象；上二爻阴过于阳，为九月之象。此兑卦所以四爻为言商兑，以见震角、离徵、坎羽之音。五爻言孚剥，以见震、夬、离、姤、坎、复之理也。

涣躬之图

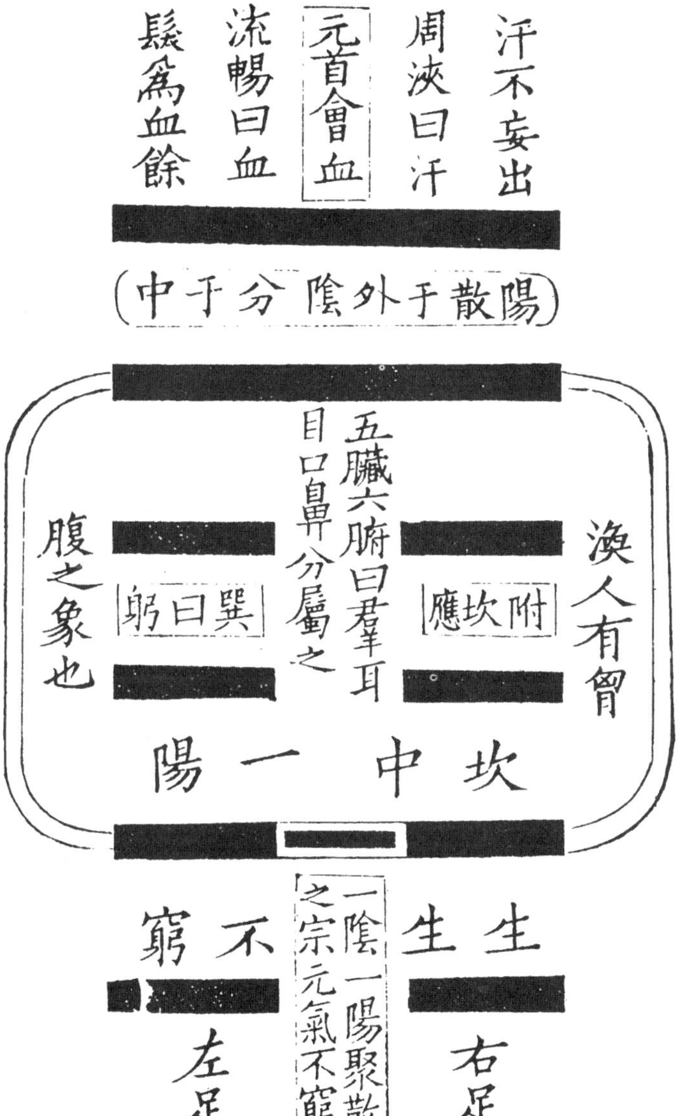

汗不妄出
周浹曰汗
元首會血
流暢曰血
髮爲血餘
陽散于外陰分于中
五臟六腑曰君羣耳目口鼻分屬之
涣人有胷
附坎應
巽曰躬
腹之象也
坎中一陽
生生不窮
一陰一陽聚散之宗元氣不窮
右足
左足

一阳生于子，而六阳亢于巳。子属坎，而巳属巽，以巽重坎，所以为涣也。涣者，散也。卦气当夏至之后、大暑之前也，是阳气散于外也。阳虽散于外，而有生生不穷者在其中，是坎中之一阳也。一元之气，是坎中之一阳也。阳主气，阴主形。一阳散于外，故言“汗”、“血”也。二阴分于中，故言“群”、“躬”也。躬分而为四支，群分而为五脏六腑形也，是皆一元之气分散而成也。人之生也，本于元气。元气出于坎水，是为天一之精也。蒸而为汗，流而为血，以养四肢五脏。

节气之图

上嗜下慾皆
焦味苦
可節故也
得中爲甘
陽氣通暢于内
兌金生坎水象在位
陰陽調和于外
離火下革
兌金兌金
上生坎水
金光相敵
而水焦矣
水焦故苦
故曰苦節

巽之上爻，兑之下爻，变皆成坎。坎气蒸上，为巽木之枝叶润也。坎气下濡，为兑泽之中聚水草也。泽水竭，则为困矣，是水下泄也。兑之一阳下泄，则有戒欲之象。坎之一阴上缺，则有戒嗜之象。戒欲，不出户庭。戒嗜，故云甘苦之味。初爻言“不出户庭无咎”，二爻言“不出门庭凶”者，是戒欲之义也。初爻变为坎，天一之水，是为真精之原。君子能知通塞之理，慎密而不出，闭其精户，是养生之要也。坎二则火也，“门庭”者是开窍为心也。心火贵乎下济于水，心明贵乎外明于物，不出则失中道矣，亦戒欲之义也。六三言“嗟”者，悔欢而不节。六四言“安”者，安于能节。是皆明告利害于人也。养生之道，尽此二卦。

中孚小过卵翼生成图

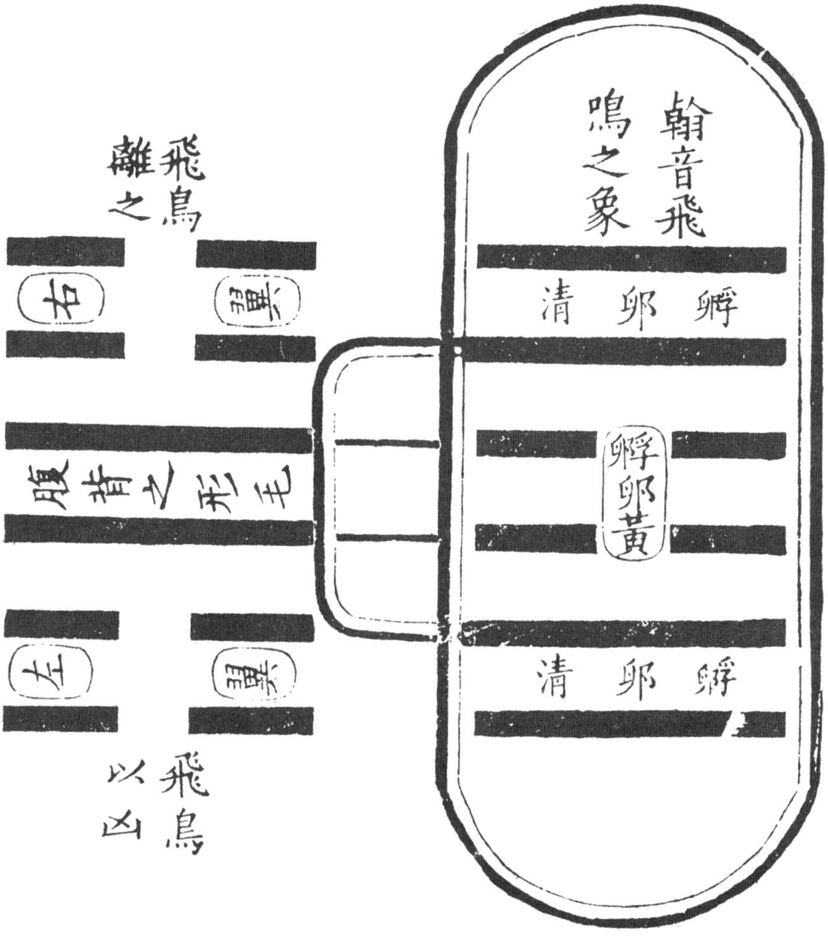

中孚生阳，羽族卵生也。咸卦生阴，血肉之物胎生也。故中孚为生阳之始，小过为生阳之成也。鸟雀四时生卵而春盛，故为立春之象，冬至之卵焉。中孚有鸟卵之象，鸟炎上之性，必以豚鱼而后吉。豚鱼，润下之物也。北方子位，豚鱼之地也。小过之“飞鸟离之凶”者，由东行而中南方之网罟也。网罟取离，阳至离而太盛，阴气生矣。

既济未济合律之图

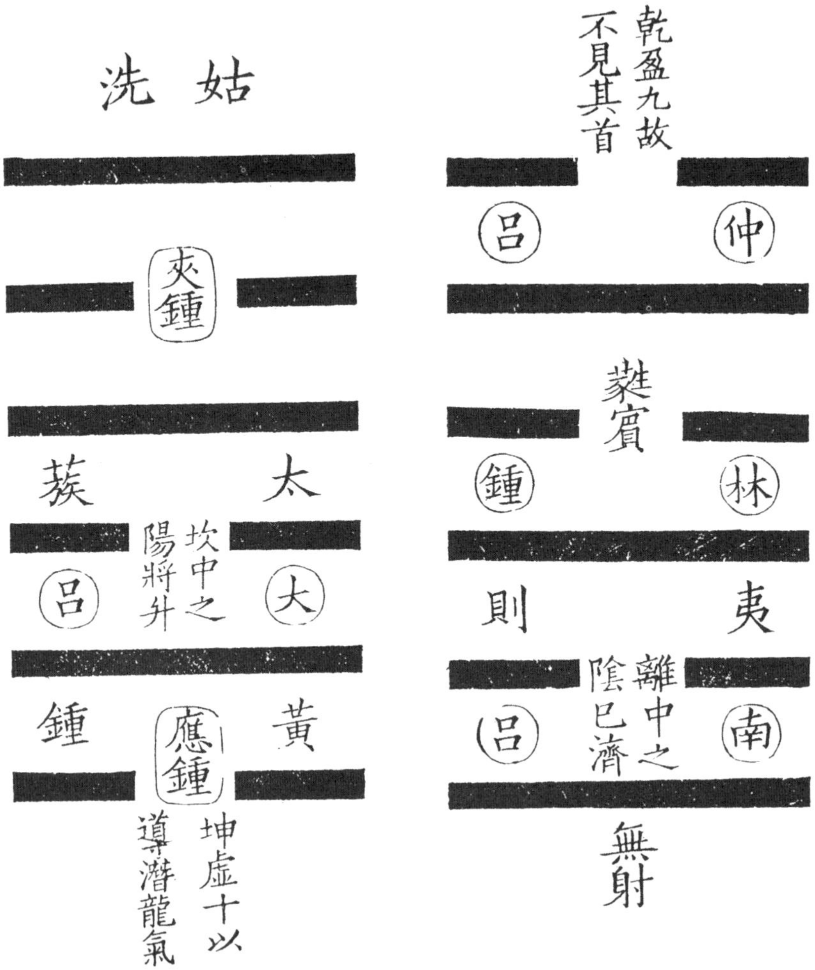

黄帝之律吕，分为乾、坤，妃为坎、离。乾、坤即分六阴、六阳，坎、离则成既济、未济。坎中之阳，将升而至于仲吕，辟卦为乾，是谓乾盈九，不见其首。离内之阴，已入于坎，至于应钟，辟卦为坤，是谓坤虚十，以导潜龙之气。既济之首，乾之首也。未济之尾，坤之尾也。乾尾续于坤尾，九而后十也。坤首继于乾首，二而先一也。

六十四卦卦气图

冬至日在坎
春分日在震
夏至日在離
秋分日在兊
四正之卦每
爻主一氣也

侯恒
大夫節
卿同人
公損
辟否
侯巽
大夫萃
卿大畜
公賁
辟觀
侯歸妹
大夫无妄
卿明夷
公困
辟剥

涼風至
白露降
寒蟬鳴
鷹乃祭鳥
天地始肅
農乃登穀
鴻鴈來
玄鳥歸
羣鳥養羞
雷始收聲
蟄蟲坯戶
水始涸
鴻鴈來賓
雀入大水化爲蛤
鞠有黃華
豺乃祭獸
草木黃落
蟄蟲咸俯

否初六
否六二
否六三
否九四
否九五
否上九
觀初六
觀六二
觀六三
觀六四
觀九五
觀上九
剥初六
剥六二
剥六三
剥六四
剥六五
剥上九

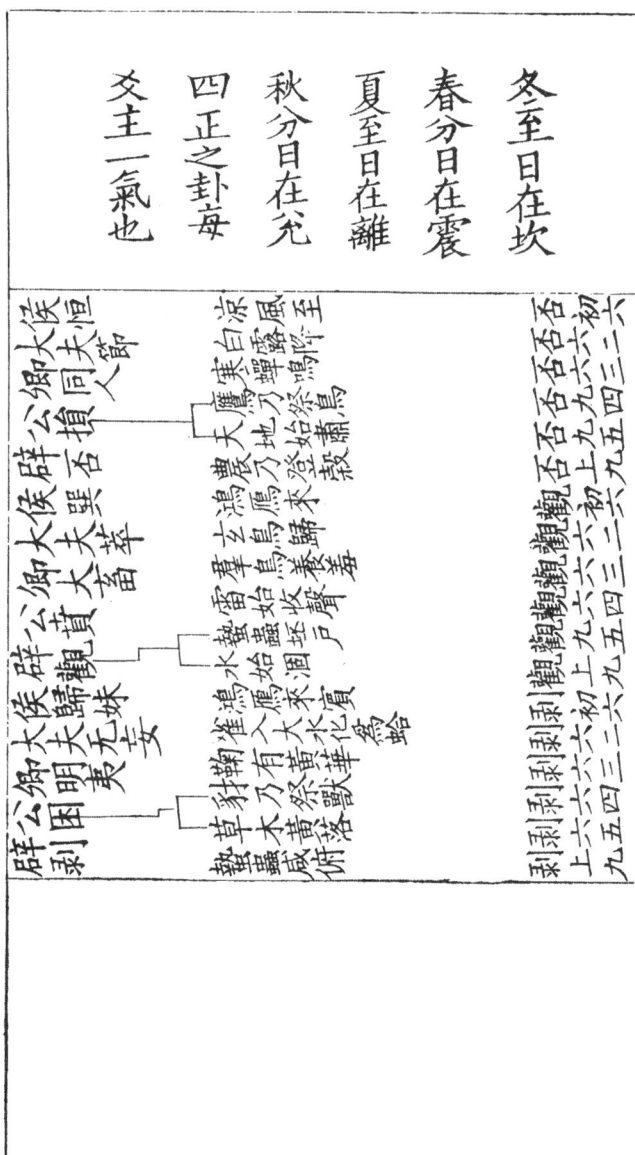

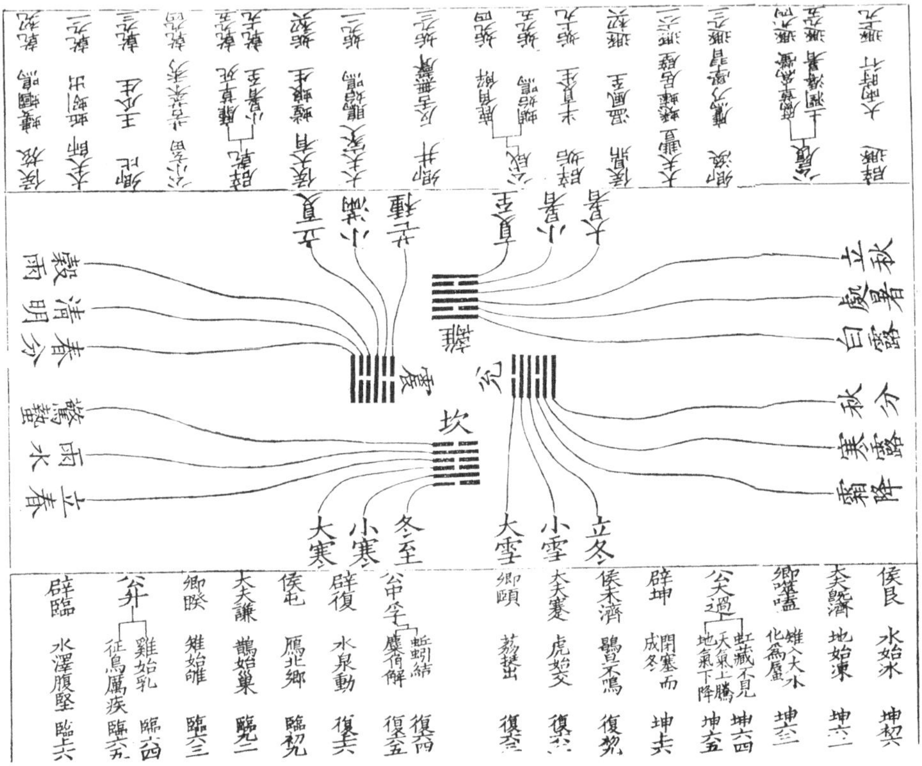
坎
震
離
兌
立春
雨水
驚蟄
春分
清明
穀雨
立夏
小滿
芒種
夏至
小暑
大暑
立秋
處暑
白露
秋分
寒露
霜降
立冬
小雪
大雪
冬至
小寒
大寒
侯艮 水始冰 坤初六
大夫既濟 地始凍 坤六二
卿噬嗑 雉入大水化爲蜃 坤六三
公大過 虹藏不見 天氣上騰地氣下降 坤六四 坤六五
辟坤 閉塞而成冬 坤上六
侯未濟 鶡鴠不鳴 復初九
大夫蹇 虎始交 復六二
卿頤 荔挺出 復六三
公中孚 蚯蚓結 麋角解 復六四 復六五
辟復 水泉動 復上六
侯屯 鴈北鄉 臨初九
大夫謙 鵲始巢 臨九二
卿睽 雉始雊 臨六三
公升 雞始乳 征鳥厲疾 臨六四 臨六五
辟臨 水澤腹堅 臨上六

餘六十卦卦主六日七分八十分日之七歲十二月三百六十五日四分日之一六十而一周

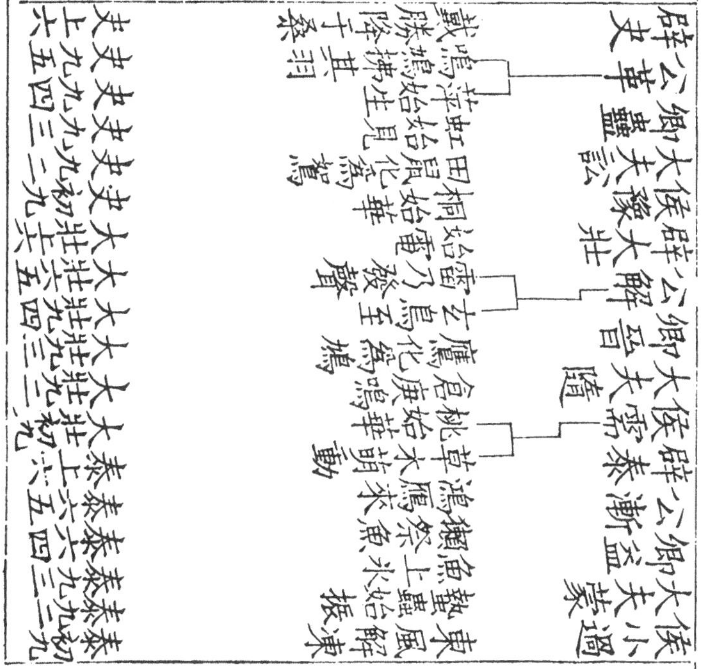

日月运行一寒一暑卦气之图

相生圖附
陽下生
陰上生

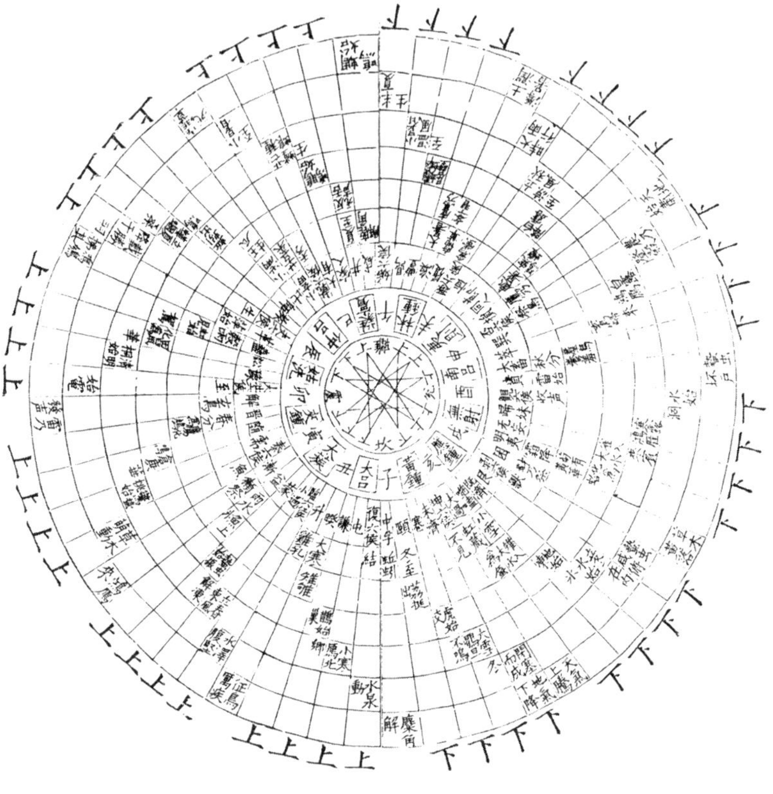

内十二月十二律

十三卦取象图

離

巽繩離目網目謂之罟兩目相連結繩爲之網罟也離雉佃也兌巽爲魚漁也

益

乾金斵巽斵木也四之上成坎坎爲揉之初成震揉木也入坤土而巽於前斵木爲耜也動於後揉木爲耒也

噬嗑

離日在上爲日中坤衆在下爲市衆爲民離有伏兌爲贏具坤往之乾致天下之民聚天下之貨也以坤交乾交易也

乾

乾坤無爲六子自用垂衣裳而天下治乾在上爲衣

坤

坤在下爲裳裳下體之飾也

渙

乾金剡巽浮於坎上剡木爲舟也離火上銳剡木爲楫也

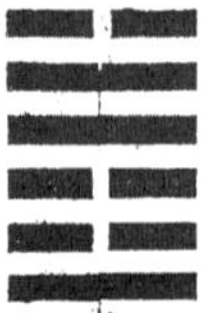

隨

坤牛而震足驅之服牛也震作足馬而巽股據之乘馬也坤輿震輹上六引之引重也内卦近外卦遠上六在外卦之外致遠也

豫

豫謙之反也謙艮爲門九三之四又爲門重門也艮爲手坎爲堅木震爲聲手擊堅木而有聲擊柝也坤爲闔戶而坎盜逼之暴客也

小過

兊金斷巽木斷木爲杵也巽木入坤土掘地爲臼也坎陷也臼之象杵動於上臼止於下四應初三應上上下相應杵臼之利也坎變巽股萬民濟也

睽

睽家人之反也家人巽爲木巽離爲絲坎爲弓弦木爲弓也兊金剡木而銳之剡木爲矢也兊決乾剛威天下也

大壯

大壯自遯來一變中孚艮爲居兊爲口穴之象穴居也再變大畜乾在上天際也野之象巽入變艮而止野處也三變大壯震木在上棟也乾天在下宇也巽風隱兊澤流待風雨也大壯則不橈矣

大過

大過自遯一變訟乾見坤隱不封也再變巽木而兊金毀之不樹也二變鼎離爲目兊澤流喪也上九變而應三坎兊爲節不變喪期無數也木在澤下中有乾入棺椁也葬則棺周於身椁周於棺土周於椁大過也

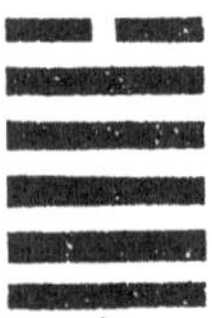

夬

夬自姤四變大有姤巽爲繩結繩也巽變成離坤離爲文書也兊金刻木契也

三陈九卦之图

一

履德之基
恒德之固
困德之辯
謙德之柄
損德之修
井德之地
復德之本
益德之裕
巽德之制

二

履和而至
恒雜而不厭
困窮而通
謙尊而光
損先難而後易
井居其所而遷
復小而辨於物
益長裕而不設
巽稱而隱

三

履以和行
恒以一德
困以寡怨
謙以制禮
損以遠害
井以辯義
復以自知
益以興利
巽以行權

上经卦三三叙而九，下经卦六三叙而十八。履十，谦十五，复二十四，恒二，损十一，益十二，困十七，井十八，巽二十七。九卦之数，总一百三十有六。凡三求之，四百有八也。周天三百六十成数也，余四十八，阴阳所以进退也。阳进于乾，六月各四十八，复至乾也。阴退于坤，六月亦四十八，姤至坤也。此九卦数之用也。

参伍以变图

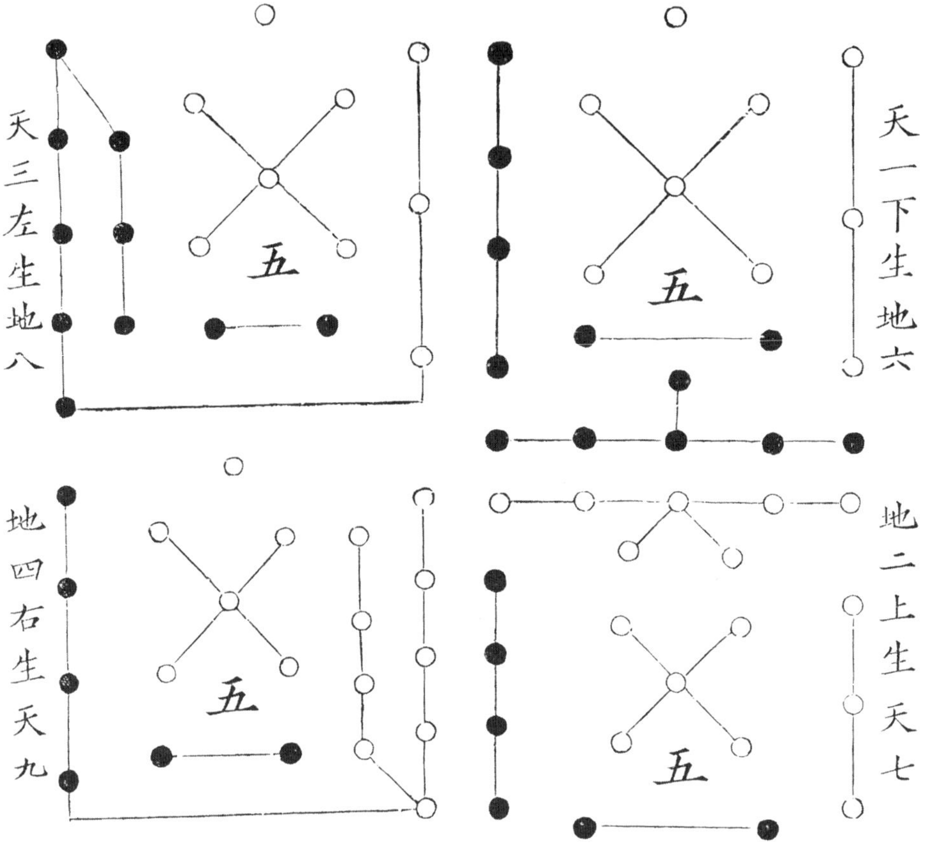

参，合也。配，偶也。天地之数，各相参配，错综往来而相生，故生成之数大备，而天地之文生焉。《系辞》曰："参伍以变，错综其数，通其变，遂成天地之文。"此之谓也。

十有八变图

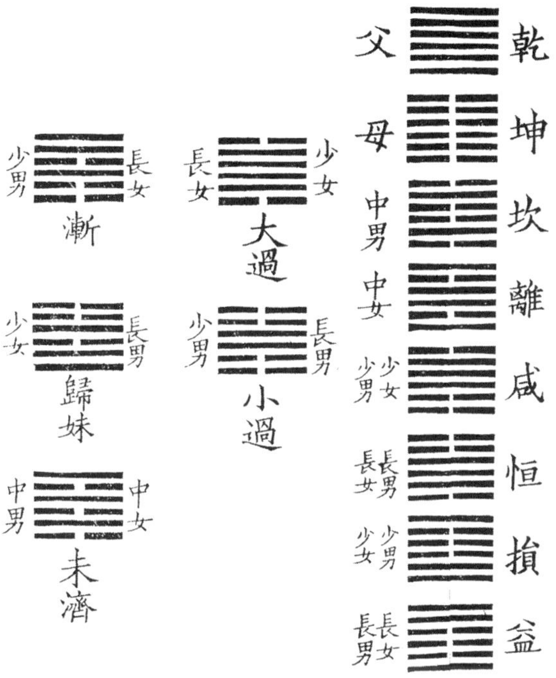

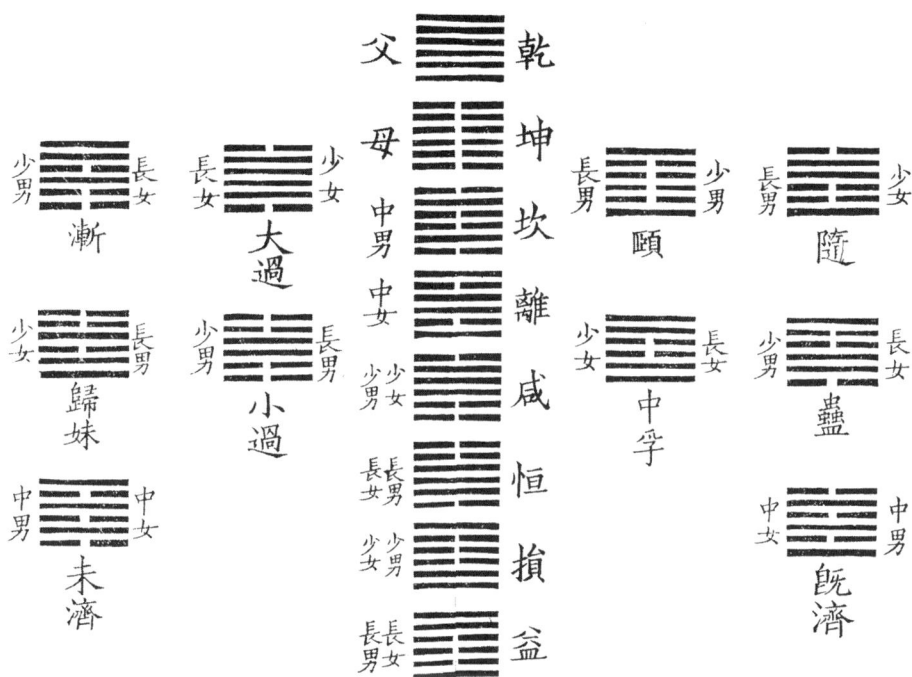

男女合者，上、下经惟十二位。正位乾、坤、坎、离、咸、恒、损、益八卦，分为十八位。乾、坤变颐、大过，颐、大过变坎、离，坎、离变中孚、小过，中孚、小过变咸、恒，成人伦也。

一阴一阳图

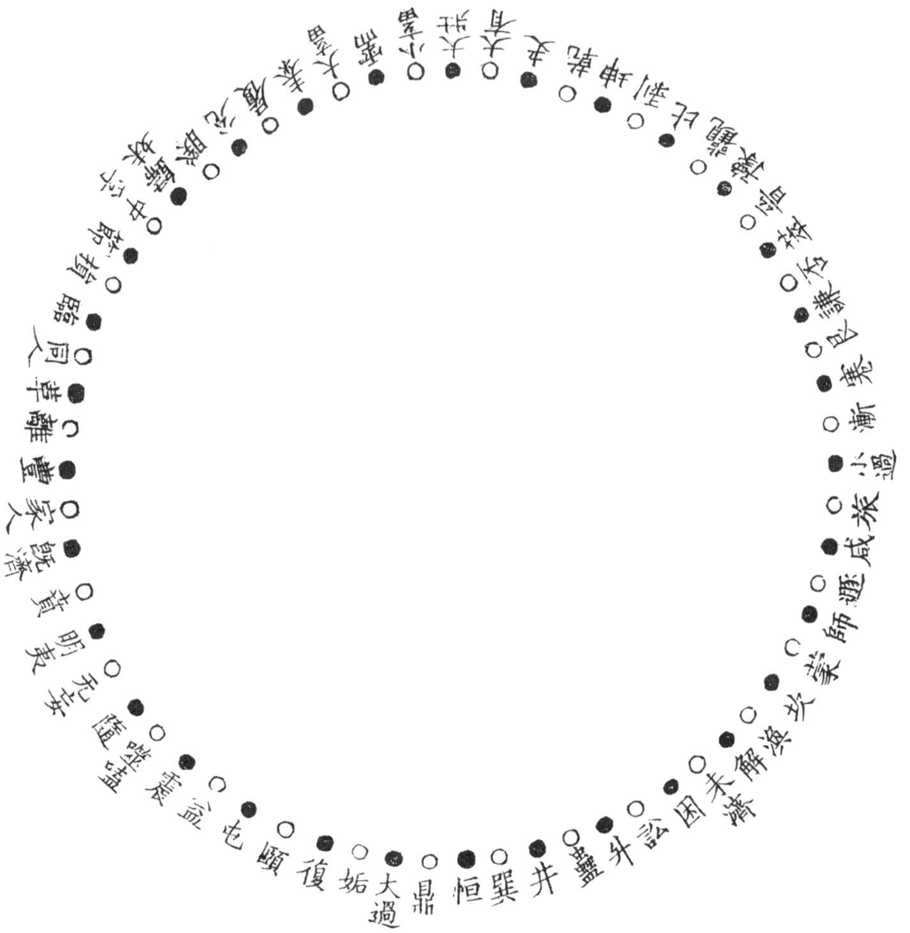

六十四卦，一阴一阳，始乾终坤。先自乾坤一阴一阳，排六十四。次自乾二阳二阴，次四阳四阴，次十六阳十六阴，次三十二阳三十二阴，即成六十四卦也。故曰“一阴一阳之谓道”。

先甲后甲图

自甲午至癸亥三十日。先甲。黑晕。起申至巳。
自甲子至癸巳三十日。后甲。白晕。起寅至亥。

阴阳君民

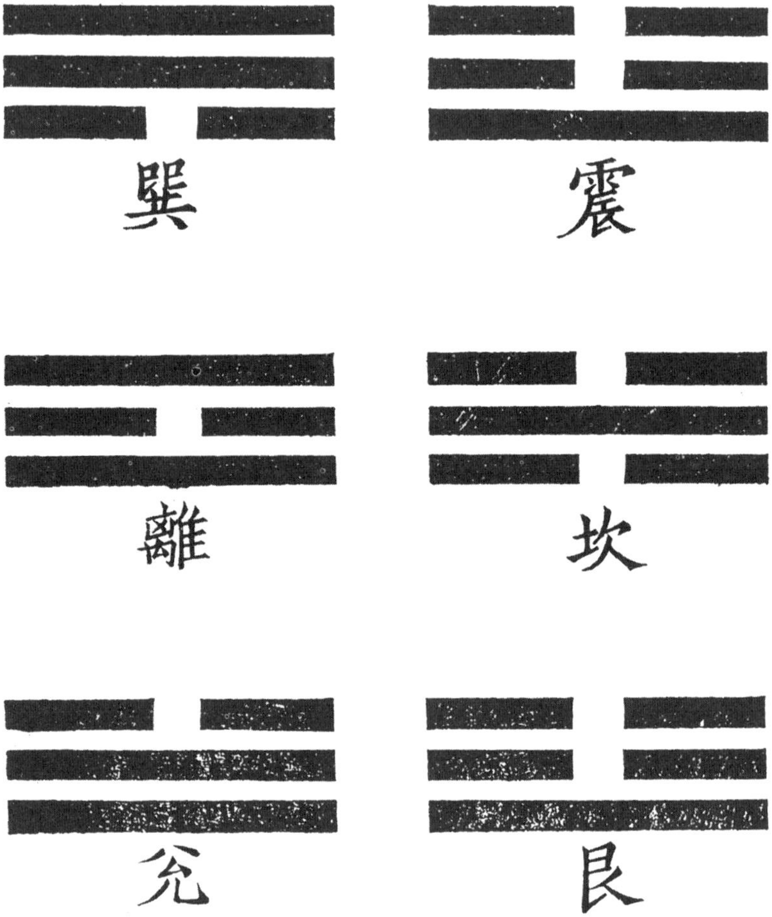

阳卦以奇为君，故一阳而二阴，阳为君，阴为民也。
阴卦以偶为君，故二阳而一阴，阴为君，阳为民也。
阳一画为君，二画为民，其理顺，故曰“君子之道”。
阴二画为君，一画为民，其理逆，故曰“小人之道”。

阴阳奇耦

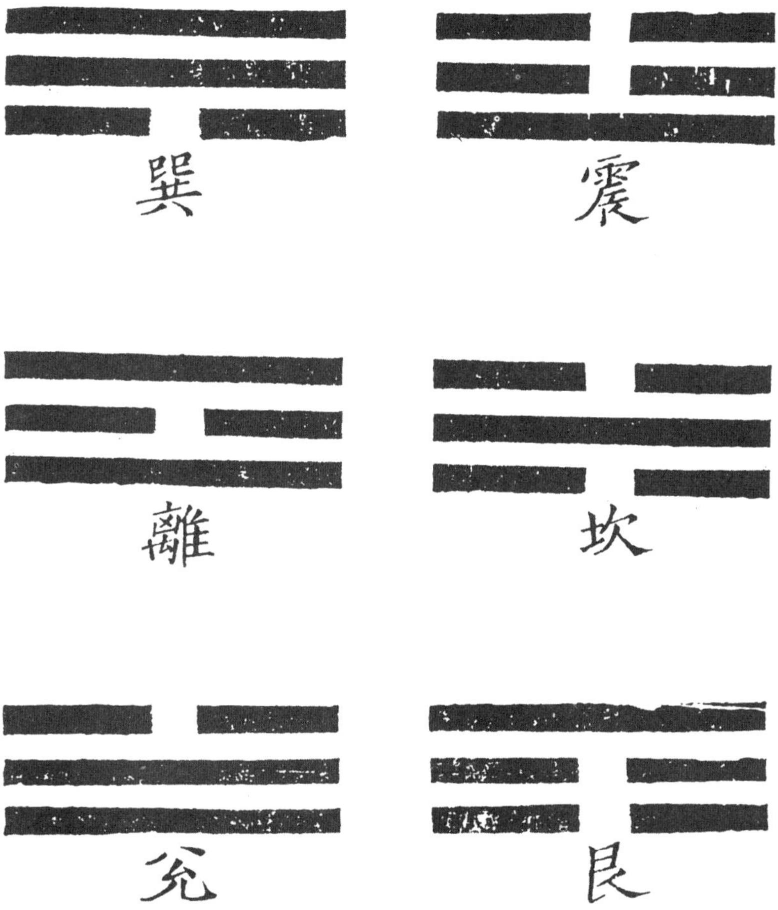

震、坎、艮，阳卦也。曷为而多阴？自坤而索也。其卦皆一阳二阴，凡五也，故曰“阳卦奇”。

巽、离、兑，阴卦也。曷为而多阳？自乾而来也。其卦皆一阴二阳，凡四也，故曰“阴卦耦”。

二仪得十变化

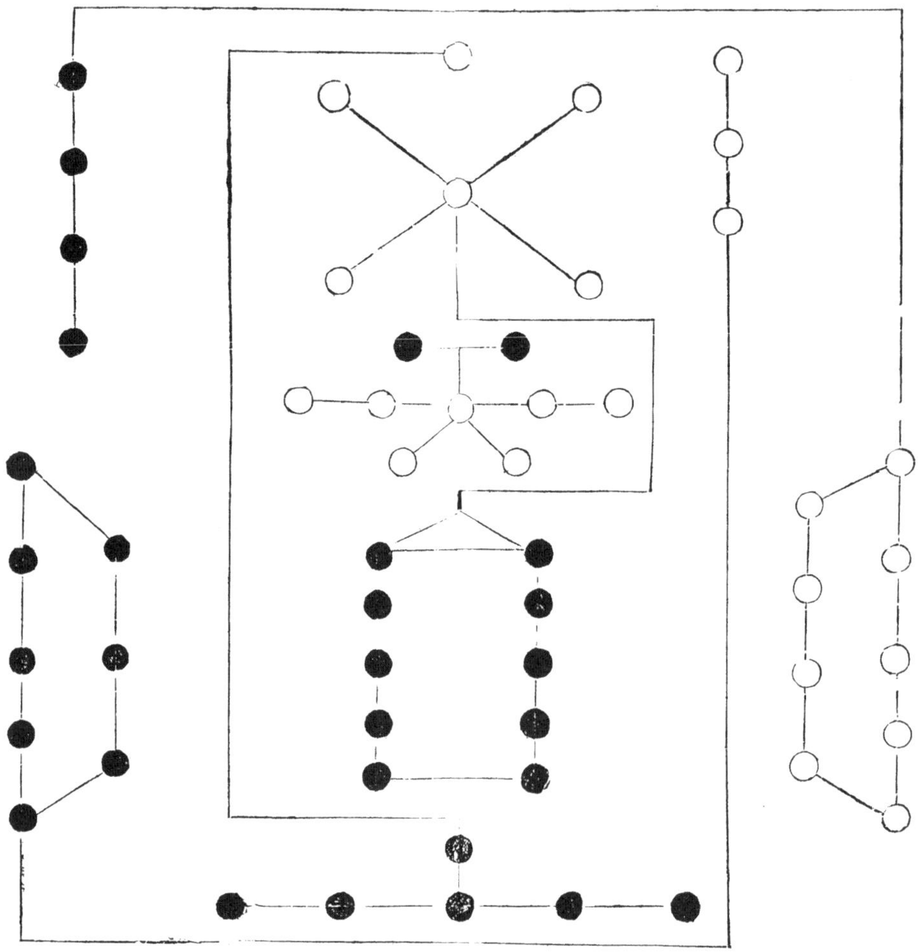

十日五行相生

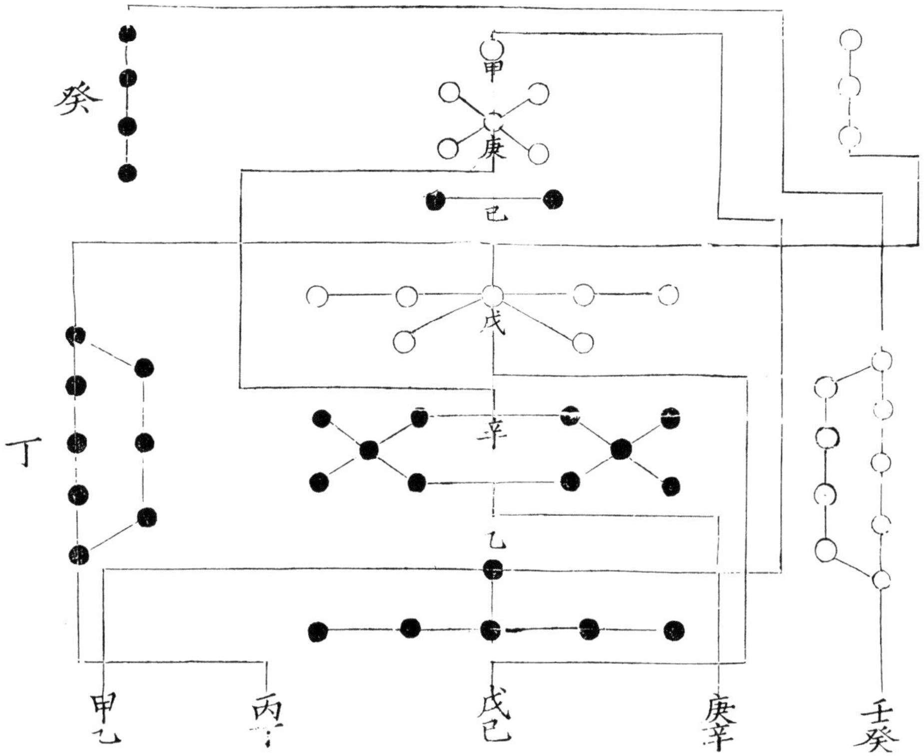

大衍之数图

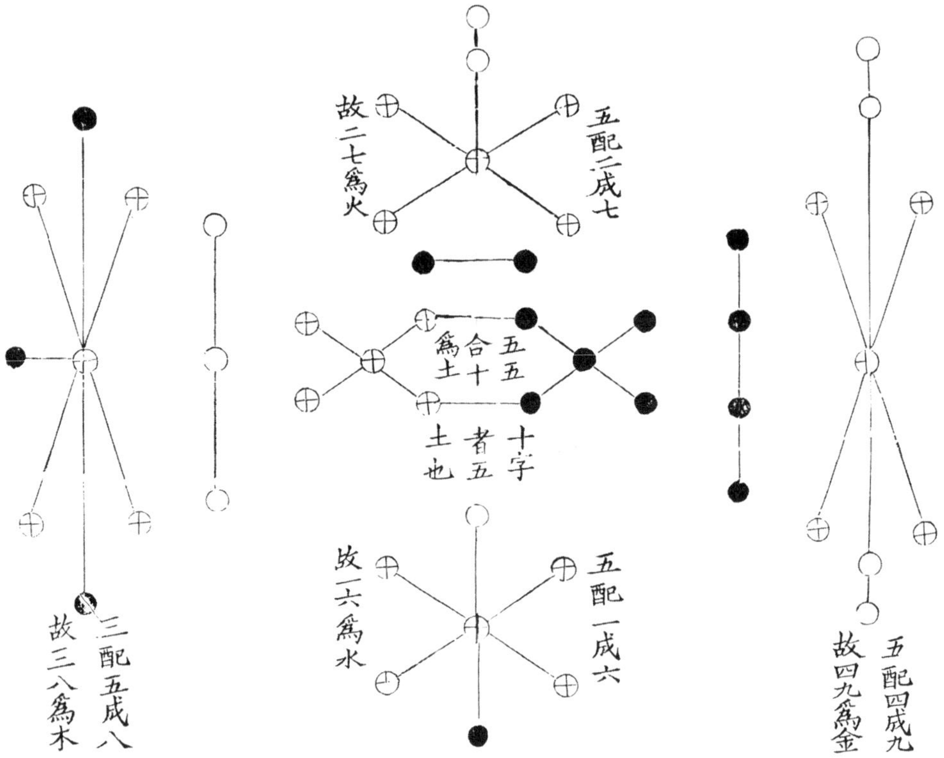
故二七爲火
五配二成七
五五合十爲土
十字者五土也
故一六爲水
五配一成六
三配五成八
故三八爲木
五配四成九
故四九爲金

揲蓍之法图

第一揲二揲三揲

第一掛於小指間不五則九第二掛於中指間第三掛於食指間皆不四則八

五四四

此係三少計十三策四十九策中除十三餘三十六即四九之數也是爲老陽

九八八

此係三多計二十五策四十九中除二十五餘二十四即四六之數是謂老陰

五八八

少陽

九四八 並係兩多一少各計二十一策四十九中除二十一餘二十八即四七之數也是謂少陽

九八四 少陽

九四四 少陰

五八四 並係兩少一多各計十七策四十九中除十七餘三十二即四八之數也是爲少陰

五四八 少陰

河图百六数

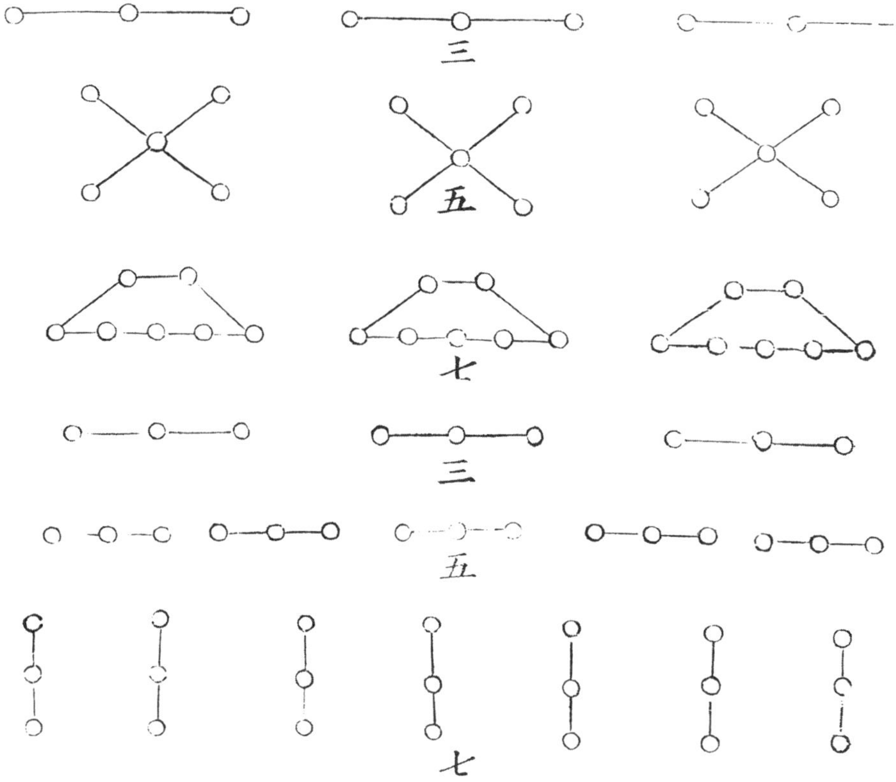

以三因天地十五数，得四十五。以五因天地十五数，得七十五。以七因天地十五数，得一百五。九宫数止一百五，故百六为极数。用三、五、七者，取阳数中者用之。

八卦司化图

乾职生覆，坎司寒化，艮司湿化，震司动化，巽司风化，离司暑化，坤职形载，兑司燥化。

类聚群分图

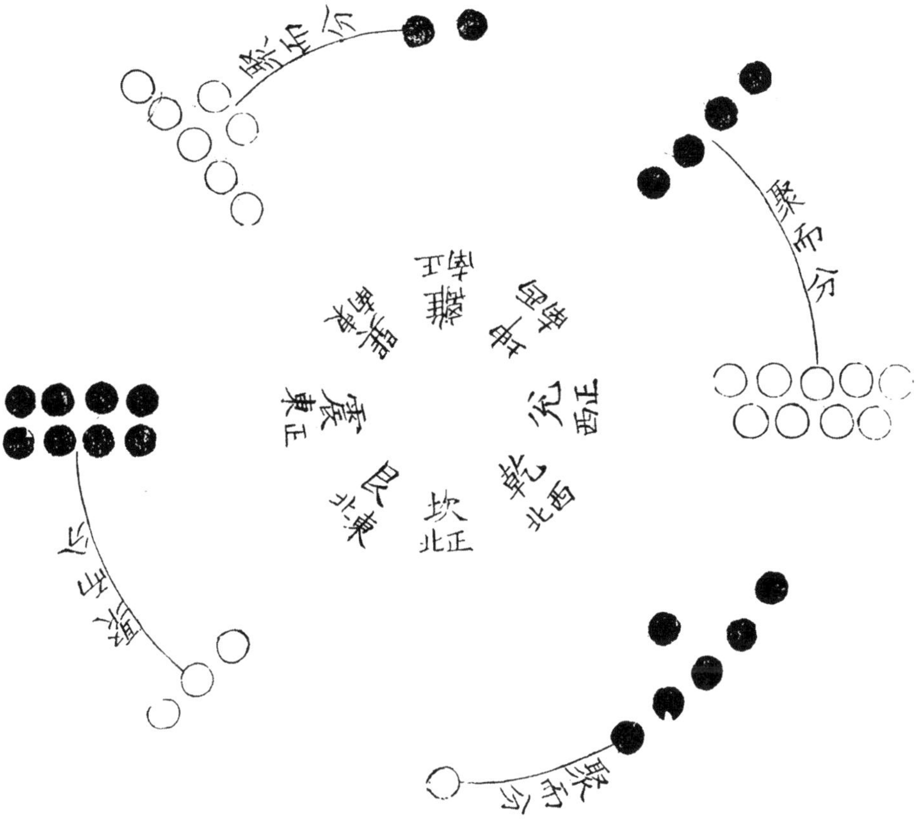

坎北，震东，乾西北，艮东北，四卦皆阳也。离南，兑西，巽东南，坤西南，四卦皆阴也。故曰“方以类聚”。一聚于六而分乾、坎，四聚于九而分坤、兑。二聚于七而分离、巽，三聚于八而分震、艮。故曰“物以群分”。得朋则吉，乖类则凶，此吉凶所以生也。

通乎昼夜图

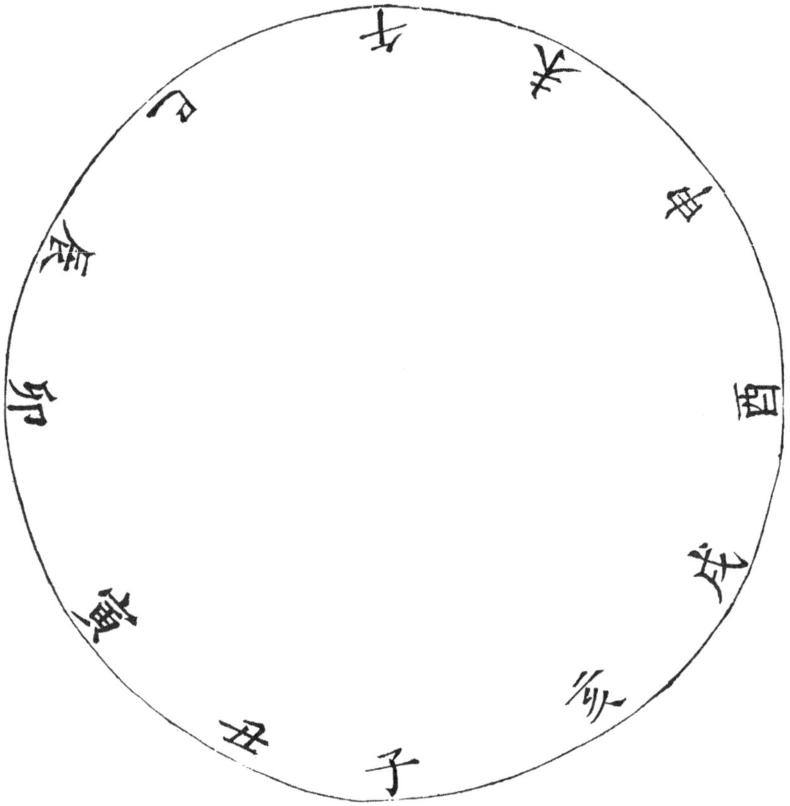

子者，乾之始，而终于巳。午者，坤之始，而终于亥。阳爻二百九十二，昼数也，其数一千七百二十八。阴爻一百九十二，夜数也，其数一千一百五十二。总而言之，二千八百八十。以四求之合，万有一千五百二十。故曰“通乎昼夜之道而知”。

阳中阴

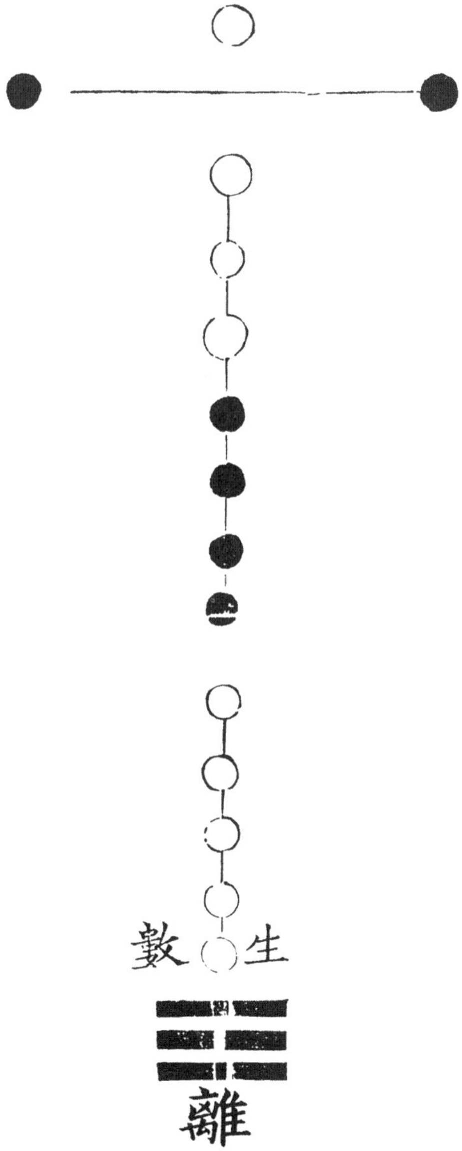

阴中阳

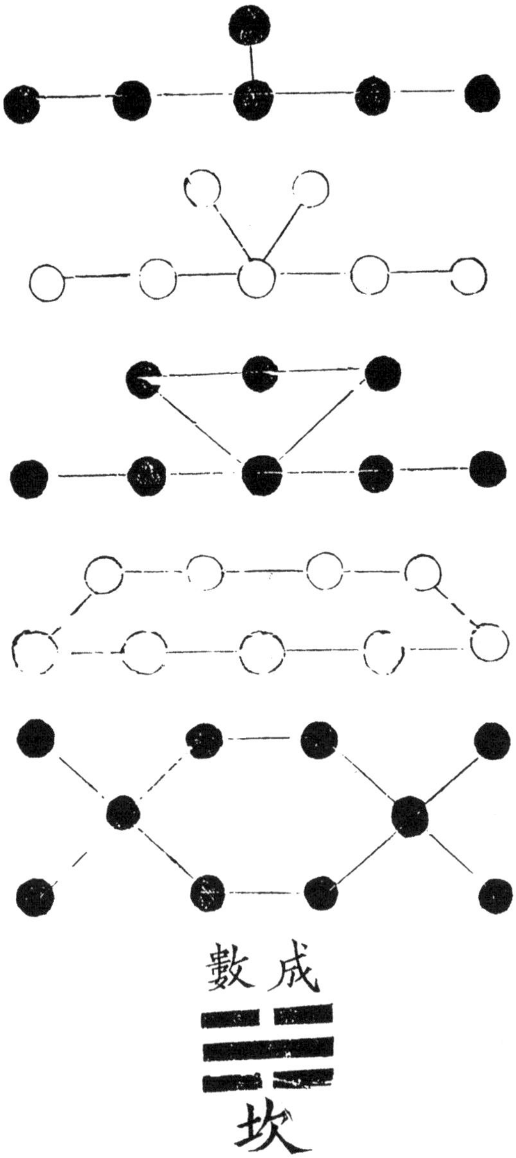

序卦图

上经三十

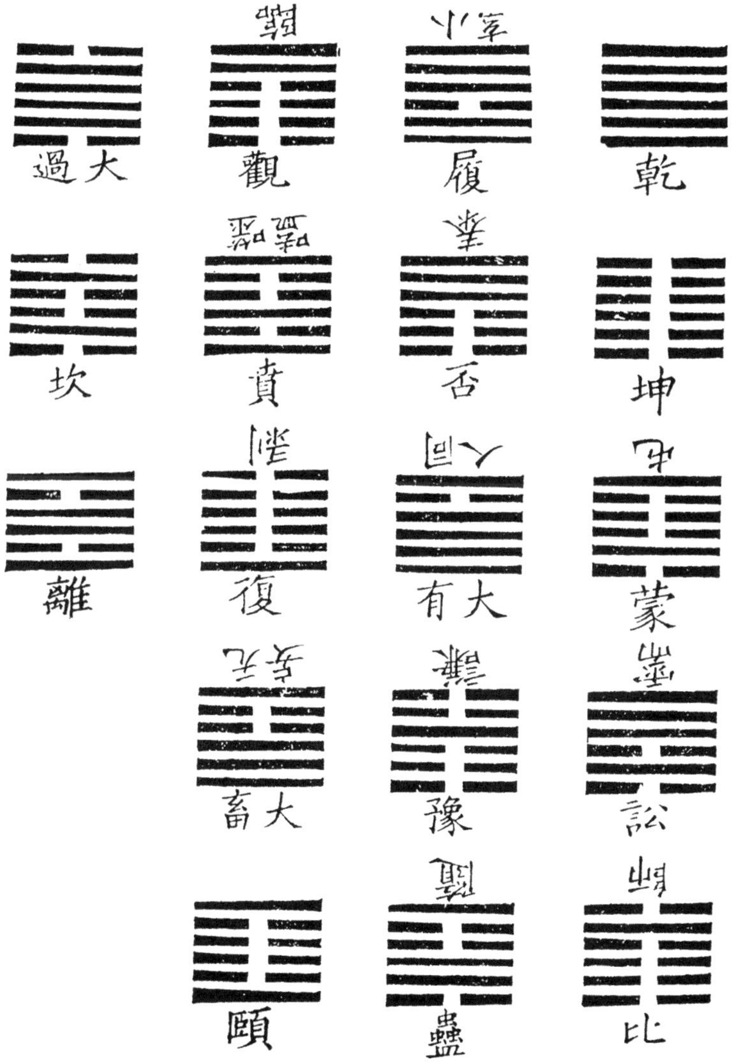

下经三十四

杂卦图

乾 坤 比 師 臨 觀 屯 蒙
震 艮 損 益 大畜 无妄 萃 升
謙 豫 噬嗑 賁 兑 巽 隨 蠱
剥 復 晉 明夷 井 困 咸 恒
渙 節 解 蹇 睽 家人 否 泰
大壯 遯 大有 同人 革 鼎 小過 中孚
豐 旅 離 坎 小畜 履 需 訟
大過 姤 漸 頤 既濟 歸妹 未濟 夬

“杂卦”者，杂揉众卦，错综其义，以畅无穷之用，故其义专以刚柔、升降、反复取义，与《序卦》不同。故韩康伯云“或以同相类，或以异相明，杂六十四卦以为义”是也。

《太玄》准《易》卦名图

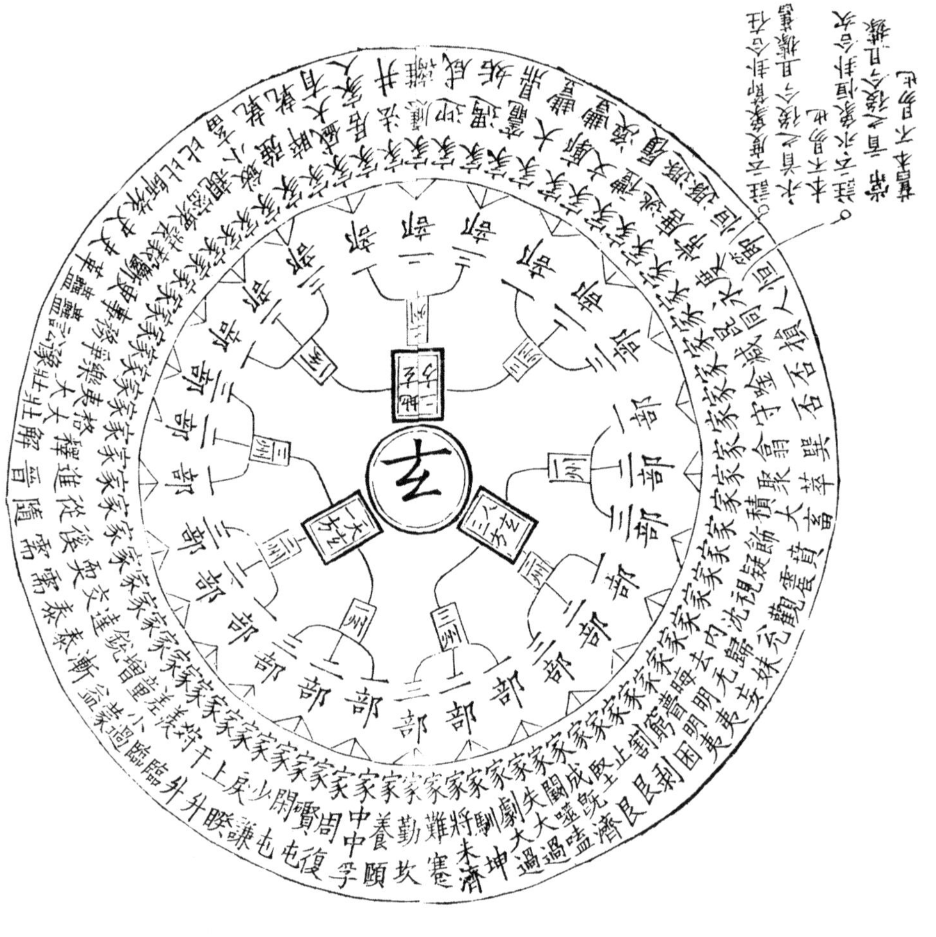

一玄生三方，用三乘一。三方生九州，用三乘三。九州生二十七部，用三乘九。二十七部生八十一家，用三乘二十七。八十一家生二百四十三表，用三乘八十一。二百四十三表生七百二十九赞，用三乘二百四十三。七百二十九赞生二万六千二百四十四策，用三十六乘七百二十九。凡一玄为一岁，七十二策为一日，起十一月。

《太玄》准《易》卦气图

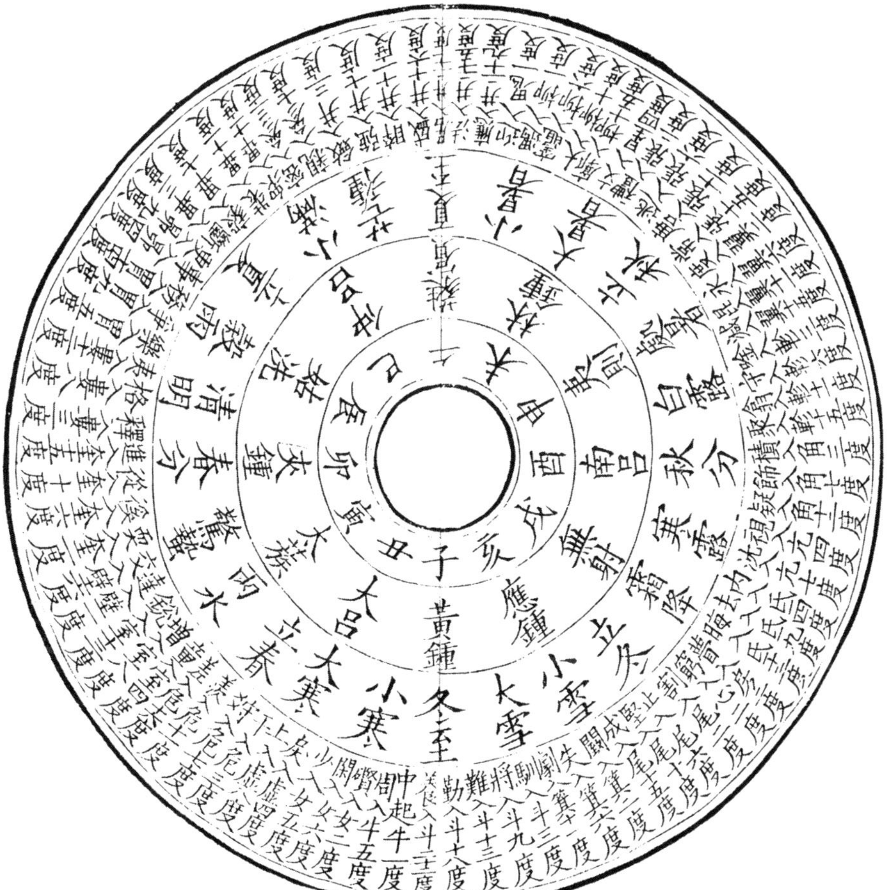

右律历之元，始于冬至，卦气起于中孚。

《皇极经世》全数图

一一 元之元日之日乾之乾一

一二 會之元月之日兌之乾十二

二一 元之會日之月乾之兌十二

二二 會之會月之月兌之兌一百四十四

三一 元之運日之星乾之離三百六十

三二 會之運月之星兌之離四千三百二十

四一 元之世日之辰乾之震四千三百二十

四二 會之世月之辰兌之震五萬一千八百四十

五一 元之歲日之石乾之巽一十一萬九千六百

五二 會之歲月之石兌之巽一百五十五萬五千二百

六一 元之月日之土乾之坎一百五十五萬五千二百

二六會之月月之土兌之坎一千八百六十六萬二千四百

一七元之日日之火乾之艮四千六百六十五萬六千

二七會之日月之火兌之艮五萬五千九百八十七萬二千

一八元之辰日之水乾之坤五萬五千九百八十七萬二千

二八會之辰月之水兌之坤六十七萬一千八百四十六萬四千

三一運之元星之日離之乾三百六十

四一世之元辰之日震之乾四千三百二十

三二 運之會星之月離之兊四千三百二十

四二 世之會辰之月震之兊五萬一千八百四十

三三 運之運星之星離之離一十二萬九千六百

四三 世之運辰之星震之離一百五十五萬五千二百

三四 運之世星之辰離之震一百五十五萬五千二百

四四 世之世辰之辰震之震一千八百六十六萬二千四百

三五 運之歲星之石離之巽四千六百六十五萬六千

四五 世之歲辰之石震之巽五萬五千九百八十七萬二千

三六 運之月星之土離之坎五萬五千九百八十七萬

二千
四六世之月辰之土震之坎六十七萬一千八百四十
六萬四千
三七運之日星之火離之艮一百六十七萬九千六百
一十六萬
四十世之日辰之火震之艮二千一十五萬五千三百
九十二萬
三八運之辰星之水離之坤二千一十五萬五千三百
九十二萬
四八世之辰辰之水震之坤二萬四千一百八十六萬
四千七百四萬

一五
歲之元石之日巽之乾一十二萬九千六百

一六
月之元土之日坎之乾一百五十五萬五千二百

二五
歲之會石之月巽之兑一百五十五萬五千二百

二六
月之會土之月坎之兑一千八百六十六萬二千
四百

三五
歲之運石之星巽之離四千六百六十五萬六千

三六
月之運土之星坎之離五萬五千九百八十七萬
二千

四五
歲之世石之辰巽之震五萬五千九百八十七萬
二千

四六
月之世土之辰坎之震六十七萬一千八百四十

六萬四千

五五

歲之歲石之石巽之巽一百六十七萬九千六百一十六萬

六五

月之歲土之石坎之巽二千一十五萬五千三百九十二萬

五六

歲之月石之土巽之坎二千一十五萬五千三百九十二萬

六六

月之月土之土坎之坎二萬四千一百八十六萬四千七百四萬

五七

歲之日石之火巽之艮六萬四百六十六萬一千七百六十萬

六七月之日土之火坎之艮七十二萬五千五百九十四萬一千一百二十萬

五八歲之辰石之水巽之坤七十二萬五千五百九十四萬一千一百二十萬

六八月之辰土之水坎之坤八百七十萬七千一百二十九萬三千四百四十萬

七一日之元火之日艮之乾四千六百六十五萬六千

八一辰之元水之日坤之乾五萬五千九百八十七萬二千

七二日之會火之月艮之兌五萬五千九百八十七萬二千

二八
辰之會水之月坤之兑六十七萬一千八百四十六萬四千

三七
日之運火之星艮之離一百六十七萬九千六百一十六萬

三八
辰之運水之星坤之離二千一十五萬五千三百九十二萬

四七
日之世火之辰艮之震二千一十五萬五千三百九十二萬

四八
辰之世水之辰坤之震二萬四千一百八十六萬四千七百四萬

五七
日之歲火之石艮之巽六萬四百六十六萬一千

七百六十萬
八五
辰之歲水之石坤之巽七十二萬五千五百九十
四萬一千一百二十萬
七六
日之月火之土艮之坎七十二萬五千五百九十
四萬一千一百一十萬
八六
辰之月水之土坤之坎八百七十萬七千一百二
十九萬三千四百四十萬
七七
日之日火之火艮之艮二百一十七萬六千七百
八十二萬三千五百
八七
辰之日水之火坤之艮二千六百一十二萬一千
三百八十八萬二千

七八日之辰火之水艮之坤二千六百一十二萬一千三百八十八萬二千

八八辰之辰水之水坤之坤三萬一千三百四十五萬六千六百五十八萬四千

邵氏皇极经世图

日元甲月子會一星三十運辰世三百六十䷗

一聲多可介舌禾火化八開宰愛○回每退○

一音古甲九癸□□近揆坤巧丘慄□冂乾虯

月丑二星六十辰七百二十䷒

二聲良兩向○光廣況○丁井亘○兄永瑩○

二音黑花香血黄華雄賢五瓦仰□吾牙月堯

月寅三星九十辰一千四百四十䷊開物星之巳七十六

三聲千典旦○元犬半○臣引艮○君允巽○

三音安亞乙一□爻王寅母馬美米目貌眉民

月卯四星一百二十辰二千八百八十䷡

四聲刀早孝岳毛寶報霍牛斗奏六○○○王

四音 夫法□飛父凡□吠
武晚□尾文萬□未

月辰星一百五十辰五千七百六十 五 ䷪

五聲 妻子四□衰○帥骨
○○○德龜水貴北

五音 卜百丙必步白葡鼻
普朴品匹旁排平□

月巳星一百八十辰一萬一千五百二十 六 ䷀

唐虞始星之癸一百八十辰二千一百五十七

六聲 宮孔衆○龍角用○
魚鼠去○烏虎兔○

六音 東丹天■兊大弟■
土貪大■同覃田■

月午星二百一十辰二萬三千四十 七 ䷫

夏殷周秦二漢三國二晉十六國南北朝隋唐五代宋

七聲 心審禁○○○十
男坎欠○○○妾

七音 乃妳女■內南年■
老冷吕■鹿犖離■

月未星二百四十辰四萬六千八十 八 ䷠

八聲 ●●●●●●●●
●●●●●●●●

八音 走哉足■自在匠■
草采七■曹才全■

月申 九 星二百七十辰九萬二千一百六十 ䷋

九聲 ●●●●●●●●
●●●●●●●●

九音 思三星■寺□象■
□□□■□□□■

月酉 十 星三百辰十八萬四千三百六十 ䷓

十聲 ●●●●●●●●
●●●●●●●●

十音 ■山手■■士石■
■□□■■□□■

月戌 十一 星三百三十辰三十六萬八千七百二十 ䷖

閉物 星之戌三百一十五

十一音 ■莊震■■乍□■
■又赤■■崇辰■

月亥 十二 星三百六十辰六十三萬七千四百四十 ䷁

十二音 ■卓中■■宅直■
■拆丑■■茶呈■

温公《潜虚》拟《玄》图

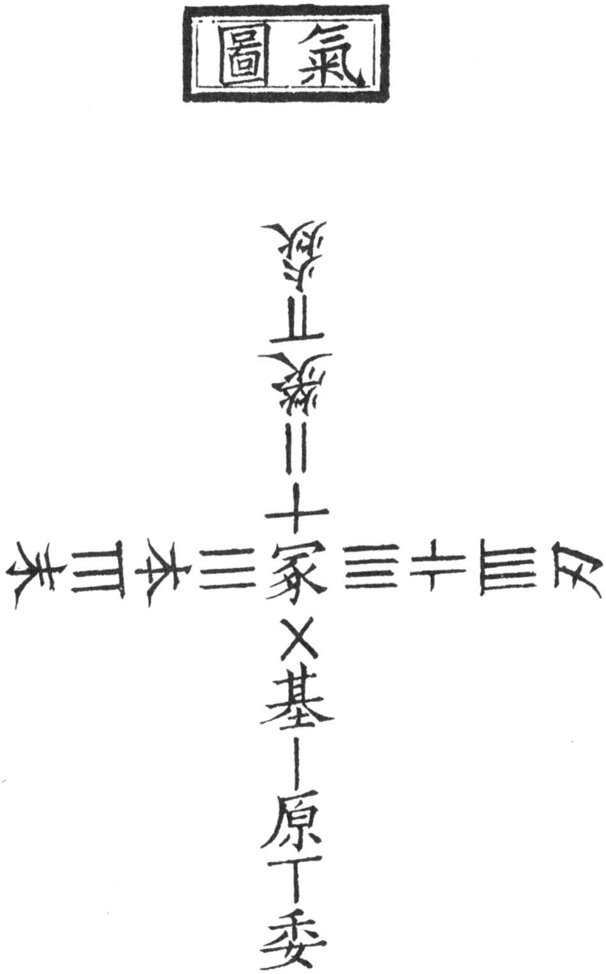

名圖

體

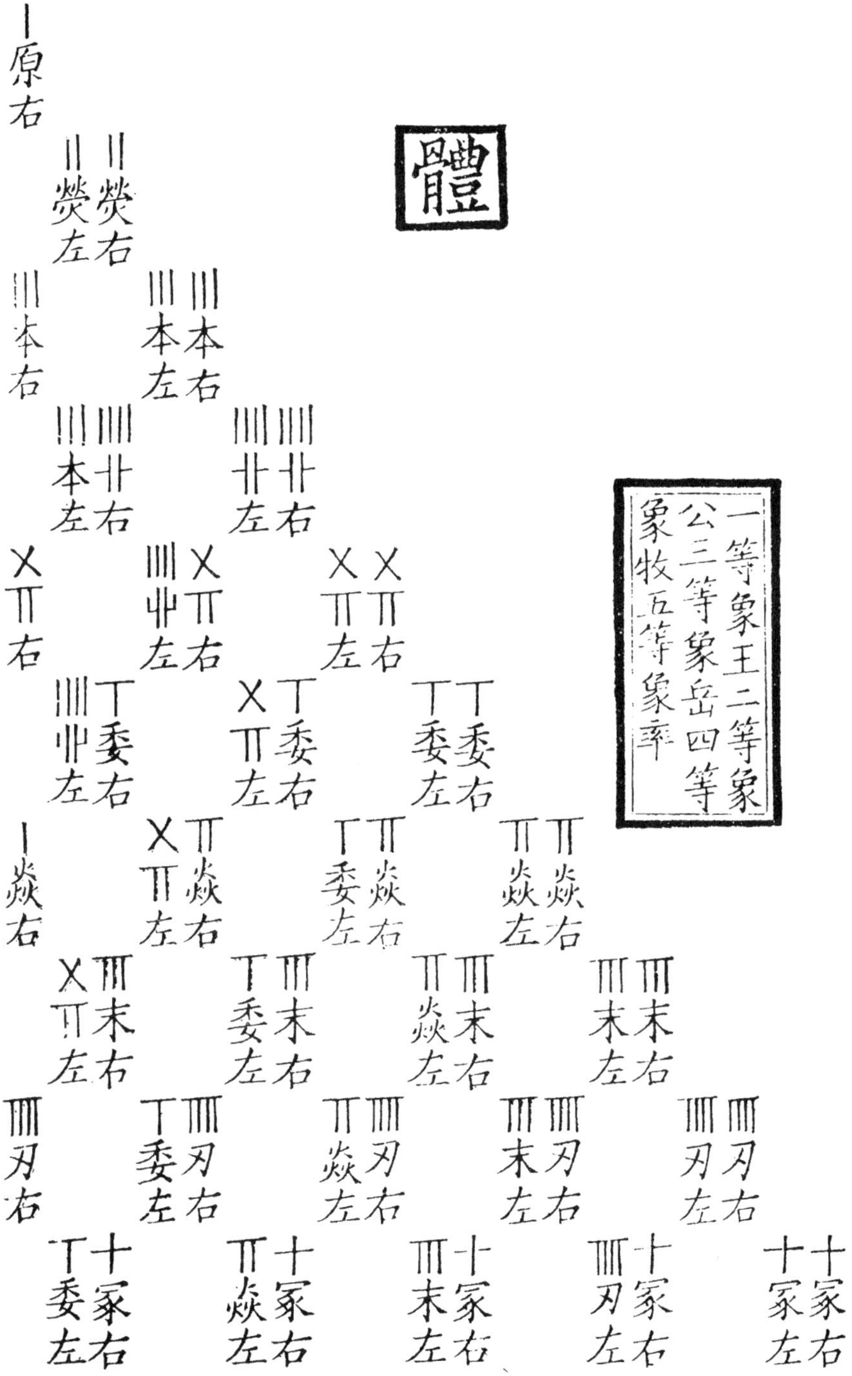

一等象王二等象公三等象岳四等象牧五等象宰

圖

六等象侯七等象卿八等象大夫九等象士十等象庶人

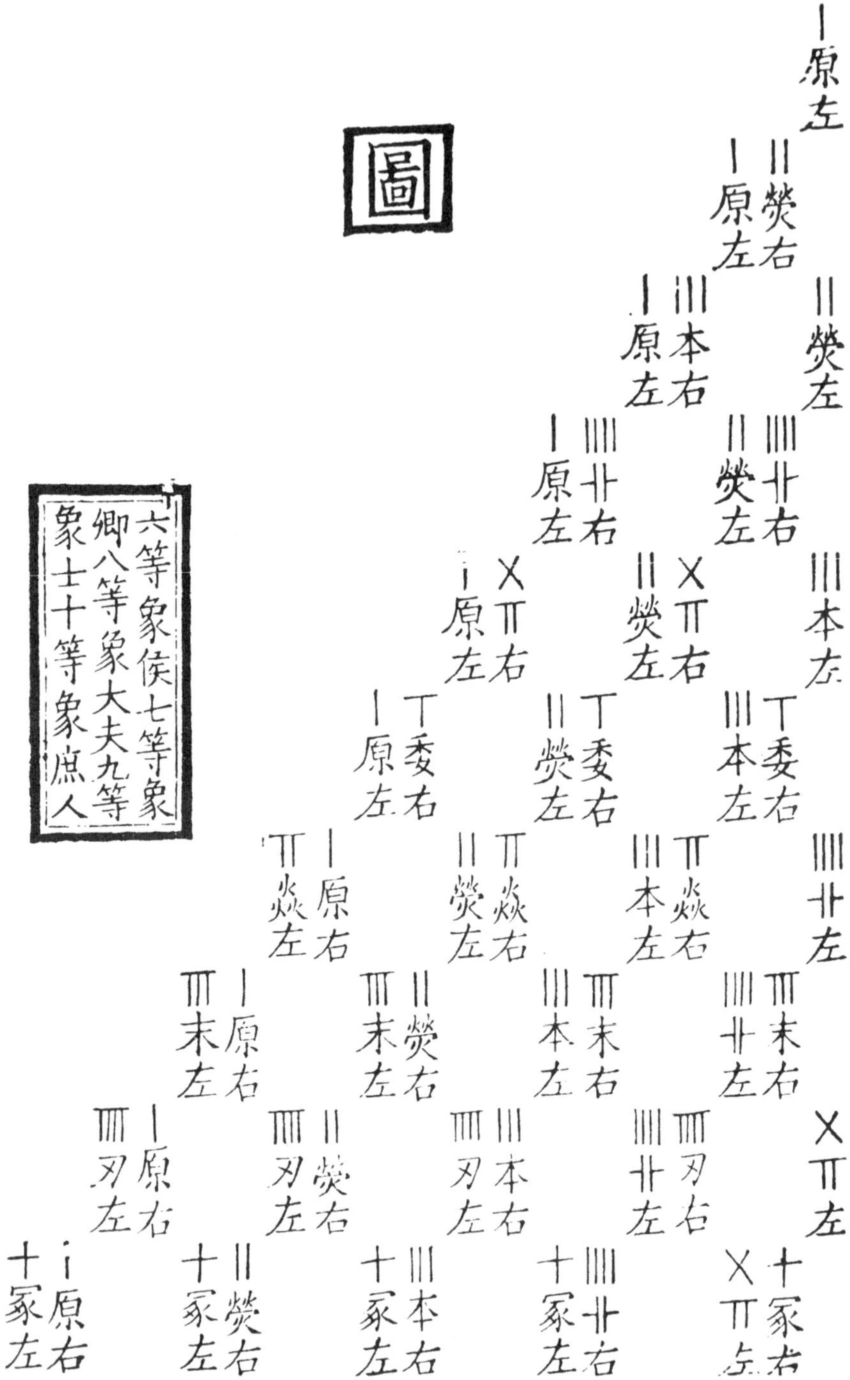

《潜虚》性图

凡性之序，先列十纯。十纯既浃，其次降一，其次降二，其次降三，其次降四，最后五配而性备矣。始于纯，终于配，天地之道也。

说卦配方图

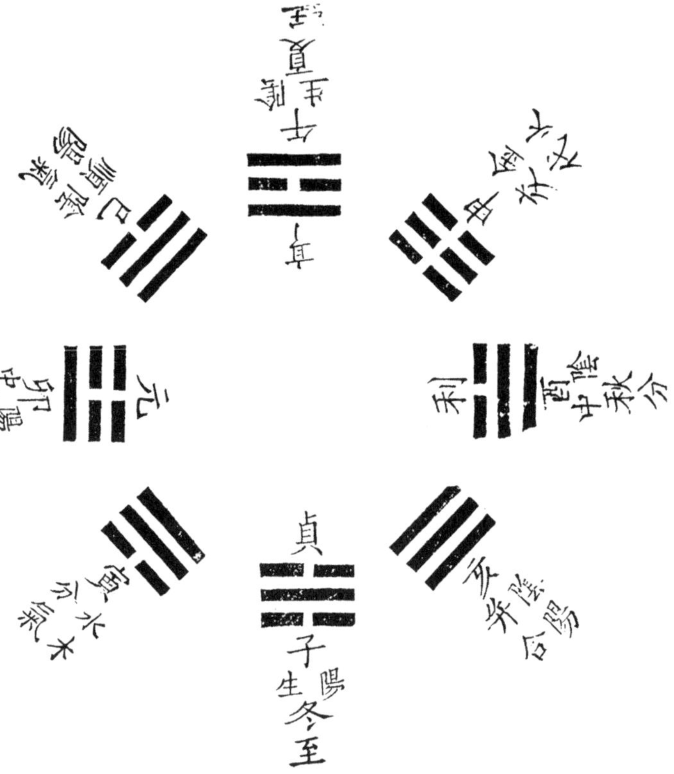

造化之一气，即圣人之一心也。造化之气，本于发生，而圣人之心，亦将以济世也。故不免由静以之动，自无而入有，使万物得以遂其生，安其业。天下之人，终不见其迹者，其故何哉？盖造化之气，与圣人之心，虽动而不离，虽有而不舍无，被万物与万民也。[1] 齐、见、役、说、战、劳于其间，而不自觉知耳。此八卦之序，所以“出乎震”，而“成乎艮”也。谓之帝者，岂非造化之气，与圣人之心一乎？

---

① “被万物与万民也”，底本与四库本作“彼万物与万物已”，据《道藏》本订正。

古今易学传授图

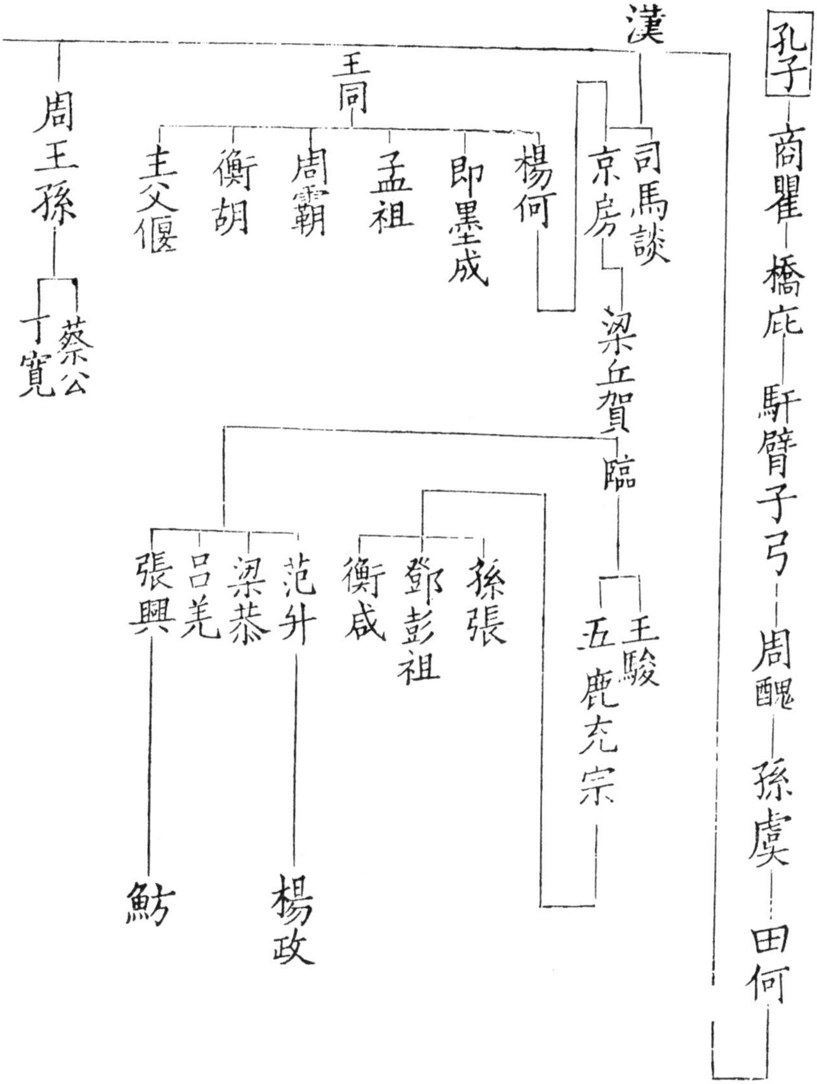
孔子
商瞿
橋庇
馯臂子弓
周醜
孫虞
田何
漢
司馬談
京房
王同
楊何
即墨成
孟祖
周霸
衡胡
主父偃
周王孫
蔡公
丁寬
梁丘賀
臨
王駿
五鹿充宗
孫張
鄧彭祖
衡咸
范升
梁恭
呂羌
張興
魴
楊政

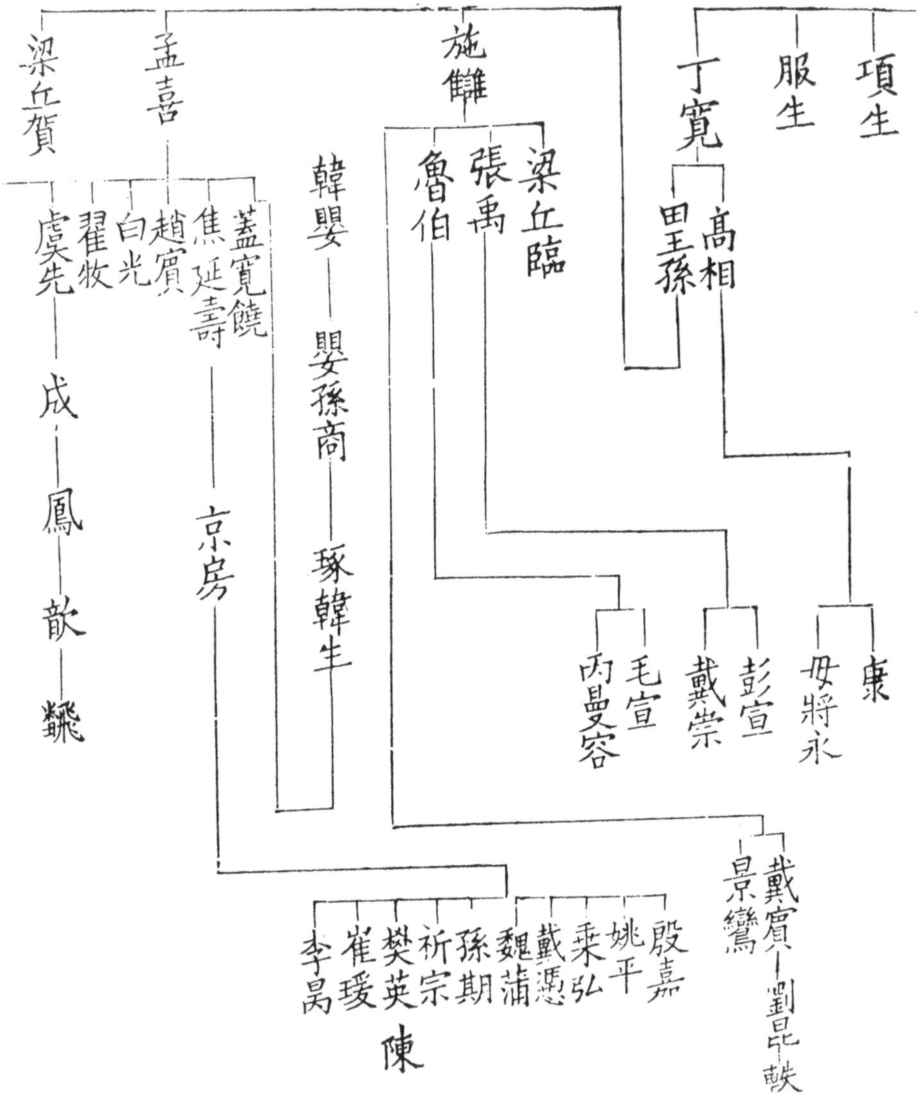
項生
服生
丁寬
高相
田王孫
施讎
孟喜
梁丘賀
梁丘臨
張禹
魯伯
韓嬰
嬰孫商
琢韓生
虞先
成
鳳
歆
翻
翟牧
白光
趙賓
焦延壽
蓋寬饒
京房
康
毋將永
彭宣
戴崇
毛宣
丙曼容
戴賓
景鸞
劉昆
軼
殷嘉
姚平
乘弘
戴憑
魏蒲
孫期
祈宗
樊英
崔瑗
李曷
陳

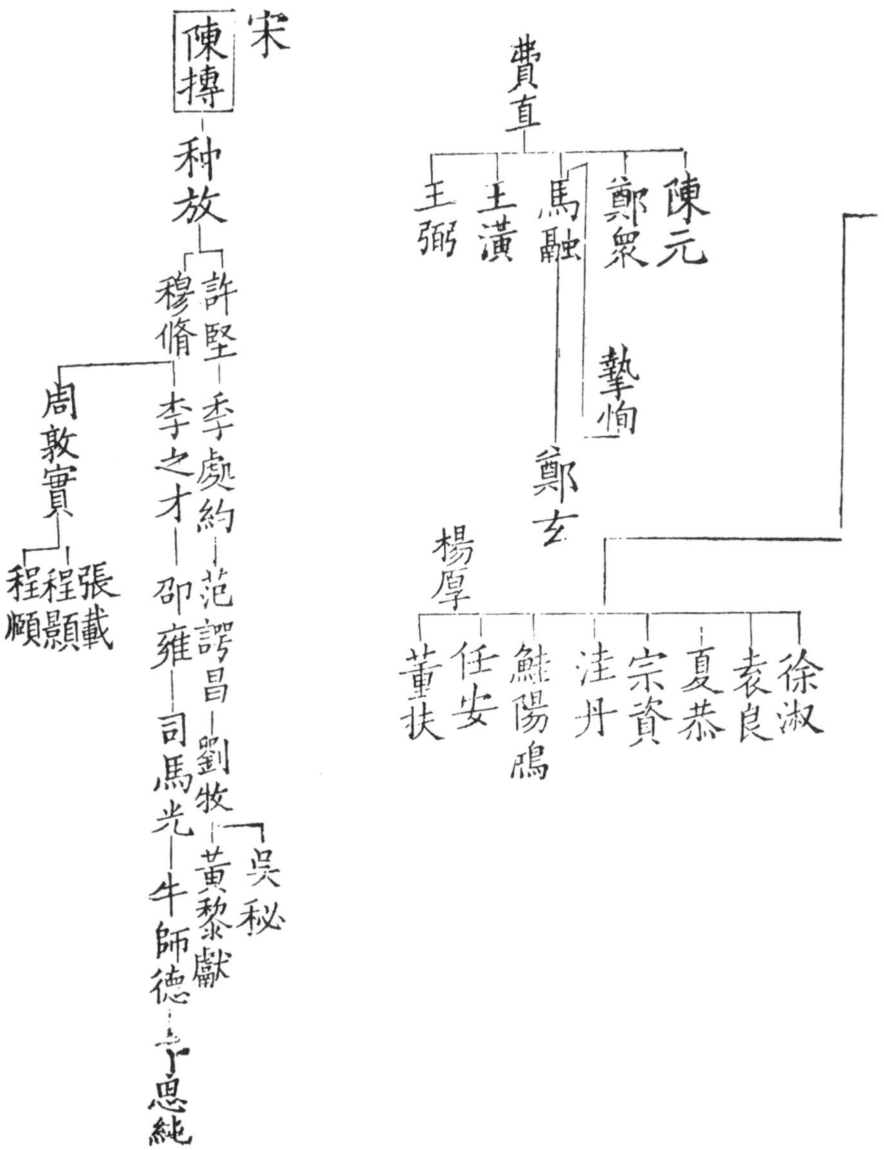
宋
陳摶
种放
許堅
穆脩
季處約
李之才
周敦實
張載
程顥
程頤
邵雍
范諤昌
劉牧
司馬光
吳秘
黃黎獻
牛師德
亍思純
費直
陳元
鄭衆
馬融
王潢
王弼
摯恂
鄭玄
楊厚
徐淑
袁良
夏恭
宗資
洼丹
鮭陽鴻
任安
董扶